Lancelot Pereira

Die verzauberte Dunkelheit
Dem Geheimnis auf der Spur

Philosophie

Band 27

LIT

Lancelot Pereira

Die verzauberte Dunkelheit

Dem Geheimnis auf der Spur

2. Auflage,
überarbeitet und ergänzt
herausgegeben von
Julius Becker

mit einer Einführung von Otto Betz

LIT

Umschlagbild: Guido Muer, Am Sandbach 11, 48167 Münster

Die Deutsche Bibliothek – CIP-Einheitsaufnahme

Pereira, Lancelot
Die verzauberte Dunkelheit : Dem Geheimnis auf der Spur – 2. Auflage, überarbeitet und ergänzt herausgegeben von Julius Becker, mit einer Einführung von Otto Betz / Lancelot Pereira. – Münster : LIT, 1999
(Philosophie ; 27.)
ISBN 3-8258-4281-9

NE: GT

Grevener Str. 179 48159 Münster Tel. 0251–23 50 91 Fax 0251–23 19 72

INHALT

Einführung von Otto Betz

In der Menschheitsgeschichte haben sich die großen Geister immer wieder darum bemüht, das rätselhafte Sein zu verstehen und die ebenso faszinierende wie bedrohliche Welt zu entschlüsseln. Auffällig bei all den Lösungsversuchen ist, daß sich die Aussagen der Naturwissenschaftler nie mit den religiösen Antworten vertrugen. Die eine Position stand gegen die andere, es schien so, als müßte man sich entscheiden, ob man der poetischen und mythisch-seherischen Sprache vertrauen solle oder den nüchternen Thesen einer wissenschaftlichen Betrachtung. - Heute scheint sich nun eine Sehweise durchzusetzen, die vom unausschöpflichen Sein ausgeht, vom geheimnishaften Grund aller Wirklichkeit. - Rätsel können zwar gelöst werden, Probleme verschwinden, wenn sie bewältigt worden sind, das Geheimnis aber behält seine Unergründlichkeit, auch wenn wir noch so tief eingedrungen sind. Und wenn es stimmt, daß der Kosmos einen Mysteriencharakter hat, dann kommt man ihm allein durch analytische Methoden und logische Definitionen nicht näher. Von den verborgenen Schwingungen im Kosmos scheinen die Dichter und Musiker mehr zu erfassen als die Techniker. Und wenn dann ein Naturwissenschaftler auch noch Verständnis hat für die Poesie, wenn er ein Liebhaber der Musik ist und sich in den mystischen Traditionen der verschiedenen Religionen auskennt, können wir die berechtigte Hoffnung haben, nicht nur einen gebrochenen Blick auf das Ganze des Daseins von Mensch und Kosmos und dem sie innewohnenden Großem Geheimnis gewährt zu bekommen, sondern daß uns etwas von der Vielschichtigkeit und Vielsprachigkeit unserer Welt erschlossen wird.

Lancelot Pereira, ein indischer Jesuit, der sich bei seinen Studien nicht auf die Philosophie und Theologie beschränkt hat, sondern sich auch mit Mathematik, Chemie und Mikrobiologie befaßte, dazu noch mit Physik und Biochemie, ist alles andere als ein Stubengelehrter. Es ist bewunderungswert, wie er über sämtliche Zäune schaut, überall Zusammenhänge erkennt und es fertigbringt, die Erfahrungen der Mystiker in Beziehungen zu setzen zu naturwissenschaftlichen Einsichten und zu den Klanginspirationen großer Musiker. Dabei hat er erfahren und entdeckt, daß das Universum im Kleinsten und im Größten geheimnisvoller ist, als wir es uns vorstellen können, daß für uns Menschen die Wirklichkeit im letzten geheimnishaft dunkel bleibt, aber dennoch voller Verzauberung ist - durchflutet vom "Großen Geheimnis, das allem innewohnt".

Wir stecken in unserer westlichen Hemisphäre gegenwärtig in einer depressiven Phase. Viele Menschen werden von einer Mutlosigkeit befallen und verlieren ihre natürliche Zuversicht angesichts der Schrekkensmeldungen und einer gefahrdrohenden Entwicklung unseres Planeten. In solchen Zeiten braucht man eine Speise gegen die Resignation. In diesem Buch bekommen wir eine angeboten, indem wir daran erinnert werden: Wir leben in einer faszinierenden Welt, die uns jeden Tag neue Wunder offenbart, wenn wir nur bereit sind, genauer hinzuschauen. Weil uns aber oft der Blick verstellt ist, bleiben wir an der Oberfläche hängen und nehmen die staunenswerte Wirklichkeit nicht wahr. Wir haben Menschen nötig, die uns die Augen öffnen und uns Bereiche zugänglich machen, die bisher verschlossen waren. Lancelot Pereira ist ein Wünschelrutengänger ins Unbekannte, für uns ein Augenöffner. Er ist "dem Geheimnis auf der Spur": auf Forschungspfaden der Wissenschaft - im Horchen auf die "göttliche Melodie" in der Musik - im Erspüren der Höhen und Tiefen unseres menschlichen Lebens im Kontext mit spirituellen Erfahrungen, die uns zu der Einsicht führen, achtsames Schauen und tatkräftiges Handeln miteinander zu verbinden, Weisheit und Liebe in Einklang zu bringen - Gott, Mensch und Kosmos in ihrer Einheit zu betrachten und zu erleben.

Wie lange hat es gedauert, bis wir bereit waren, den Kosmos als ein evolutionäres Gebilde zu verstehen, das sich in einem dauernden Prozeß des Wandels befindet - von einem Übergang zum anderen. Und wie schwer scheint noch vielen der Abschied von einem veralteten Weltbild: der Kosmos ist keine große Maschine, sondern ein sehr lebendiger Organismus, der sich nach staunenswerten Gesetzen weiterentwickelt. Plötzlich wird unsere Welt, die zerdachte, gemarterte, scheinbar geheimnislos gewordene, wieder lebendig-jung und geheimnisvoll. Wir erkennen, wie reich sie ist, welche Wunder sich mit dem Einblick in immer neue Dimensionen für uns auftun. Einerseits erleben wir eine Offenheit, das Sichtbarwerden von ungeahnten Freiheits- und Spielräumen für schöpferische Kräfte, andererseits scheinen dem Sein Ordnungsstrukturen zugrundezuliegen, die auf eine verborgene Formkraft hindeuten.

Es sieht ganz so aus, als würde die Erneuerung einer ganzheitlich-religiösen Weltsicht nicht in erster Linie von den Fachtheologen kommen, sondern von Naturwissenschaftlern, die eine globale Symbiose entdekken: alles hängt mit allem zusammen, alles wohnt allem inne und kann daher nicht isoliert betrachten werden. Unsere von allen Mythen gesäuberte Welt erspürt wieder die Notwendigkeit von mythischen "Schlüsseln". Und wenn erst einmal das Gefühl für die größere Verbundenheit wachgerufen ist, dann erscheint es gar nicht mehr verwunderlich, daß neben der nüchternen Aussage eines Empirikers die Einsicht eines Mystikers steht, einer spirituellen Dichterin oder eines geisterfüllten Musikers. Sind nicht vielleicht die Künstler die glaubwürdigsten Membrane, um sich den kosmischen Klängen zu öffnen, damit wir anderen etwas von diesen Urschwingungen erfahren können!

Bei der Lektüre des Buches von L. Pereira fielen mir oft Verse von Rainer Maria Rilke ein, der auch immer darum bemüht war, den größeren und tieferen Räumen des Daseins gerecht zu werden.

> "Mehr, als wir erfuhren, ist geschehn.
> Und die Zukunft faßt das Allerfernste
> rein in eins mit unserem innern Ernste".

Aber nicht nur der Brückenschlag zwischen Naturwissenschaft und Theologie liegt dem Autor am Herzen, sondern auch das Gespräch zwischen den Religionen, die - statt in unfruchtbarer Rivalität zu verharren - zu einem gegenseitigen Lernen kommen können und müssen. Sind wir wirklich offen für die Schätze, die andere religiöse Kulturen uns anzubieten haben? Es wäre schlimm, wenn die weltweite Vernetzung nur die wirtschaftliche Annäherung der Erdteile bewirken würde und nicht auch die geistig-religiöse Verständigung. Die Mystiker aller Religionen, wie unterschiedlich auch ihre religiösen Ausrichtungen sein mögen, weisen uns Wege zur tieferen Erfahrungen des Göttlichen und bezeugen uns, wie sehr sich diese Erfahrungen gleichen. Für Christen ist Jesus, der in einem tief-innerlichen Verhältnis zu dem stand, den er "Abba" (liebster Papa - Du, die spirituelle Quelle allen Lebens) nannte, Führer und Zugang hin zum Großen unergründlichen Geheimnis.

"Ohne einen Sinn für das Wunderbare ist es unmöglich, etwas Wunderbares überhaupt wahrzunehmen" - damit weist uns L. Pereira auf das Phänomen der Schönheit auch in seiner theologisch-religiösen Dimension hin. Wenn uns die Augen für den kosmischen Bezug geöffnet werden, stoßen wir auch auf den ästhetischen Charakter des Seins: wo wir auch hinschauen, überall tritt uns in den Sinn-Strukturen die Schönheit als geheimnisvolle Ordnung entgegen, von den winzigsten Elementen über die Lebensvollzüge unseres Leibes bis zu den Galaxien und Sternenbahnen.

Was die Lektüre besonders lohnend macht, sind der persönliche Zugang zu den Themen, die den Autor bewegen, und das Einflechten von autobiographischen Elementen in sein Buch. Lancelot Pereira versteht es, fachkundig und charmant uns hinzuleiten zu abenteuerlichen Entdekkungen immer neuer und tieferer Dimensionen unseres Lebens und des Universums. Er bringt es fertig, Gedanken "zum Fliegen zu bringen". Als Erbe des ebenso neugierigen wie kühnen Vordenkers Pierre Teilhard de Chardin (dessen Humor er auch "geerbt" hat) hat er ein unerschütterliches Grundvertrauen zum Dasein. Er lehrt uns wieder das Staunen und vertraut darauf, daß sich auch in der wissenschaftlichen Entwicklung ein "fühlendes Denken" durchsetzen wird.

Wenn jeder Mensch ein "Schrein des göttlichen Funkens" ist, dann brauchen wir nicht zu resignieren. Wir werden in diesem Buch mit einem "sophianischen Geist" konfrontiert, der sich - trotz aller Widerwärtigkeiten unseres Lebens - als Lust am Dasein und als Spielfreude am Leben äußert. Als Leser werden wir behutsam an der Hand genommen und in einen Wundergarten voller Überraschungen mit reichen spirituellen Erfahrungen geführt.

Zum Schluß muß ich noch einmal ein paar Verse von Rilke zitieren:

> "Alles ist Überfluß. Denn genug
> war es schon damals, als uns die Kindheit bestürzte
> mit unendlichem Dasein".

Vorwort des Autors

"Das Universum ist nicht nur geheimnisvoller, als wir es uns vorstellen; es ist vielmehr geheimnisvoller, als wir in der Lage sind, es uns vorzustellen." Ein Satz, den ich vor Jahren einmal gelesen habe. Worte mit einem Klang, der vergessene Resonanzen heraufbeschwört. Worte, die sich in meinen Ohren in vertraute, aber auch wenig vertraute bruchstückhafte Melodien auflösen. Im Laufe der Jahre habe ich versucht, durch Austausch des Wortes "geheimnisvoll" mit der Wirkung des Satzes zu experimentieren. Ich begann mit "wunderbar", "wunderschön" und später mit "mysteriös" und bemerkte, daß sich der Satz noch immer jedes Mal wahr anhörte, mit immer neuen Schattierungen und immer neuer Bedeutung. Und heute schließlich vermag ich nur sanft und zart, wie ein Kind es tun würde, mit leuchtenden Augen und voller Wunder zu sagen: "*Unser Universum ist verzaubert* auf eine Art, die wir uns niemals vorstellen können."

Wenn wir über das Universum reden, wäre es falsch, das menschliche Bewußtsein auszuschließen. Wir sehen die Dinge der Außenwelt nicht wie sie wirklich sind, sondern wir sehen sie vielmehr, wie wir sind. *Paul Valery* sagte einmal:

> *"Ich bin in der Welt, und die Welt ist in mir"*, und noch präziser: *"Das Universum wird nach einem Plan gestaltet, dessen bedeutungsvolle Symmetrie auf irgendeine Weise auch in der inneren Struktur unseres Intellekts gegenwärtig ist."*

Die Verzauberung erstreckt sich in der Tat weit über unsere Vorstellungskraft oder unseren bewußten Intellekt hinaus in solch fruchtbare Tiefen, die unser begrenzter Verstand nur als "unbewußt" bezeichnen kann. Jeder, der mutig genug ist, sich auf diese Reise in die eigene Tiefe zu begeben - furchtlos und bereit, auf vorgefertigte Theorien zu verzichten, wird schon nach kurzer Zeit auf diese versteckten Wunderwelten treffen. Denn dort befinden sich lediglich die psychischen Spiegelbilder dessen, was mutige Forscher in den Tiefen der Ozeane und in den weiten Räumen des Weltalls finden.

Ich selbst bin davon überzeugt, daß ein jeder von uns im Inneren und im Äußeren von einem Universum genährt und getragen wird, das von einer Verzauberung erfüllt ist, die voller Schönheit und Mysterium ist. Wie kann ich Ihnen, meinen Lesern, von diesen Dingen berichten, so daß Sie Lust bekommen, sich selbst auf die Suche zu begeben? Ich habe mich dazu entschlossen, es zu versuchen, indem ich *gelebte Erfahrungen* mit Ihnen teile: einige Erfahrungen, die ich selbst gemacht habe, meistens jedoch Erfahrungen, die aus der tieferen Erkenntnis und den tieferen Gefühlen unserer größten Musiker, Wissenschaftler und Mystiker stammen.

Aus meiner Erfahrung weiß ich ebenfalls, daß es keinen Sinn hat, "Beweise" anzubieten. Schönheit und süßes Erkennen sollten Anreiz genug sein. Mit größtem Respekt möchte ich meine Leser somit einladen, das, was ich zu sagen habe, anzunehmen oder auch abzulehnen; andererseits hätten Sie die Gelegenheit, den Zauber eines Lebens voller Wunder selbst zu entdecken. Natürlich hat ein jeder das Anrecht zu der Aussage: "Die gesamte Schöpfung unterliegt dem Zufall" (wie unendlich klein diese Möglichkeit nach heutigen Erkenntnissen auch sein mag!). Es scheint ein abgestumpfter Verstand oder ein blockiertes Herz vonnöten zu sein, um nicht zuzugeben, wie verzaubert unser Universum tatsächlich ist - unabhängig davon, welche Erklärungen die Menschen für unsere Realität auch anbieten mögen.

Nach meinem Verständnis ist *das gesamte Universum verzaubert, weil jedes noch so kleine Teil darin* - sei es Materie, Verstand oder Geist - *ein fröhlicher Tummelplatz für das Große Mysterium* ist. Hier ist eine Wirklichkeit, die so alldurchdringend ist, daß nichts, absolut nichts, jemals dem Hauch ihres Wunders entgehen könnte. Glanz und Großartigkeit sind stets erkennbar gerade deshalb, weil sie mit einer versteckten inneren und weit über sich hinausgehenden Schönheit überall ihre Tränen vergießen. Und ich zögere, diese Wirklichkeit "Gott" zu nennen, da es so erschreckend deutlich ist, daß Menschen im Namen ihres "Gottes" zu Mördern, Tyrannen und Unterdrückern werden und wie Narren das Große Mysterium in sich selbst und in anderen schänden und damit unsagbares Leid zufügen.

Es dürfte inzwischen deutlich geworden sein, daß dies ein tief spirituelles Buch ist, in dem sich die meisten religiösen Richtungen wiederfinden können. Ich selbst bin ein überzeugter Christ und Jesuiten-Pater, der unablässig von Freunden der verschiedensten Glaubensrichtungen und selbst von Atheisten und Agnostikern lernt. An keiner Stelle werde ich fordern: "Du mußt das glauben." Mein Anliegen ist vielmehr, mich an einem derartigen interreligiösen Dialog zu beteiligen, dessen Grundlage das Wunder dieser verzauberten Menschlichkeit ist, die wir alle gemeinsam haben. Das, was uns Menschen vereint, ist soviel mehr, soviel wirklicher und in der Lage, universelle Anteilnahme zu erzeugen, als alle hohlen Forderungen nach Übermacht und Konflikt. Wie arm und machtlos ein Mensch auch sein mag, er ist in jedem Augenblick etwas Wundervolles. Da wir uns selbst so wenig Wert zumessen, lassen wir dem Kampf um Macht und den Konflikten so viel Bedeutung zukommen.

Meine eigene Suche nach dem *Großen Mysterium* entwickelte sich durch das Hineinstolpern in das Zwielicht zwischen den drei Räumen, in denen mich mein Beruf zum einigermaßen vertrauensvollen Voranschreiten befähigt hat: *Wissenschaft, Musik und Mystik.* - In Kapitel 2 erzähle ich unbeschwert, wie ich zunächst mit nur mildem Interesse und schließlich mit ganzer Seele zu dem Buch "The Enchanted Darkness" (Die verzauberte Dunkelheit) gezwungen wurde. Nachdem ich versucht habe, die inneren Vorgänge zu erfassen, war mein Ziel, mein eigenes Weltbild, meine Vision anderen Menschen in einer verständlichen Form zu vermitteln. Dies vor dem Hintergrund, daß meine Zeit schon immer von Freunden und Studenten, die ich in Ausübung meines Lehramtes und meiner Forschungen, bei Verwaltungsaufgaben und auf Reisen kennengelernt habe, erfüllt war.

Das Buch, das ich dann in jahrelanger Arbeit in englischer Sprache niederschrieb, konzentrierte sich auf eine zentrale, intuitive Erkenntnis: *Eine dunkle Verzauberung durchdringt das gesamte Universum* und alles, was für die Menschheit jemals von Bedeutung war - für mich ein deutlicher Hinweis auf die *Gegenwart des Großen Mysteriums.* Zugleich aber auch die Einsicht, daß, immer wenn wir in die Tiefen des Lebens oder der Liebe oder der Freude oder der Entdeckung oder des Glaubens usw. gehen, wir erfahren Schönheit auch mit ihren Mängeln und Fehlern erfahren.

Die englischsprachige Originalausgabe "The Enchanted Darkness" (1995) behandelte die Kapitel Wissenschaft und Musik ausführlicher. Die erste deutsche Ausgabe (1997) wurde auf Wunsch des Verlages gekürzt und an die Bedürfnisse derer angepaßt, die tiefer in die Geheimnisse des Lebens eintauchen wollen, aber nicht so leichten Zugang zur Wissenschaft oder zur klassischen westlichen wie indischen Musik finden. Die wesentliche Botschaft der ursprünglichen Kapitel über Wissenschaft und Musik sind gezielter und konzentrierter formuliert. Die deutsche Ausgabe ist so - außer einigen Verbesserungen und Ergänzungen - mit dem Original substantiell identisch.

Zur Entstehung der deutschen Ausgabe

Der Wunsch nach einer deutschen Übersetzung kam zuerst bei den Teilnehmern der seit Jahren im Geistlichen Zentrum Haus Aspel/Rees am Niederrhein stattfindenden Sommerseminare auf. Diese zehntägigen Besinnungstage werden auf der Grundlage dieses Buches von einem Viererteam, bestehend aus Sr. Margret Schrader F.C., der jahrelangen Leiterin des Zentrums, den beiden Gestalttherapeuten Gertrud und Arno Paschmann und mir geleitet. Jede/r von uns hat einen anderen charakteristischen Beitrag zu leisten. Eine enge und intensive Zusammenarbeit erlaubt es, Teilnehmern und Leitern gleichermaßen, zu lernen. Das Team hat ähnliche Kurse auch in Bombay/Indien durchgeführt. Für diese Seminare haben wir sorgfältig eine Vielfalt von Übungen für Leib, Seele und Geist entwickelt, damit die 'verzauberte Dunkelheit' in jedem Menschen als eine energetische, liebevolle Gegenwart erfahren werden kann. Musik und Rhythmus werden zunehmend ein wesentlicher Bestandteil dieser Kurse. Nach Aussage der Teilnehmer erwarben sie in den Seminaren größere innere Ruhe und eine bessere Einstellung, mit den Problemen des Alltags fertig zu werden.

Die erste deutsche Ausgabe, übersetzt von Gabriele Leighton unter Mitwirkung von Gertrud Paschmann und Sr. Margret - und 1997 von Arno Paschmann im LIT-Verlag herausgegeben, war bereits 1998 vergriffen. Aufgrund von zahlreichen Hinweisen und von sorgfältiger Durchsicht der aus dem Englischen übersetzten Texte wurde die nun vorliegende zweite deutsche Auflage in Zusammenarbeit mit Otto Betz von Julius Becker überarbeitet und wiederum im LIT-Verlag herausgegeben. Um die Texte für die Leser inhaltlich übersichtlicher und ansprechender zu gestalten, wurden in die einzelnen Kapitel Zwischenüberschriften eingefügt, die dazu dienen können, so manche Abschnitte des Buches in das Ganze besser einzuordnen und lesbarer zu machen. - Dem vielfältigen Wunsch entsprechend wurde das Buch durch einige Gedichte und Zitate aus dem deutschen Sprachraum ergänzt sowie von mir durch das Kapitel (13) "Wege zur Freude in stillen Tiefen" erweitert.

Ich kann nur allen Mitwirkenden meine tiefe Dankbarkeit ausdrücken. Wir haben hier an einem Werk der Liebe teilgenommen, das Kulturen und Kontinente überschreitet. Das Mysterium zieht es oft vor, still und in einer charmant subtilen, wenn nicht sogar schelmischen Art und Weise wirksam zu werden. Man kann deshalb hoffen, daß dieses Buch als ein kleiner Schritt in Richtung einer solch globalen Symbiose dient, die das Dritte Jahrtausend wert macht, erwartet zu werden.

Lancelot Pereira S.J.
St. Xavier's Institute of Education
40-A New Marine Lines
Bombay 400-020 - Indien - Fax 0091 -22-207- 5903

Synoptische Kapitel (1, 2, 3) - eine integrierende Sicht

Diese Kapitel bieten dem Leser zunächst eine einführende integrierende Sicht, welche die wesentlichen Themen des Buches, die dann in den Kapiteln 4 - 13 ausführlich behandelt werden, miteinander verknüpft. Diese ersten Kapitel sind gleichsam ein "Blick aus der Vogelperspektive" oder als ob ein Segelflieger die sich vor ihm ausbreitende, endlos erscheinende Landschaft wahrnehmen würde.

KAPITEL 1

WONACH SUCHEN WIR EIGENTLICH? WAS WARTET AUF UNS?

"Weisheit untersucht nicht, sie betrachtet;
wir müssen eine ganze Weile genau hinschauen,
bevor wir wirklich sehen können."

- Henry David Thoreau -

"Es ist niemals zu spät, eine glückliche Kindheit zu haben."

- T-shirt Aufschrift -

"80 Jahre mußte ich alt werden, um mich wirklich jung zu fühlen"

(so soll Pablo Picasso gesagt haben)

Die dunkle Verzauberung des Großen Mysteriums ist überall und in allen Dingen zu finden. Die Außenwelt spiegelt nur in einer anderen Form die Welt im Innern wider. Man muß nur hinschauen. Aber warum sehen die meisten Menschen nichts?

Ich las einmal eine Geschichte, die einfach zu gut ist, um nicht wahr zu sein, und die hier so wunderbar paßt, daß ich nicht widerstehen kann, sie zu erzählen:

> In den frühen Tagen der europäischen Seefahrt näherte sich einst ein großes Segelschiff einer Südseeinsel; aber die Eingeborenen bemerkten es überhaupt nicht. Warum? Nun, es war einfach zu groß - normale Schiffe können doch gar nicht sooo groß sein!

Es ist möglich, alle Dinge, die den eigenen Erwartungen nicht entsprechen, geschickt aus der Wahrnehmung zu verbannen. Die Menschen sehen nur das, was ihren Erwartungen entspricht. Vielleicht liegt hier der Grund, warum nur so wenige das uns überall umgebende *Große Geheimnis,* das Mysterium erkennen. Das Mysterium ist zu machtvoll, um riesig zu sein, zu intelligent, um verstanden zu werden und zu liebevoll, um auf Anerkennung zu bestehen. Könnte es vielleicht doch sein, daß wir nicht alles sehen, was es zu sehen gibt?

Um die Verzauberung des dunklen Mysteriums verstehen zu können, muß man lernen, die Millionen verschiedener Ausdrucksformen zu erkennen, mit denen das Licht spielt, schimmert oder tanzt - in den Sternenspiralen der Milchstraße, im Sprudeln der Gebirgsquellen oder in den schelmischen Blicken von Kindern, im plötzlichen Aufbrechen von Schönheit in den großen Werken der Musik, im Glanz menschlicher Tiefe derjenigen, die wissen, was Leid oder Liebe ist. - Schönheit ist überall zu finden. Freude ist für jedermann im Überfluß vorhanden. Aber die Verzauberung wird nur derjenige erkennen, der bereit ist, die gesamte Wirklichkeit in seine Vorstellungswelt aufzunehmen. Der Zyniker könnte argumentieren, daß solch enthusiastischer Optimismus an sich ein offenbares Vorurteil darstellt. Aber wer ist schon völlig frei von Vorurteilen?

Jeder Mensch erzeugt sein eigenes Bild der Wirklichkeit. Wäre es dann nicht sinnvoller zu fragen:

> "Welche Vorstellungen und Überzeugungen könnten mir die Möglichkeit bieten, ein zufriedeneres, erfüllteres und bewußteres Leben zu führen? Wie kann ich meine Erwartungen ausdehnen - meine Voreingenommenheit flexibler gestalten?"

Vielleicht sind **unsere Kinder die Antwort des Mysteriums,** wie man uns "Fortgeschrittenen" eigentlich das einfache Sehen beibringen kann. Mit erstaunlicher Klarheit erlebt sich das Kleinkind als eins mit der Außenwelt. Es muß daher nicht in eine Beziehung zu dieser anderen Welt treten. Die Welt dort draußen wird vielmehr nach innen geholt und langsam und genüßlich untersucht - und die Welt im Innern wird über Körper und Sinnesorgane der Außenwelt als ein Geschenk dargebracht. - Dadurch wird das Kind selbstverständlich verletzlich, da es nicht nur günstigen, sondern auch schädlichen Entwicklungseinflüssen ausgesetzt ist. Es ist ebenso offen für tiefe Enttäuschungen wie für tiefe Glücksgefühle. Der ungeheure Einfluß von Familie und Gesellschaft kann dabei nicht außer Acht gelassen werden. Aber ist es möglich, über diese Einflüsse hinaus zu wachsen? Die Freude ist noch immer da - sie wartet darauf, wiederentdeckt zu werden. Was würde geschehen, wenn man aufs neue davon überzeugt würde, daß Wahrheit, Schönheit und Freude das Wesen aller Dinge sind? Daß an jedem neuen Wendepunkt große gute Dinge auf uns warten? Wenn wir das glauben würden - würden wir erleben, daß es stimmt?

Sinn für das Wunderbare und Transparenz des Geistes

Zwei Schlüssel müssen benutzt werden, um Wahrheit, Schönheit und Freude in ihrer Fülle und in allen Dingen zu erschließen: Sinn für das Wunderbare und Transparenz des Geistes. Als Neugeborene bringen wir beides mit in diese Welt. Jedes kleine Kind erlebt und bewegt sich in Räumen voller Wunder. Die Außenwelt ist erfüllt von endloser Faszination und muß unabläßlich erforscht werden. Alles wird berührt, gefühlt, geschmeckt und am liebsten abgeleckt.

Die Erkenntnis, daß Lehm nicht dasselbe wie Eiskrem ist, wird zu einer ganz eigenen, selbst erarbeiteten Entdeckung. Jeder visuelle Eindruck ist neu; sich wiederholende Geräusche werden immer wieder mit frischem Entzücken aufgenommen. Erwachsene können durch die von Wundern erfüllten Abenteuer ihrer Kinder aufs Neue sehen lernen. Sie können Aufregung und Verzauberung in den alltäglich und selbstverständlich gewordenen Dingen neu entdecken. Kinder lehren uns Erwachsene, das wahrzunehmen, was auch für uns einmal wahrnehmbar war und noch immer wahrnehmbar sein kann! - Wenn sich der kleine Körper im Laufe der Zeit auf seine beiden Beine stellt und sich leichter fortbewegt, wird er alles tun, um über Wege und Bürgersteige zu springen - oh nein, einfaches Laufen ist nicht gut genug. Die überschäumende Lebensfreude muß auf irgendeine Weise ausgedrückt werden. Wer liebt Kinder nicht? Werden sie so sehr geliebt, weil die Erwachsenen in ihnen sehen, wie alle Menschen sein müßten (und einst waren) und das erkennen, nach dem sich alle Menschen tief in ihrem Innern sehnen?

Es ist nicht nur möglich und sinnvoll, sondern vielmehr ausgesprochen gesund, im Herzen stets ein Kind zu bleiben. Nirgendwo steht geschrieben, daß man den kindlichen Sinn für das Wunderbare oder die Fähigkeit, mit unermüdlicher Leichtigkeit durchs Leben zu springen, aufgeben müsse. Noch ist man gezwungen, die angeborene Fähigkeit zur Verbindung der inneren und äußeren Welten aufzugeben. Es ist möglich zu wachsen, an Wissen, Freiheit und Unabhängigkeit reicher zu werden, ohne sich zu einer Person zu entwickeln, bei der Egoismus und Ehrgeiz überwiegen. Es ist ironischerweise so, daß diejenigen, die ihre

Kindlichkeit im Innern bewahren, wesentlich mehr Freude am Leben als Erwachsene haben! - Im Herzen ein Kind zu bleiben ist auch in einer Welt möglich, die Kompetenz, Professionalität und Verantwortungsbewußtsein fordert. Ich selbst erinnere mich gerne an viele brilliante Männer und Frauen, darunter einige der besten Wissenschaftler, deren innere und äußere Welten mit offensichtlichem Entzücken sprudelten: *"... denn ihrer ist das Himmelreich"* (Lukas 18, 16).

Darüber hinaus verlangt eigentlich der gesunde Menschenverstand, daß man sich einen Sinn für das Wunderbare bewahrt. Ein Kind, das sieht, wie eine Tür geöffnet wird, erlebt dies mit größtem Erstaunen und mit weit geöffneten Augen. Auch der Erwachsene *weiß* (aufgrund der heutigen Kenntnisse über Gehirn, Nerven und Muskeln), daß es eigentlich ein "Wunder" ist. Überlegen Sie einmal, wie die Entscheidung, eine Tür zu öffnen, über Gehirn, Nerven und Muskeln weitergeleitet wird, bis die verdammte Tür dann schließlich tatsächlich geöffnet wird. Als Erwachsener denkt man in der Regel über diese Dinge nicht nach, es sei denn, irgend etwas im System funktioniert nicht richtig. Manchmal muß man erst krank werden, damit sich ein Bewußtsein dafür entwikkelt, was es heißt, gesund zu sein und was eine perfekte Koordination auf der funktionellen Ebene von Molekülen und Strukturen bedeutet.

Jedem Erwachsenen stehen heutzutage alle psychologischen Werkzeuge und spirituellen Methoden zur Verfügung, um sich dieser fast furchteinflößenden Schönheit im Innern bewußt zu werden. Auch hier scheint das Kind über ein instinktives Bewußtsein für die Wunder der inneren Welt zu verfügen, die es durch spontane, ungebändigte Freude ausdrückt. Dennoch kann sich nur der Erwachsene bewußt auf dieses freudvolle Gewahrsein einlassen und lernen, in einem See des Entzükkens zu baden.

> Vor einigen Jahren war ich mit dem Auto im Süden Deutschlands auf einer Landstraße unterwegs. Ein Freund von mir saß am Steuer. Und wir beide waren aus gutem Grund sehr schweigsam geworden. Sanfte, grüne Hügel; auf der rechten Seite ein dunkel schillernder See; die Alpen in der Ferne schienen uns willkommen zu heißen; weiche Sonnenstrahlen verwandelten sich in ein kühles, schattiges Blätterdach, sobald wir einige verzauberte Minuten lang durch den einen oder anderen kleinen Wald fuhren. Und dann, ganz plötzlich, erkannte ich: Diese wundervolle Landschaft dort draußen ist ein Spiegelbild meines Inneren - allerdings nur ein unzureichendes... Vor meinen unersättlichen, vom Zauber erfüllten Augen breitete sich die - diesem Panorama mit all seinen Formen und Farben zugrundeliegende - unendliche Vielfalt nur als bruch-

stückhaftes Abbild meiner Innenwelt mit Wäldern, Hügeln und Wiesen dar...

In diesem Augenblick wurde mir klar, daß es auch für einen Menschen, der keinen Anspruch darauf erhebt, ein echter Mystiker zu sein, möglich ist, die äußere Welt als Spiegelbild und Fortsetzung der inneren Welt zu erkennen. Für einen kurzen Augenblick konnte ich die gewöhnlichen Grenzen meines Erwachsenendaseins überschreiten und empfand möglicherweise so, wie ein kleines Kind sich die meiste Zeit über fühlt.

Der Schlüssel zu allen tiefen Beziehungen, sowohl mit anderen Menschen als auch mit unserer Umwelt, liegt in der Tat in der *Fähigkeit zu einer in beide Richtungen verlaufenden Transparenz.* Ein transparenter Geist ist für den Erwachsenen das Gegenstück zur Unschuld in den Augen eines kleinen Kindes. Es ist eine Fähigkeit, die bei der Entdekkung des Reichtums dieser Wirklichkeit genauso wichtig ist wie der Sinn für das Wunderbare. - Als Analogie könnte man von einer Fensterscheibe sprechen, die entweder sehr sauber oder sehr schmutzig oder auch beschlagen ist. Eine vereiste Scheibe verhindert den Durchblick genauso, wie ein vereister Geist erst aufgetaut werden muß. Die Reinigung des Geistes entspricht somit der Reinigung bezw. "Enteisung" des Fensters.

Es mag hilfreich sein zu wissen, daß Erfahrungen der Transparenz nicht ganz einfach erlangt werden können. Schmerz und Mißverständnisse spielen eine wichtige Rolle bei der Reinigung des Geistes in Richtung Transparenz. Wenn schmerzliche Erfahrungen als ungerecht empfunden werden, ist ihre Wirkung stärker, besonders, wenn sie durch Personen verursacht werden, von denen man dies am wenigsten erwartet hätte. Diese unerwarteten "Glücksfälle" sollten daher besonders willkommen geheißen werden. Wenn man bis aufs Mark gefordert wird, ist das Potential sehr groß, sich besonders schnell zu entwickeln.

Ohne einen Sinn für das Wunderbare ist es also unmöglich, etwas Wundervolles überhaupt wahrzunehmen
- und ohne den Sinn für das Wunderbare wird keine Wahrnehmung jemals wundervoll sein, weder im Äußeren noch im Inneren. Ohne die Transparenz der Unschuld bleibt unsere Innenwelt undurchlässig und von der Außenwelt abgeschnitten. Wir werden zu unserem eigenen Gefangenen und neigen immer mehr dazu, "diese fremde Welt" dort draußen zu manipulieren oder zu erobern. Ohne Sinn für das Wunderbare und ohne Transparenz wird das Leben wahrscheinlich sehr langweilig sein.

Ein Gespür für das zarte "Hallo" des Mysteriums

Aber selbst wenn man einen Sinn für das Wunderbare und einen transparenten Geist besitzt, ergeben sich noch immer Rätsel: "Aber was werde ich denn sehen? Was ist denn dieses Große Mysterium überhaupt, von dem Sie sprechen?" - Da jeder Mensch über ein eigenes, einzigartiges Bewußtsein verfügt, werden diejenigen, die tatsächlich sehen, solche Fragen nicht immer auf dieselbe Art und Weise beantworten, und in fünf Jahren wird jede Antwort höchstwahrscheinlich wieder anders, mit völlig neuen Nuancen ausfallen.

Es erscheint mir an dieser Stelle unvermeidlich, Ihnen zu erklären, *was das Große Mysterium für mich persönlich bedeutet,* auch wenn dies mich ein wenig in Verlegenheit bringt. Ich kann Ihnen mit diesem Buch jedoch keinen praktischen Führer anbieten und mich gleichzeitig weigern, meine eigenen Erfahrungen preiszugeben. Und glauben Sie mir - es ist sogar möglich, daß Sie noch schönere Dinge erleben, als es mir vergönnt war. Meine Schilderungen sollen lediglich dazu dienen, Ihren Appetit anzuregen und Ihre eigenen kreativen Säfte zu stimulieren.

Ich spüre das zarte "Hallo" des Großen Mysteriums in dem vertrauten Blickaustausch mit einem Freund, in dem entwaffnenden, noch zahnlosen Lächeln des Neugeborenen von nebenan; in der Art und Weise, wie eine Haarlocke auf der Stirn eines geliebten Menschen spielt; in den winzigen, dunkelvioletten Blumen, die beinahe unbemerkt zwischen dem Unkraut am Straßenrand blühen; in dem schlüpfrigen Glanz des Lichtes einer Straßenlaterne, das auf raschelnde Blätter in der Dunkelheit fällt ...

Das Große Mysterium ergießt sich in dem süßen Saft einer köstlichen, reifen Frucht, sobald ich voll hineingebissen habe - und genau in diesem Augenblick schmecke ich auch die Sonne, rieche ich den Regen und werde ich vom Wind geküßt und von den vielen kleinen Lebewesen gekitzelt, welche die Erde rund um den Pflaumenbaum nähren. - Manchmal gelingt es mir, mich - noch immer mit der Pflaume beschäftigt - gemeinsam mit Erde, Mond und allen anderen Planeten in das Zentrum eines Stroms aus leidenschaftlicher Energie hineinzukatapultieren, dessen explosiver Schall sich aus den ersten Augenblicken dieses Universums über Äonen hinweg in die Freudengesänge flammender Galaxien verwandelt hat.

Aber vor allem erbebt das Mysterium in meinem Innern, in meinen Hormonen und Muskelfasern, in meinen Träumen und unerfüllten

Sehnsüchten und ganz besonders in den Augenblicken von überwältigendem Glück und tiefer Trauer, die einfach nicht mit Worten beschrieben werden können und jenseits jeglichen Verständnisses liegen. - Durch das Große Geheimnis empfinde ich nicht nur mich selbst als charmantes Rätsel, sondern alle Dinge um mich herum werden zu einer verzauberten Dunkelheit - durchzogen von einer schattenhaften, schmerzvollen Eleganz. Nichts ist vollkommen schlecht, nichts vollkommen häßlich, auch nicht der Schmerz. - Ich weiß so viel und bin doch beinahe völlig unwissend. Ich liebe so sehr und bleibe doch im Grunde unerfüllt. Ich empfinde so viel Freude und bin mir doch bewußt, daß die Fülle der Freude ein weit entfernter Traum ist. Alles ist so unbeschreibbar schön, weil es sich aus tiefster Seele so sehr nach der Schönheit an sich sehnt.

* * *

Bei der Schilderung dessen, was das Große Mysterium für mich persönlich bedeutet, habe ich bereits einige der Hauptthemen angesprochen, die ab Kapitel 4 behandelt werden. Einige der Themen mögen mühsam und technisch erscheinen, aber die Zartheit des Mysteriums durchdringt auch sie.

Das Große Mysterium ist unentwirrbar mit den tiefsten Fasern unseres Wesens verknüpft. In diesem Sinne ergeben sich interessante **Parallelen zwischen dem Mysterium und der Atmung.** In der Regel achtet man wenig auf sie, obwohl unser Leben davon abhängig ist. Durch ruhige Konzentration auf den Vorgang des Atmens kann man lernen, sich auf viele Teile des Körpers einzustimmen und sogar leise und zart sehr tiefe Gefühle in die bewußte Wahrnehmung zu bringen.

Man kann bei der Atmung auch wie folgt vorgehen: Stellen Sie sich beim *Einatmen* vor, das gesamte Universum mit all seinen Geheimnissen anzunehmen und stellen Sie sich beim *Ausatmen* vor, sich dem gesamten Universum mit all seinen Geheimnissen hinzugeben. Dies ist eine sehr nützliche Übung fürs Leben, aber ganz besonders sinnvoll für die letzten bewußten Atemzüge vor dem Abschied.

Der Atem als ein geheimnissvolles Geschehen in Beziehung zum Großen Geheimnis und zum Atem des Universums kommt in den folgenden dichterischen Aussagen aus dem deutschen Sprachraum zum Ausdruck:

"Atem ist Wesen vom höchsten Hauch...
Gottes Hauch wird im Atem der Menschen geboren"

- Franz Werfel -

Mein Atem

In meinen Tiefträumen
weint die Erde
Blut

Sterne
lächeln in meinen Augen.

... Die Vergangenheit
hat mich gedichtet
ich habe
die Zukunft geerbt

Mein Atem heißt
jetzt.

- Rose Ausländer -

KAPITEL 2

DER SCHRITT INS UNBEKANNTE

Meine Erfahrungen von Wirklichkeit

"Werden wir nicht nachlassen in unserm Kundschaften
Und das Ende unseres Kundschaftens
Wird es sein, am Ausgangspunkt anzukommen
Und den Ort zum erstenmal zu erkennen."

- T. S. Eliot, Vier Quartette, Little Gidding -

Ein wichtiges Thema für spätere Ausführungen in diesem Buch ist das Konzept eines geordneten Chaos oder genauer gesagt "das deterministische* Chaos". Zu ihrer eigenen Verwunderung gestehen Wissenschaftler heute ein, daß ein bestimmter, determinierter* Prozeß einer sauberen, *geordneten* Gleichung unterliegt und dennoch im Verlauf seiner Entwicklung das Potential für *Chaos und Unvorhersehbarkeit* in sich tragen kann. - Durch das vielseitige Vorbild für Ordnung, das uns heute durch den Computer geboten wird, kann die Entstehung des Chaos aus der Ordnung für jedermann unmittelbar sichtbar gemacht werden (weitere Einzelheiten dazu in Kapitel 5). Auf der anderen Seite erleben wir Situationen, in denen scheinbar Ordnung aus Chaos entstehen kann; beispielsweise wird zunehmend angenommen, daß Gehirnwellen im chaotischen Zustand geistige Gesundheit anzeigen und daß ordentliche Gehirnmuster eher zur Besorgnis Anlaß geben. Wußten Sie, daß der Erfolg eines simplen Vorgangs - beispielsweise das Umrühren der Milch im Kaffee - auf die "Chaosdynamik" zurückzuführen ist?

Eine vergleichbare Situation ergibt sich, wenn man versucht, Ordnung in das eigene Leben zu bringen. Natürlich wäre es unvernünftig, nicht vorauszuplanen. Aber sicherlich ebenso unvernünftig dürfte es sein, davon auszugehen, daß diese Pläne auch tatsächlich in genau dieser Form zu verwirklichen sind. Es ist völlig unverständlich, warum in machen Fällen Ordnung aus dem Chaos entsteht und beim nächsten Mal Chaos aus der Ordnung. Wäre es möglich, daß "Chaos" lediglich ein Begriff ist, mit dem der Mensch etwas beschreibt, was er nicht verstehen oder steuern oder vorhersehen kann? - Wenn man nun davon ausginge, daß das Große Mysterium vom Wesen her gütig und liebevoll ist, wie es beispielsweise von den meisten Bhakti*-Dichtern Indiens dargestellt wird, dann würde "ES" in der Tat Verzauberung verbreiten, während die Menschen nur Dunkelheit und Chaos wahrnehmen. Schwierige Situationen im Leben ließen sich leichter ertragen, wenn man glauben könnte: "Es gibt keine Zufälle im Universum" oder "Das Wesen aller Dinge ist gut".

Als einen bescheidenen Beitrag für den Sinnfindungsprozeß in Ihrem Leben, möchte ich gerne erzählen, wie es dazu kam, daß ich dieses chaotische Buch über Wissenschaft, Musik und Mystik in Angriff nahm. Obwohl die Ereignisse in der Tat in der geschilderten Weise stattgefunden haben, werde ich ihnen eine leichtere Note verleihen; denn es fällt mir schwer, mich selbst ernst zu nehmen, wenn fast alle wesentlichen Dinge, die ich erlebt habe, aus irgendeinem "Zufall" heraus eingetreten sind. Die wahre Bedeutung dieser "Zufälle" wird jedoch erst Jahre später deutlich. - Meine Einstellung heute ist: **Plane sinnvoll, erwarte aber nicht, daß alles auch so geschieht.** Gehe vielmehr davon aus, daß eine tiefe, verborgene Bedeutung im Laufe der Zeit ans Tageslicht dringt, die möglicherweise keinerlei Beziehung mehr zu deinen ursprünglichen Absichten aufweist. Ermutigt durch unerwarteten Erfolg, beginne dann von Neuem: Plane sinnvoll - und so weiter durch den nächsten Zyklus! Wie bei der Milch im Kaffee hat bald das Chaos ganz unvermeidlich die Oberhand gewonnen, und ich fühle mich gründlich durchrüttelt und durchmischt. Ich werde in irgend etwas hineingezogen, wer weiß in was ....?

> "Wie ist das alles entfernt und verwandt
> und lange enträtselt und unerkannt,
> sinnlos und wieder voll Sinn.
>
> Dein ist, zu lieben, was du nicht weißt.
> Es nimmt dein geschenktes Gefühl und reißt
> es mit sich hinüber. Wohin?"
>
> - Rainer Maria Rilke -

Von der Musik innerlich aufgerüttelt und bezaubert

Lassen Sie mich mit der MUSIK beginnen. Es gibt in Indien ein einsaitiges Instrument mit dem Namen "Ektara", das mit einem einfachen Bogen gespielt wird. Der Resonanzraum ist ein ausgehöhlter Kürbis oder hohler Bambus. Meine Mutter erzählte gerne die Geschichte, daß eines Tages, ich war zwei Jahre alt, ein Ektara*-Spieler in unser Haus - und rückblickend in mein Leben - kam. Möglicherweise war er einer der zahlreichen mystischen Musiker Indiens, ein "Baul". Der sonderbare hohe Ton dieses Instruments mag einen Erwachsenen dazu bringen, sich Kopfschmerztabletten zu besorgen. Aber ich war so jung; mein

Sinn für das Wunderbare war noch unverdorben und mein unschuldiger Geist transparent. So hatte ich das Gefühl, als habe mich ein Blitz getroffen, und ich lief durch das Haus, mit starrem Blick in einen unendlichen Raum. Mutter erzählte, daß ich dabei eine durchaus passable Nachahmung der Bogentechnik des reisenden Musikers zustande brachte. Für sie war dies natürlich ein ausreichender Beweis für die außergewöhnliche musikalische Begabung ihres Sohnes.

Drei Jahre später besuchte uns ein sehr würdevoller Herr, "Mr. Celedonia". Er hatte viel Pech im Leben gehabt, aber er konnte noch immer Geige spielen. Noch heute sehe ich ihn mit seinem sauberen, weißen Schnäuzer und seinem schmucken Anzug, der zwar an den Nähten etwas ausgefranst war, aber dennoch Rückschlüsse auf die ehemalige Eleganz seines Trägers zuließ. Mr. Celedonia hatte darüber hinaus lange nichts mehr gegessen. In einem Anflug warmer christlicher Eingebung entschied meine Mutter, er müsse mir Geigenunterricht geben; auf diese Weise könne er regelmäßige Mahlzeiten und auch ein geringes Honorar erhalten, und zwar auf eine würdevolle Art, die seinem Auftreten entsprach.

Eine Nebenwirkung wäre gewesen, daß sich eine günstige Gelegenheit bot, mein musikalisches Potential zu entwickeln. Leider hatte sich damals mein "Ego" schon recht stark entwickelt und meine Unschuld viel von ihrem engelhaften Glanz verloren. Meine arme Mutter wurde daher Zielscheibe für häufige Protestausbrüche, besonders dann, wenn ich mein Spiel mit Freunden unterbrechen mußte, um mit Mr. Celedonia zu üben. Der Geigenunterricht wurde nach etwa acht Monaten abgebrochen. Aber ich hatte mir zumindest die Grundlagen angeeignet. - Als ich sechzehn war und gerade mein zweites Jahr auf dem College absolvierte, ging ich eines Tages ins Kino. Der Film "The Magic Bow" (deutsch "Der Teufelsgeiger"), die verfilmte Biografie des Geigers Nicolo Paganini mit dem umwerfend attraktiven Stewart Granger in der Hauptrolle, stand auf dem Programm. Paganini soll auf eine Art und Weise mit seiner Geige umgegangen sein, die unter seinen Zeitgenossen die Überzeugung aufkommen ließ, er sei vom Teufel besessen. Ich erinnere mich noch heute, daß ich das Kino völlig benommen verlassen habe. Innerhalb weniger Stunden hatte ich meine Geige wieder ausgegraben und gereinigt, einige Musikbücher und Fritz-Kreisler-Platten gekauft und mein Geigenspiel erneut aufgenommen - zur Verzweiflung unserer Nachbarn!

In unserer Familie wurde schon immer musiziert; wir saßen häufig zusammen und sangen oder machten Hausmusik. Ich hatte dabei immer gerne zugehört und auch ein bißchen mitgespielt. Aber dieses völlige innere Aufgerütteltwerden und meine Verwandlung zu einem leidenschaftlichen Anhänger der verschiedensten Musikrichtungen geschah erst damals, nach dieser entscheidenden Erfahrung als Teenager, als ich Stewart Granger Paganini spielen sah. Im Laufe der Jahre und nachdem ich mich mit vielen verschiedenen Musikrichtungen beschäftigt habe, ist mein Geisteszustand nun völlig pathologisch: Es ist mir nicht mehr möglich zu arbeiten und gleichzeitig gute Musik zu hören.

Von der Sensibilität der Mystiker fasziniert

Jetzt möchte ich zur MYSTIK kommen. Auch hier hat meine wunderbare Mutter eine große Rolle gespielt. Schon sehr früh lernte ich, zu ihren Füßen sitzend, nicht nur die bekanntesten Gebete, sondern ich hörte von ihr auch über diese wundervolle Person, die "Gott" genannt wird, die, so sollte ich glauben, noch liebevoller sei als sie selbst, und die überall gegenwärtig sei. Wegen dieser Allgegenwärtigkeit bin ich ihr anscheinend im Alter von drei Jahren auf die Nerven gegangen, vielleicht weil dadurch meine Möglichkeiten, unbeobachtet Unfug anzustellen, verringert wurden. - Eines Tages fragte ich beim Essen, ob Gott denn auch in der Nahrung gegenwärtig sei und, logischerweise, auch in dem, was ich als Folge des Essens so jeden Tag auf natürliche Weise wieder von mir gab. Bevor ich weitere Forschungen in bezug auf die Allgegenwart Gottes in den Abflüssen und im komplexen Abwassersystem Bombays betreiben konnte, gelang es ihr, das Thema zu wechseln. Der aufmerksame Leser wird sicherlich erkannt haben, wie sich in mir - zunächst unbemerkt - die ersten Ideen in bezug auf die verzauberte Dunkelheit zu regen begannen. Ich hätte mir jedoch gewünscht, meine Suche nicht in einer Abwasserumgebung zu beginnen - aber es war, wie es war.

Später als junger Theologiestudent, der sich auf das Priesteramt vorbereitete, ständig frustriert durch mein Versagen, die allgegenwärtigen Regeln und Vorschriften getreu einzuhalten, begegnete ich zum ersten Mal den Mystikern. Es war, als sähe ich "The Magic Bow" noch einmal: Die Wirkung war explosionsartig. Hier gab es doch tatsächlich anständige, hochgeachtete Menschen, die sich um Regeln überhaupt nicht kümmerten! Und nebenbei entdeckte ich, daß sie alle ziemlich sensibel und anziehend waren. Sie waren "wholly" (ganz) Mensch und sie waren sehr "holy" (heilig). Später fand ich zu meiner Freude heraus, daß die Wörter "whole" (ganz), "holy" (heilig), "health" (Gesundheit), "holocaust" (Holocaust: gänzliche Vernichtung) und "holistic" (ganzheitlich) alle denselben sprachlichen Ursprung haben. - Ich erfuhr ferner, daß es in jeder Religion Mystiker gibt und daß selbst bei grundlegend verschiedenen Religionen die Begegnung mit den "Göttern" im Innern starke Ähnlichkeiten aufwies. Einige dieser Merkmale gingen weit über das hinaus, was ich bis dahin kennengelernt hatte.

So wurden die Mystiker meine neuen Helden und Heldinnen. Von ihnen lernte ich, daß im großen und ganzen niemand in der Lage ist, sich dem System zu entziehen; es sei denn, man entdeckt durch qualvolle Erfahrungen innerhalb des Systems, was dieses System nicht bieten kann. Denn wer keine Leiter benutzt, kann niemals erfahren, was es heißt, mit dem Kopf gegen die Decke zu stoßen.

Meine seltsame Odyssee zur Wissenschaft

Als Jugendlicher schwelgte ich in den üblichen Fantasien und Beschäftigungen, wozu auch viel Sport und Theater gehörten. Das Lernen war nie ein großes Problem. In unserem Haus gingen ständig Menschen der verschiedensten Religionen ein und aus. Meiner Familie entging es auch nicht, daß ich in keiner Weise allergisch gegen weiblichen Charme war. - Als ich den Wunsch äußerte, dem Jesuiten-Orden beizutreten, dachten meine Eltern, es könne nicht schaden, auf der Universität noch mehr Schönheiten zu begegnen. Leider hatte meine wissenschaftliche Karriere keine ehrenhafte Grundlage: Es geschah einfach, weil sich die meisten meiner Schulfreunde und ziemlich viele attraktive junge Frauen aus meiner Umgebung für die WISSENSCHAFT entschieden. Da ich Biologie nicht ausstehen konnte, entschied ich mich für Chemie als Haupt- und für Physik und Mathematik als Nebenstudium.

Die ersten Jahre im College war meine "Stewart Granger Zeit"; dazu gehörte auch die Entdeckung des Sternenhimmels mit seiner verzauberten Dunkelheit. Meine Dankbarkeit gegenüber den Werken von Arthur Eddington und James Jeans ist unendlich groß. Jedoch verlor ich durch die Astronomie jegliches Interesse an irdischen Dingen und trat dann doch nach vier Universitätsjahren in den Jesuiten-Orden ein. - Nachdem ich mit gewissen Schwierigkeiten die ersten acht Jahre der Jesuiten-Ausbildung hinter mich gebracht hatte, wurde ich zurück auf die Universität geschickt, um einen zweiten Diplomabschluß in Mikrobiologie zu machen - äußerlich gefaßt, aber innerlich schrie ich vor Verzweiflung. Ich machte dann den fatalen Fehler, akademisch recht erfolgreich zu sein und hörte daraufhin spöttische Bemerkungen wie: "Aber ich denke, du kannst Biologie nicht leiden!" Zum ersten Mal entwickelte ich ein Gefühl für das, was ein Insider einmal humorvoll über die Gesellschaft Jesu gesagt hatte: "... eine absolute Monarchie, die nur durch die Mißgunst ihrer Anhänger gemildert wird."

Einige Jahre später, nach meinem Theologie-Studium, nach der Priesterweihe und in einer Zeit, in der ich kleinere Lehr- und Forschungsaufträge ausführte und Arbeitsprojekte in den Slums und Dörfern betreute, wurde mir ein Stipendium gewährt, um an der Cornell University in Ithaca, New York, zu promovieren. Ehrlich gesagt, ich hatte keinerlei Interesse an diesem Doktortitel, aber ich überließ mich mit der Großzügigkeit eines Narren diesem Spiel, das sich mittlerweile wohl zu einer ganz besonderen Eigenart von mir entwickelt hatte. Ich hatte entdeckt, daß es eigentlich nicht besonders wichtig ist, was man tut. Wichtig ist nur, daß Pläne geschmiedet werden; was bleiben muß, ist die Unsicherheit, ob diese auch realisiert werden können und die Notwendigkeit, *sich ganz dem anzuvertrauen, was sich daraus ergibt.* - Die vier Jahre in Cornell (1966-1970) wurden dann auch die wichtigsten Jahre meines Lebens. Es war eine Zeit extremer Unruhen in den Vereinigten Staaten. Vietnam, Drogen und Hippies - Themen, die meine Kommilitonen stark beschäftigten. Das II. Vatikanische Konzil (1962-1965) erschütterte die katholische Kirche gründlich. Für einen unschuldigen Beobachter auf seiner Reise durchs Leben war es berauschend, qualvoll und heilsam - alles zur gleichen Zeit. - Ich lebte an verschiedenen Orten und schließlich in einem Appartement für mich ganz allein. Dabei lernte ich viele Menschen, jung und alt, näher kennen und war überrascht, innerhalb der Tiefen der menschlichen Psyche die Konturen einer verzauberten Dunkelheit zu entdecken, die mit den galaktischen Tiefen des Weltraums vergleichbar ist.

> *Jeder von uns trägt in sich ein inselhaftes Universum, das von einer innigen Sehnsucht erfüllt ist, Teil von etwas zu sein, das noch wundervoller ist.*

In Cornell habe ich viel gelernt; aber eines der schönsten Geschenke war eine dauerhafte Faszination für eine mit Präzision, Begeisterung und Behutsamkeit ausgeführte wissenschaftliche Forschung. Mikrobiologie war das notwendige Hauptstudium, Biochemie und Genetik das freiwillige Nebenstudium. In Verbindung mit der Chemie, Physik und Mathematik meiner vergeudeten Jugend habe ich mich schließlich zu einem Alleskönner entwickelt, der jedoch nichts im Detail beherrscht - dafür aber einen Doktortitel besitzt. - Dank der unaufgeforderten Großzügigkeit einiger enger Freunde in Ithaca konnte ich in Indien ein schönes Forschungslabor, ausgestattet mit modernster Technik, praktisch aus dem Nichts aufbauen. Meine Vorgesetzten im Orden hatten offiziell entschieden, daß meine wesentliche Aufgabe aktive Forschung mit einem begrenzten Lehrauftrag sein solle. Ich glaubte ihnen. - Zu meinem Forschungsteam gehörten ein Dutzend erstklassiger Studenten, die meine Begeisterung soweit teilten, daß auch sie bereit waren, praktisch Tag und Nacht zu arbeiten. In der oberen Ecke des Labors stand ein Platz zur Verfügung, wo man zwischendurch mal einige Stunden schlafen oder sich eine schnelle Mahlzeit zaubern konnte. Dieser angenehme Zustand dauerte etwa ein ganzes Jahr.

Aufgrund einer neuen "offiziellen Entscheidung" mußte ich daraufhin große Verantwortung im Bereich Verwaltung u.ä. übernehmen. Ich fand jedoch noch immer Zeit genug, um junge Studenten zum wissenschaftlichen Studium zu ermutigen. Zwanzig Jahre lang hatte ich das Glück, zahlreichen meiner Studenten zu einem Stipendium zu verhelfen. Oft konnten sie in den besten Labors der Welt mit Wissenschaftlern zusammenarbeiten, die weit kompetenter waren als ich. - Einige meiner Freunde und ich gründeten ferner die "Indian Music Group", die vielen jungen Indern die Werte ihres kulturellen Musik-Erbes näherbrachte und mindestens einem älteren Inder die Entdeckung der Wunder eines neuen Universums aus Klang und Rhythmus ermöglichte. -

Wie unterscheidet man zwischen der Ordnung, die dem Chaos entspringt und dem Chaos, das aus der Ordnung entsteht?

Unter all der hektischen Aktivität fühlte ich einen wachsenden Hunger nach Integration, Vereinigung und Transzendenz, den niemand zu sättigen vermochte...

Wie ein Schwamm vom Wasser durchdrungen...

Manchmal stehe ich allein am Meeresstrand am Rande von Süd-Bombay und gestatte meinem Geist, in den Ozean hineinzugleiten und darüber hinwegzuschweben, der sich endlos bis zum Horizont erstreckt und im Licht der untergehenden Sonne errötet und funkelt. Ich werde leise und bedächtig zu einem kleinen Stück trockener Schwamm und lasse mich hinuntergleiten in die Tiefen des Meeres. Ich beobachte, wie ich selbst schnell voller und voller werde, das Wasser aufsauge, dann gänzlich durchtränkt bin und schließlich den Sättigungspunkt erreiche.

Und dann weiß ich mit Sicherheit und kann mich an der Erkenntnis erfreuen, daß ein Schwamm weniger vom Meereswasser als ich vom Großen Mysterium durchdrungen werden kann... daß meine Erfüllung genau im Zustand eines "Erfülltseins" liegt, bis ich nichts mehr aufnehmen kann... daß es dumm wäre, mich von meinen eigenen jämmerlichen Strategien verführen zu lassen, wenn ich doch Teil einer überwältigenden Wirklichkeit sein kann. Harte Arbeit, überlegt und mühsam, wird leichter, wenn ich sie mit der Absicht einer Intelligenz verschmelzen kann, die vollständig außerhalb meines Verständnisses liegt.

Die Gerüche von Bombay mögen nicht immer die Sinne erfreuen, aber die spektakulären Sonnenuntergänge können noch immer kostenlos erlebt werden. Das Mysterium scheint eine Nase für andere, wichtigere Dinge zu haben: Gerade jetzt kuschelt sich eine kleine Welle in Abertausende von Sandkörnern und wird vom Schaum geküßt, während sie sich - ihr Leben aushauchend - in den Sand ergießt.

Verschiedene Wege zur Freude, Schönheit und Wahrheit

Wissenschaft, Musik und Mystik sind ebenbürtige Wege, um Freude, Schönheit und Wahrheit zu erfahren und zu teilen. Dennoch sind es verschiedene Wege und es ist nützlich, sich dieser Unterschiede bewußt zu sein.

Der WISSENSCHAFTLER wird niemals der Wahrheit hundertprozentig sicher sein. Jedoch kann das Wissen überprüft werden, indem eine dazu befähigte Person irgendwo auf der Welt entsprechende Experimente durchführt. Keine andere Art von Wissen erlaubt eine derart deutliche Bestätigung von Theorien. Die Tatsache, daß ein Wissenschaftler häufig quantifizierbare und nicht subjektive Aspekte der materiellen Wirklichkeit untersucht, gestattet eine Wiederholbarkeit der Versuche. Für den Wissenschaftler steht die Wahrheit an erster Stelle; aber diese Wahrheit kann auch schön sein, besonders für einen Eingeweihten. Häufig ist große Freude mit neuen Entdeckungen verbunden.

Für den MUSIKER sind Wahrheit und Schönheit beinahe untrennbar miteinander verbunden und werden über die Musik zum Ausdruck gebracht. Auf diese Weise wird die Musik zu einem Teil der inneren Welt des Zuhörers, und es können die nicht-materiellen Aspekte der Außenwelt erfahren werden. In der Musik spielt Gewißheit keine so große Rolle; wichtiger ist die Heraufbeschwörung einer wundersamen Wirklichkeit, bei deren akustischer Wahrnehmung Wahrheit zu hören ist, die jedoch im Grunde nicht mit Worten ausgedrückt werden kann. Auch für den Musiker ist Freude eine wesentliche Absicht.

Der MYSTIKER ist sich völlig darüber im Klaren, was er weiß. Er fühlt sich oft durch innere Impulse gedrängt, dies in Worte zu fassen, während er sich gleichzeitig darüber bewußt ist, daß Worte in diesem Bereich stets unzureichend sein müssen. Der Mystiker steht in direktem Kontakt zum Großen Mysterium, mit der Wirklichkeit an sich, mit dem Grund allen Seins. In der Ekstase einer mystischen Erfahrung sind Wahrheit, Schönheit und Freude untrennbar miteinander verbunden. Die Erfahrung ist aber einzig persönlich und kann nicht mit anderen geteilt werden. Ein anderer Mystiker kann höchstens etwas ähnliches erleben.

Mit immer neuen Herausforderungen

Wer ein Leben in Fülle anstrebt, wird allmählich gewahr, daß etwas in ihm bestehende Grenzen als Herausforderung ansieht, über diese hinauszugehen - obwohl in der Praxis nur wenige diese Herausforderung auch annehmen und sich auf den Weg machen. Forscher werden bewundert - selbst wenn sie scheitern - weil sie Risiken auf sich nehmen. Wer betrachtet Forscher schon als Narren, weil sie bereit sind, Grenzen zu überschreiten? - Die menschliche Rasse hat bisher kaum die Oberfläche dessen berührt, was es zu erforschen gibt. Ist es beispielsweise realistisch, sich zu fragen, ob das Bewußtsein sich zurücklehnen und bewußt Bewußtsein erforschen kann? Und dennoch ist es gerade dies, was heutzutage mutige Menschen versuchen. Man kann durchaus anderer Meinung sein - aber man kann diese Menschen nicht als Narren bezeichnen.

Heute fragt man sich, warum eine Meile erst jetzt unter vier Minuten gelaufen werden kann. Der Mount Everest wurde das erste Mal bestiegen, "weil er da war" - und seitdem ist es vielen Menschen gelungen. Das Atom wurde gespalten, die Tiefen der Ozeane ausgelotet, auf dem Mond herumgestapft. Was bleibt übrig? Reisen zum Mittelpunkt der Erde oder zu den Sternen nahe dem Mittelpunkt der Galaxis? Vielleicht gehen uns die wirklichen naturwissenschaftlichen Herausforderungen aus...

Es gibt keinen Raum, in dem das Große Mysterium nicht allgegenwärtig ist, und zwar in einem Überfluß, der jeden Mutigen in seinen Bann zieht. Welche Grenzen könnten realistisch und spannend genug sein, an der Grenze zum dritten Jahrtausend überschritten zu werden? Heutzutage wollen einige der mutigsten und sensibelsten menschlichen Geister wie Kundschafter wirklich gründlich die unermeßlich weiten Landschaften mit ihren unvorstellbaren Schätzen erforschen. Warum? "Weil es sie gibt", und weil der große Wert innerer Ekstase ein Schatz jenseits aller Vorstellungen ist. Ein Unterfangen, das bisher auf Höhlen und Klöster beschränkt war, ist uns heute zum Greifen nahe - innerhalb unseres Familienlebens und auf dem Weg zur Arbeit. Aber es ist erforderlich, über die Dunkelheit unserer modernen Höhlen hinauszugehen, in die wir eingeschlossen sind.

KAPITEL 3

MENSCHSEIN: "MEISTERN", MYSTERIUM, MYTHOS

"Ich lebe mein Leben in wachsenden Ringen,
die sich über die Dinge ziehn.
Ich werde den letzten vielleicht nicht vollbringen,
aber versuchen will ich ihn..."

- Rainer Maria Rilke -

"Im tiefsten unseres Herzens gibt es einen Winkel,
in dem das höchste Geheimnis aller Dinge
traurig wirkt."

- William James -

"Je mehr ich ich selbst bin und einzigartig,
um so mehr liebe ich den Mythos."

- Aristoteles -

Die meisten Menschen werden nervös und unglücklich, wenn sie Situationen gegenüberstehen, die sie nicht meistern können oder in denen sie auf Rätsel und Geheimnisse treffen, die sie weder verstehen noch lösen können. Sie leben den Mythos, daß sie das "Meistern" (mastery) kultivieren und das alles durchdringende Mysterium verdrängen müssen. In diesem Kapitel möchte ich dem Leser einige Perspektiven anbieten, die zu einer Neubewertung dieser weit verbreiteten und verständlichen Haltung einladen. Dazu ist es zunächst erforderlich, einige Begriffe zu klären.

"MEISTERN" (mastery) bedeutet ein ausreichendes Maß an Überlegenheit und Kontrolle. Unsere Bildungssysteme lehren die Menschen, Kontrolle auszuüben. In der Wirtschaft - und natürlich auch in der eigenen Familie - ist Überleben nur möglich, wenn eine gewisse Beherrschung von Sprache, Kommunikationstechniken, Führungsmethoden, Finanzmanagement usw. vorhanden ist. Bei Bauern, Technikern, Eltern, Ärzten usw. lassen sich parallele Situationen aufzeigen.

Die schwierige Frage ist nun: **Wieviel "Meistern" ist eigentlich sinnvoll? -** Sicherlich kann der Idealzustand nicht der Kampf sein, bis man mit vollem Selbstbewußtsein sagen kann: "Ich habe mein Leben vollkommen im Griff." Welche Rolle spielen unvorhergesehene Ereignisse und Naturkatastrophen? Die moderne Gesellschaft neigt dazu, die Bürger soweit wie möglich gegen Risiken, Schmerz und Tod abzuschirmen. Eine äußere Absicherung hilft uns nicht, eine innere Sicherheit zu finden.

Verständlicherweise ist es nötig, ein angemessenes Maß zu haben, um das eigene Leben zu *meistern*.. Jedoch ist es bedauerlich, daß es dem modernen Menschen so schwer fällt, sich dem MYSTERIUM mutig zu stellen. Der Preis ist sehr hoch. Das Mysterium ist nicht das Dunkle und Rätselhafte, das gelöst werden kann, sobald es erkannt worden ist. Es ist vielmehr die Klarheit und das Bekannte - das nicht gelöst werden kann, selbst wenn es erkannt worden ist. **Das Geheimnisvolle muß erfahren, nicht gelöst werden.**

Liebe, Licht, Schönheit, Körper, Energie, Geist, Bewußtsein, Materie, das Böse, Leid, Tod - die wesentlichen Dinge der menschlichen Existenz! - *sind die eigentlichen Mysterien,* die erkannt, erfahren und geschätzt werden wollen, ohne die Möglichkeit, sie jemals vollständig zu begreifen. Je mehr man darüber erfährt, desto größer wird die Sensibilität für die gähnende Tiefe endloser Abgründe. *Der Ursprung eines jeden Geheimnisses ist das Große Mysterium.*

Die Aufzählung der ziemlich banalen Ereignisse in meiner eigenen Lebensgeschichte hatte vielleicht einen ergänzenden Nebeneffekt: So wurde möglicherweise deutlich, warum ich mich *mit "Meistern" und Mysterium,* mit Selbst-Bestimmung und Hingabe *gleichermaßen behaglich* fühle. Es geht nicht darum, sich für das eine oder andere zu entscheiden. Das Paradoxe liegt darin, daß beide Haltungen zwei Seiten der gleichen Münze sind, und es sinnvoll ist, beide Seiten leben zu können. Alle, die jemals wirklich geliebt haben, wissen, daß *Selbst-Bestimmung und Hingabe einander bedingen.*

Unsere menschliche Spezies muß ihren Ursprung in dem Zusammenspiel von Männlichem und Weiblichem suchen; Sexualität ist das Medium sowohl für die Liebe als auch für Vergewaltigung. Dichter werden zwischen Unrat geboren; Mütter, die uns ins Leben gebären, setzen gleichzeitig unsere Füße auf die Straße, die zum Tode führt. *Der Weg zum Frieden ist gepflastert mit polaren Gegensätzen.* Wenn man sich auf die Reise in dieses energetische Feld begeben kann, das die beiden Pole vereint, werden sich alle Gegensätze auflösen. Nehmen wir als Beispiel das Bild vom Magneten: **Zwei gegensätzliche Pole sind notwendig, um das kraftvolle Energiefeld zu erzeugen, das aus der Polarität lebt.** Die Pole Freiheit-Zwang entspringen derselben Stille desselben kosmischen Stromes, die Ordnung-Chaos erzeugt. Mir hat ausgerechnet der Mythos des Mysteriums, das alle Dinge wie eine verzauberte Dunkelheit durchdringt, dabei geholfen, dieses zu verkosten.

Es ist normal, wenn sich der Mensch dem Geheimnisvollen gegenüber unbehaglich fühlt, da dieses niemals in irgendeiner Form gemeistert werden kann. Absicht nährt die Selbstbestimmung, die für ein "Meistern" erforderlich ist. Bereitschaft ist jedoch die notwendige Qualität für die vom Mysterium geforderte *Hingabe an und Liebe für das Paradoxe.* Den fundamentalen Unterschied zwischen den beiden Einstellungen sollte jeder sensibel für sich selbst erforschen. Es gibt die grundsätzliche Geisteshaltung des westlichen Menschen, der Kontrolle sucht, Transzendenz ablehnt und in Selbstentfremdung endet. Diese gegenwärtige westliche Geisteshaltung ist auch überall erkennbar, wo westliche Zivilisationen stark vertreten sind: z.B. in Bombay, Hongkong oder Tokio. Diese Zusammenhänge haben Gerald May in "Will and Spirit" und Huston Smith in "Beyond the Post-Modern" gekonnt untersucht.

Das Wort MYTHOS bezeichnet nach Alan Watts *die innere Bedeutung des Universums und des menschlichen Lebens".* Jeder Erwachsene lebt seine Mythen, selbst wenn er sich ihrer Gegenwart und Macht nicht bewußt ist. Wie bei dem Wort Mysterium ist es wichtig, den ursprünglichen Sinn des Wortes Mythos von seinem gewöhnlichen Gebrauch zu unterscheiden. In der Regel wird dem Wort Mythos die folgende Bedeutung gegeben: Mythos ist "eine unwahre oder fälschlicherweise gehaltene Überzeugung". Im hier benutzten Zusammenhang hat Mythos jedoch die von Watts und anderen geschilderte ursprüngliche Bedeutung.

Der Mythos einer Person (in der ursprünglichen Bedeutung) kann in der Tat unwahr (im üblichen Sinn) sein und dennoch einen tiefen Einfluß auf den Lebenssinn einer Person ausüben. Die Welt mußte teuer für die Mythen bezahlen, die Hitler zu seinen Taten zwangen. Ein Weltkrieg war erforderlich, um die Unwahrheit dieser Mythen zu beweisen! - Zahlreiche Industrieländer sind durch den "Mythos des unbegrenzten Wachstums" zu Wohlstand gekommen. Die Unwahrheit gerade dieses Mythos beginnt erst jetzt langsam heraufzudämmern. Dieser Mythos hat ferner verheerende Folgen für die Ressourcen unserer Erde. Dennoch dominiert er noch immer das Denken und Planen vieler weniger entwickelter Länder. Die Bestätigung des Wahrheitsgehaltes eines Mythos ist von großer Wichtigkeit; jedoch bleibt der ursprüngliche Sinn eines Mythos erhalten, auch wenn sich dieser als unwahr oder Irrtum erweist.

Nur wenige Gelehrte haben so eindeutig über Mythen geschrieben wie *Raimundo Panikkar,* Sohn einer spanischen Mutter und eines indischen Vaters, (beispielsweise in "Rückkehr zum Mythos"). Die wenigen angeführten Zitate von ihm sollen eine gewisse Klarheit ermöglichen; sie sind jedoch nicht repräsentativ für die Tiefe und Ursprünglichkeit seines Denkens:

> "Es ist nicht möglich, in das Zentrum des Lichts zu blicken; man muß ihm den Rücken zuwenden, um sehen zu können - man nimmt dann aber nicht das Licht selbst wahr, sondern nur seine Reflexion in der Umgebung. Licht ist unsichtbar, so wie der Mythos ...".

> "Der Mythos, den man lebt, besteht aus einem Komplex von Zusammenhängen, die man stillschweigend voraussetzt."

> "Der Mensch kann nicht ohne Mythen leben, ja ohne eine Vielfalt von Mythen, die sich verflechten und die aufeinander folgen, so daß **der fließende Übergang von Mythos zum Logos** aus neuen Mythen möglich wird. Genau gesagt gibt es keinen isolierten Mythos. Jeder Mythos lebt in einer Gemeinschaft von Mythen".

> "Die Toleranz eines Menschen ist direkt proportional zu dem Mythos, den er lebt und umgekehrt proportional zu der Ideologie, der er anhängt... Eine Ideologie ist ein Ideen-System, das von einem Logos formuliert wurde, der unfähig ist, seine eigene Zeitlichkeit zu transzendieren."

Im englischen Sprachraum gibt es nur wenige, die so viel für ein tieferes Verständnis von Mythos und Mythologie getan haben wie *Joseph Campbell.* Das folgende Zitat stammt aus einem Gespräch zwischen ihm u. Michael Toms:

> "Mythen kommen nicht aus einem gedanklichen System, sie kommen aus einem Lebenssystem; sie kommen aus einer größeren Tiefe. Wir dürfen Mythologie nicht mit Ideologie verwechseln. Mythen kommen aus dem Herzen und der Erfahrung, auch wenn der Verstand sich fragen mag, warum die Menschen diesen Dingen Glauben schenken. Der Mythos weist nicht auf eine Tatsache, der Mythos weist auf etwas jenseits der Tatsache hin, auf etwas, das Informationen über die innere Bedeutung der Tatsache liefert. Mythen sind im Grunde bedeutende Gedichte, die Kunde geben über das Wunder und das Geheimnis des Lebens."

Mein Mythos der verzauberten Dunkelheit

Er hat seinen Ursprung in meinem eigenen Lebenssystem, in meinem Herzen und in meiner Erfahrung. Er bietet mir konzeptionelle Einsichten in die Dichtkunst und die Wunder dieser Welt aus östlicher und westlicher Sicht. Er fördert eine universelle Toleranz und einen Respekt für die Tiefe des menschlichen Geistes und "die süßeste Frische tief in allen Dingen" (Hopkins). Zumindest mir hat sich die "innere Bedeutung des Universums und des menschliches Lebens" auf diese Weise offenbart. - Mich beunruhigt jedoch sehr die Tatsache, daß die verzauberte Dunkelheit so offensichtlich ist, daß sie beinahe übersehen wird. Die "Naqshbandi Recital" der Sufis vermag eine leichte Prise Humor in diese Situation zu bringen:

> "Aber das ist eine alte Geschichte, die du erzählst - sagen sie;
> Aber sicherlich ist es eine neue Geschichte, die du erzählst - sagen einige.
> Erzähl' sie noch einmal - sagen sie;
> Oder, erzähl' sie nicht noch einmal - sagen andere.
> Aber ich habe das alles schon vorher gehört - sagen einige;
> Oder, das ist nicht so, wie es vorher erzählt wurde - sagen die übrigen.
> Und das, das sind unsere Leute, Derwisch Baba*, so ist der Mensch".
>
> (aus Idries Shah "The Way of the Sufi")

Auf jeden Fall bleibt der eigene Mythos solange unsichtbar, bis man sich seiner Gegenwart bewußt wird. Es war erst die liebevolle Einfühlsamkeit meiner Freunde, die mich ermutigten, das zu erforschen, was meinem Dasein seinen Pep verleiht. - Für viele meiner Leser dürfte die "Wahrhaftigkeit" der verzauberten Dunkelheit von ihrem Interesse abhängen, meine Worte in eine eigene Welt der inneren Freude und des inneren Friedens umzusetzen. Ich bin mir bewußt, daß ich das, was ich eigentlich sagen möchte, nur unvollkommen ausdrücken kann. Daher stimmt die Aussage von Panikkar für mich: "Nur der Leser kann den Autor erlösen". Ob die verzauberte Dunkelheit in der "Gemeinschaft der Mythen" anderer Menschen einen Platz hat oder nicht, kann ich nicht beurteilen.

Der eigene Körper als Mythos?

Die Einstellung zum eigenen Körper ist ein recht sinnvoller Weg, um über die *verwickelten Einflüsse von "Meistern", Mysterium und Mythos* im eigenen Leben nachzudenken. Menschen, die vom Mythos der "Meistern" beseelt sind, behandeln ihren Körper oft wie eine Art Instrument, das durch einen externen Willen gemeistert werden muß. Möglicherweise entscheidet sich der Einzelne nicht bewußt für einen geeigneten "Körpermythos"; dennoch wird dieser Mythos sichtbar durch die Art und Weise, wie der Körper behandelt wird. Eine extreme Haltung wäre der Mythos, daß nur der Körper allein wichtig sei, d.h. Bewußtsein, Geist und Seele, usw. haben keine unabhängige Existenz - sie entstehen spontan aus dem hoch entwickelten, komplex organisierten Körper selbst. Das andere Extrem wäre ein Verhalten, als ob nur Seele und Geist von Bedeutung seien (einige sehen beide als identisch, andere machen Unterschiede), d.h. der Körper ist eine spontane Emanation* eines höheren nichtmateriellen Prinzips. - Weitere Fragen können zu den dazwischen liegenden Möglichkeiten gestellt werden. Ist der Körper ein nützlicher Reisegefährte, oder ist er das Gefängnis für die Seele - bis zu einer bedrohlichen Krankheit oder bis zum Tod? Weisen die äußeren Formen und Strukturen des Körpers auf verborgene Merkmale der Seele hin? Gibt es einen ätherischen Körper, der sich vom sichtbaren Körper unterscheidet? Unterscheidet sich Bewußtsein von der Seele und kontrolliert es Krankheiten des Körpers durch Beeinflussung der Moleküle? Haben wir die Freiheit, etwas jenseits dessen zu tun, was uns unsere Gene diktieren? Wenn mein Gehirn ein Computer ist, kann ich erreichen, was ich will, indem ich beliebige Programme lade?

Es ist immer leichter, den Mythos, den Freunde sich angeeignet haben, aufzudecken, als den im eigenen Leben. Haben Sie Schwierigkeiten damit? *Das "Freue dich und frohlocke" ist* **für den Körper ein echtes Geheimnis.** In einem faszinierenden Buch von *Michael Murphy* ("The Future of the Body") werden die außergewöhnlichen Fähigkeiten des Menschen unter zwölf Überschriften als "Metanormalien" aufgelistet. Aus meiner Sicht ist dies noch lange keine vollständige Liste, sondern erst der wundervolle Anfang eines kontinuierlichen Prozesses, dieses Ding, das wir "Körper" nennen, zu enträtseln. Lesen Sie beispielsweise einmal "A Natural History of the Senses" von *Diane Ackerman.*
Nur wenige Künstler und Dichter waren sich des Mysteriums Körper mehr bewußt als *William Blake* (1757 - 1827). Wordsworth sagte einmal über ihn:
Es gibt keinen Zweifel darüber, daß dieser arme Mann verrückt war. Aber in seiner Verrücktheit liegt etwas verborgen, das mich mehr interessiert als die Gesundheit von Lord Byron und Walter Scott".

Nachstehend die eigenen unverkennbaren Worte Blakes - gleichsam als Schlüssel zum Verständnis seines Körpermythos. Seine Skizzierungen drücken die gleiche Bewußtheit in einer fantasievoll realistischen Art und Weise aus.

"Alle Bibeln oder heiligen Gesetzbücher sind die Ursache folgender Irrtümer gewesen:

1. Daß der Mensch zwei tatsächlich bestehende Prinzipien hat. Nämlich: einen Körper & eine Seele.

2. Daß Energie, Böse genannt, allein des Körpers ist & daß Vernunft, Gut genannt, allein von der Seele ist.

3. Daß Gott den Menschen, der seiner Energie folgt, in Ewigkeit martern wird.

Aber die folgenden Gegensätze zu diesen Aussagen sind wahr:

1. Der Mensch hat keinen von seiner Seele getrennten Körper; denn was Körper genannt wird, ist ein Teil der Seele, erspäht von den fünf Sinnen, den Haupteingängen der Seele in dieser Zeitlichkeit.

2. Energie ist das einzige Leben und stammt her aus dem Körper; und Vernunft ist der Einband oder äußere Umkreis der Energie.

3. Energie ist Ewiges Entzücken."

In den folgenden Kapiteln werde ich versuchen, verschiedene Schlüssel anzubieten, die möglicherweise eine Verbindung zwischen Mysterium, Energie und ewigem Entzücken schaffen können.

Ich hoffe, daß Sie, meine Leser, in der Zwischenzeit meine Freunde geworden sind. Daher gebe ich Ihnen meinen eigenen Körpermythos in den folgenden Erfahrungen und Überzeugungen preis: Ich mag vielleicht ein "Gott" sein, der auf die Toilette muß, aber mein Körper wird immer Lektionen für mich bereithalten, die ich niemals aus Büchern lernen könnte. "Seele" und "Geist" mögen für verschiedene Menschen eine verschiedene Bedeutung haben; ich selbst erlebe mich jedoch als ein komplexes Rätsel und mit viel Disziplin muß ich lernen, mir dieser Geheimnisse bewußt zu werden. Wenn ein Gedanke, ein Gefühl oder ein Gebet mich erfüllen, bekomme ich eine Gänsehaut und mir fällt es schwer, nicht wie ein Derwisch vor Freude zu tanzen. Das Leuchten in den Augen eines eingekuschelten Hundewelpen erzeugt in mir die gleiche Musik, die ich höre, wenn ich zu den Sternen aufblicke, die im verschmutzten Nachthimmel über Bombay zu leuchten versuchen. Also laßt uns tanzen!

In welcher Weise Musik und Tanz und Leben zusammengehören, das drückt *Madeleine Delbrêl*, eine 1964 verstorbene Dichterin und Sozialarbeiterin in den Arbeitervierteln von Paris, in den folgenden Versen aus:

"Ein großer Schmerz für uns ist es,
daß wir Deine Musik so freudlos spielen,
Herr, der Du uns Tag um Tag bewegst,
daß wir immer noch bei den Tonleitern sind,
bei der Zeit der anmutslosen Bemühungen...

Könnten wir doch erraten, Herr,
Welchen Tanz du von uns aufgeführt haben möchtest,
Einstimmend in den Rhythmus Deiner Vorsehung.

Wir hingegen vergessen die Musik Deines Geistes,
Und machen aus unserem Leben eine Turnübung;
Wir vergessen, daß es in Deinen Armen getanzt wird,
Daß Dein heiliger Wille
Von unvorstellbarer Phantasie ist.

Herr, komm und lade uns ein.
Wir sind bereit, Dir den Walzer der Arbeit zu tanzen,
Den der Hitze und dann wieder den der Kälte.

Gib, daß wir unser Dasein leben,
Nicht wie ein Schachspiel, bei dem alles berechnet ist,
Nicht wie ein Match, bei dem alles schwierig ist,
Sondern wie einen Ball, einen Tanz in Deinen Armen
Während Musik der Liebe uns allseits umfaßt."

DIE KRAFT UND POESIE DER WISSENSCHAFT

KAPITEL 4

IHRE BEWUSST ERLEBTE VERZAUBERUNG

"FEUERWESEN"

Die ersten beiden Abschnitte dieses Kapitels "Wir stammen von den Sternen" und "Kosmisch-irdische Verwandtschaft" dienen dem Versuch, im Bewußtsein des Lesers einen Lebensfunken anzuzünden, der dazu führen könnte, daß Kraft und Poesie der Wissenschaft in einem verzauberten Bewußtsein emporlodern. Die Vorstellungskraft ist für eine erfolgreiche Wissenschaft genauso wichtig wie das disziplinierte Experiment.

Es wäre gut für die Menschheit, wenn es mehr bewußt verzauberte "Feuerwesen" gäbe. In einem mir unvergeßlichen Gedicht bezeichnete der Dichter Hopkins die Sterne als Feuerwesen. Er konnte nicht ahnen, daß die Wissenschaft ein Jahrhundert später eine Verbindung zwischen den sanften Augen von Dichtern und Liebenden und den gewaltigen Feuerkräften explodierender Sterne schaffen würde. Wir alle sind Feuerwesen! - Er konnte auch nicht wissen, daß die Menschen einmal als das Endprodukt einer 15 Milliarden Jahre alten kosmischen, chemischen und biologischen Evolution angesehen werden. Und alles begann mit dem Urknall eines extrem kleinen Uratoms.

Eine derartige Evolution ist natürlich ein Mythos - ein Mythos allerdings von großer Kraft und Schönheit. Ich persönlich habe ein Bedürfnis nach diesem Mythos, so wie ich ein Bedürfnis nach dem Mythos des menschlichen Ursprungs aus der Schöpfungsgeschichte der Bibel habe. *Karl Popper*, der angesehene Wissenschaftsphilosoph, sieht die Evolutionstheorie nicht unbedingt als wissenschaftliche Theorie (da man sie nicht widerlegen kann!), sondern eher als ein *metaphysisches Forschungsprogramm*, das neue Wege zum Verständnis der Welt ermöglicht. Dies sei notwendig und ausreichend.

Die Wissenschaft leistet Großartiges bei der Entdeckung von Sternen, Atomen, Molekülen, Viren, Pflanzen und Tieren in Verbindung mit der Erde, ihrer Atmosphäre und ihren Ozeanen als Welten voller Wunder - Welten, die im wesentlichen dem Spiel von vier Fundamentalkräften unterliegen und von ihm abhängig sind. Aber selbst diese vier Kräfte sollen einst eine einzige Superkraft gewesen sein. Im nächsten Kapitel werden wir uns näher mit der sogenannten "Vereinheitlichten Feldtheorie"* (abgekürzt GUT* nach dem englischen Begriff "Grand Unified Theory") beschäftigen, sowie mit positiv geladenen subatomaren "Protonen"* und den winzigen, neutralen, "masselosen" Teilchen, die "Neutrinos"* genannt werden.

Der dritte und letzte Abschnitt dieses Kapitels transformiert die Ekstase der Feuerwesen in die Transzendenz einer Erfahrung des Einsseins. Die größten Geister sind zu einer Synthese der "Eigenschaften von Tau und Feuer" in der Lage. Jedoch muß man die neurobiologische Konditionierung berücksichtigen .

A. WIR STAMMEN VON DEN STERNEN

> "Ich bin ganz sicher, daß wir bezüglich unseres Verständnisses des Universums in der Vorgeschichte leben."
>
> \- Ilya Prigogine -

> "Eines habe ich in meinem langen Leben gelernt: unsere gesamte Wissenschaft ist - gemessen an der Realität - primitiv und kindlich. Und doch ist sie der kostbarste Besitz, den wir haben."
>
> \- Albert Einstein -

> "Wenn etwas aufhört, geheimnisvoll zu sein, hört es auf, das Interesse des Wissenschaftlers in Anspruch zu nehmen. Fast alles, worüber Wissenschaftler nachdenken und wovon sie träumen, ist geheimnisvoll."
>
> \- Freeman Dyson -

Die obigen Zitate sagen uns:*"... unsere gesamte Wissenschaft ist - gemessen an der Realität - primitiv und kindlich"* (Einstein); und *"... bezüglich unseres Verständnisses des Universums leben wir in der Vorgeschichte"* (Prigogine, belgischer Nobelpreisträger). Warum sollen wir das Primitive, Kindliche und relativ Prähistorische ernst nehmen? Das Geheimnisvolle ist faszinierend...

Wissen ist Verzauberung.. Jedes noch so kleine Teil trägt zum Wachstum und zur Evolution der Menschheit bei. In ihrer eigenen Sphäre materieller Realität ist die Wissenschaft in der Tat "der kostbarste Besitz, den wir haben". *John Wheeler* bietet uns einen nützlichen Vergleich:

"Wir leben auf einer Insel des Wissens und sind umgeben von einem Meer aus Unwissenheit. In dem Maße, wie unsere Insel des Wissens wächst, wächst gleichzeitig der Strand der Unwissenheit".

Die dunklen Untiefen des Meeres sind verlockend.

Heute erscheinen uns die alten Landkarten als prähistorisch, nach denen sich einst Reisende zu Land und zu Wasser richteten. Aus diesen Karten haben sich moderne geographische Atlanten entwickelt. Landkarten, antik oder modern, sollten niemals mit der Wirklichkeit verwechselt werden, die von ihnen dargestellt wird, obwohl ihre Aussagen über diese Wirklichkeit wesentlich sind. Die Wissenschaft bietet mehr und mehr bessere "Landkarten" über die materiellen Dinge im Himmel und auf Erden.

Als Beispiel möchte ich einen dramatischen Fall aus der Astronomie nennen. Von 1604 bis 1987 hatte die Menschheit niemals die Gelegenheit, die Explosion eines Sternes, einer "Supernova"*, zu beobachten. Dennoch wagten Wissenschaftler voller Selbstvertrauen die theoretische Vorhersage, daß bei einer solchen Explosion *Neutrinos freigesetzt würden, die der Explosion schneller entkommen als das Licht, das sich aus dem Inneren des Sternes seinen Weg durch den Kosmos bahnt.* Oder kurz gefaßt: Über einen Zeitraum von 383 Jahren waren keine Daten verfügbar, dennoch wurde vorhergesagt, daß hier auf der Erde Neutrinos vor dem Licht eintreffen würden!

In der Nacht vom 23. auf den 24. Februar 1987 entschloß sich Ian Shelton, Astronom an der Universität von Toronto, aus einem Impuls heraus (er hatte gerade von einem Berggipfel in Nord-Chile aus Fotos vom Großen Magellan-Nebel, einer benachbarten Galaxis, gemacht), die letzte Fotoplatte nochmals anzusehen, die er in das Entwicklerbad gelegt hatte. Er bemerkte einen unbekannten hellen Punkt auf der Platte, wunderte sich und lief nach draußen, um der Sache nachzugehen. Und dort, genau über ihm, klar am Sternenhimmel erkennbar, konnte er ohne Teleskop oder Fernglas die Supernova sehen, die seit fast 400 Jahren erwartet wurde. Hurra!

Gleichzeitig war man in Japan und am Erie-See damit beschäftigt, Instrumente zur Entdeckung des Protonenzerfalls aufzustellen, der nach den Vereinheitlichungstheorien vorausgesagt wurde. Diese Instrumente waren auch in der Lage, Neutrinos aufzuspüren. Und, siehe da, die Instrumente registrierten einen Aufschlag von Neutrinos aus der Supernova-Explosion etwa drei Stunden bevor irgend jemand an irgendeiner Stelle des Planeten das eintreffende Licht der Supernova registrieren konnte. Dies wurde natürlich weltweit durch vergleichende Daten der Astronomen überprüft. *Das Rennen zwischen Neutronen und dem Licht hatte volle 170.000 Jahre gedauert (wie primitiv waren zu der Zeit, als die Supernova explodierte, die Vorfahren der Menschen?)*; die gesamte zurückgelegte Strecke erreicht somit einen Wert von einer Milliarde Milliarden Meilen (10^{18}).

Wissenschaft kann den Sinn für das Wunder schärfen

Grenzen diese Vorhersagen nicht an ein Wunder? Zugegeben, die Wissenschaftler hatten auch ein bißchen Glück, denn wenn die Neutrinos nicht so masselos gewesen wären, wie es die Vorhersagen behaupteten, so hätten möglicherweise die Photonen das Rennen gewonnen. In der Regel ist es fast unmöglich, Neutrinos zu entdecken, und daher kann man nur Vermutungen über ihre Masse anstellen. Aber die "Vermutungen" lagen richtig, und die Neutrinos gewannen ein Rennen über 170.000 Jahre mit einer Geschwindigkeit von 300.000 Kilometern pro Sekunde. So können "Landkarten" in der Tat nicht völlig falsch sein, und das wenige, was wir wissen, ist kostbar.

Wenn wir nur unseren Geist und unsere Herzen öffnen könnten, so wäre die "Landkarte" selbst ein privilegierter Einstieg in die verzauberte Dunkelheit, die einen so überwältigenden Einfluß auf das eigene Leben hat.

Ich persönlich spüre sowohl Trauer als auch Verwunderung darüber, wie die Wissenschaft inzwischen von Wissenschaftlern und Politikern gleichermaßen als ein Mittel zur Kontrolle, Unterdrückung und Kriegsführung mißbraucht wird. Für mich bleibt die Wissenschaft eine der Kostbarkeiten unserer menschlichen Kulturgeschichte, da sie die Fähigkeit hat, den Sinn für das Wunderbare zu schärfen, der der Kern all unserer Sehnsüchte nach der Erfahrung von Wahrheit, Schönheit und Freude ist.

Der empfindsame Geist müßte den Sternenhimmel betrachten können und von innerer Freude erfüllt sein:
Diese Sterne scheinen für mich und meine Lieben: Ich bestehe aus Sternenstaub, und mein Körper stammt von den Sternen.

Als Erklärung: In den ersten drei Minuten nach dem Urknall verteilte sich die Masse des Universums fast ausschließlich wie folgt: 75 % Wasserstoff, 25 % Helium (mit völlig unbedeutenden Lithiummengen und verschiedenen Wasserstoff- und Helium-Verbindungen - diese drei Bestandteile machten etwa 1/500 % aus). Neben Wasserstoff benötigt unser Körper jedoch große Mengen Sauerstoff, Kohlenstoff, Stickstoff, Kalzium und Phosphor sowie Spuren von Schwefel, Eisen, Kobalt, usw.:

Diese schwereren Elemente wurden dem menschlichen Körper über Milliarden von Jahren letztendlich durch die Verbrennung von Wasserstoff und Helium im Innern von Sternen zur Verfügung gestellt.

In einem brennenden Stern, einer Sonne, entwickeln sich über Äonen hinweg verschiedene Schichten, wie bei einer Zwiebel. Der Kern des Sternes besteht aus Eisen und die äußerste Schicht aus Wasserstoff. Dazwischen liegen konzentrische Schalen aus etwa 20 anderen Elementen, unter anderem Silizium, Schwefel, Kalzium, Argon, Chlor, Kalium, Neon, Magnesium, Aluminium und Phosphor. Wenn sich das gesamte Silizium schließlich mit dem Eisen verbunden hat, kann der letzte Akt eines dramatischen kosmischen Schauspiels beginnen: die Explosion einer Supernova. Der Stern fällt in sich zusammen, um dann zu explodieren, wobei alle Elemente, die bereits gebildet wurden, in den Kosmos hinausgeschleudert werden; darüber hinaus bilden sich durch die ungeheuren Energien einer solchen Explosion zahlreiche neue Elemente, darunter Gold, Silber, Nickel (das in Kobalt zerfällt), Quecksilber, Uran, usw. - Tonnen dieser Elemente verteilen sich im interstellaren Raum. Wenn sich die nächste Sternengeneration (beispielsweise unsere Sonne) mit ihren Planeten aus diesem interstellaren Material entwickelt, so stellen diese Elemente das bereits vorhandene kosmische Erbe dar.

Hier auf der Erde ist es den Wissenschaftlern gelungen, eine "Landkarte" zusammenzustellen, die ein Verständnis über die Entstehung der schweren Elemente in den Sternen ermöglicht. Bei dieser Landkarte war die *Vorhersage* erforderlich, daß Neutrinos schneller als das Licht sind, also vor dem Licht einer Supernova hier eintreffen. Diese Vorhersage wurde dann später (1987) durch die erste Supernova, die seit 1604 beobachtet werden konnte, bestätigt.

B. KOSMISCH-IRDISCHE VERWANDTSCHAFT

"Innerhalb des Tonkruges gibt es Schluchten
Und mit Pinien bewachsene Berge
Und den Erschaffer der Schluchten und Berge.
Alle sieben Meere sind darin.
Und hunderte von Millionen Sterne."
- Kabir - (in einer freien Übertragung der engl. Version von Robert Bly)

Das Universum hat über einen Zeitraum von etwa 15 Milliarden Jahren das Überleben von Lebewesen mit dem höchstentwickelten Bewußtsein ermöglicht. Lebewesen mit bewußter Erfahrung wissen, daß eine symbiotische Beziehung zwischen allen Menschen sowie die Unterstützung der Umwelt unabdingbare Voraussetzungen für das Leben sind. Was immer dieses Universum auch sein mag, die Menschheit muß bereit sein, *die herzliche Umarmung, die die nächsten Verwandten und Freunde ganz selbstverständlich erhalten, auch auf das Universum auszudehnen.*

In diesem Kapitel möchte ich meine Gedanken über die **Verwandtschaft des Bewußtseins auf Grundlage bestimmter wissenschaftlicher Perspektiven** erläutern. Einige darunter sind zwar logisch, jedoch noch unbewiesen. Dennoch können sie das Leben durch ihre **Poesie und Bedeutung** bereichern.

Einer der schönsten Aspekte eines evolutionsorientierten Naturverständnisses ist die Wahrung einer gewissen Zärtlichkeit dem Pflanzen- und Tierreich gegenüber, das zu unserem Erbe gehört. Wenn wir erkennen, wie wir alle - Menschen, Tiere und Pflanzen - durch Vernetzung innerhalb unserer Lebensräume die Schöpfung miteinander teilen, ist die sinnlose Zerstörung, an der sich zur Zeit so viele Menschen beteiligen, nur schwer nachzuvollziehen. Die Vorstellungen zahlreicher Wissenschaftler über den Kampf der Arten um knappe Ressourcen haben in der Tat zu Wirtschaftssystemen geführt, in denen das natürliche Erbe der Menschheit willkürlich erobert und ausgebeutet wird. Dies im Zusammenhang mit der religiösen Überzeugung "Der Mensch ist der Herrscher der Schöpfung" ergibt die tödlichste alle Kombinationen!

Das dritte Jahrtausend benötigt dringend ein verändertes Wertesystem. Es reicht nicht mehr aus, den Armen und Schwachen Mitgefühl und Hilfe zukommen zu lassen. Vielmehr muß erkannt werden, **daß diejenigen, die zu einer symbiotischen Zusammenarbeit mit der ganzen Erde** (im Gegensatz zu einer auf Wettbewerb basierenden Auseinandersetzung) **in der Lage sind, eine bessere Chance zum Überleben haben**

werden. Dies ist sicherlich für die unmittelbare Zukunft die wesentliche neue Denkrichtung, die eine bewußte Evolution einschlagen muß. Allerdings können auch hierbei das Elend und der Hunger derjenigen nicht vergessen werden, die allein um des Überlebens willen gezwungen sind, ihre Umwelt zu zerstören.

Beispiele symbiotischer Verzauberung

Überdenken Sie einmal die erstaunlichen Konsequenzen des Vorhandenseins von winzigen *Mitochondrien* in den Milliarden Zellen unseres menschlichen Körpers. Diese sind in der Tat die Kraftwerke zur Erzeugung der Energie für all unsere Aktivitäten. Ohne sie könnte ich dieses Buch nicht schreiben, und ohne sie hätten Sie nicht die Energie, es zu lesen.

Die erstaunliche "Eva-Theorie" basiert auf den Merkmalen des genetischen Materials (DNA*), insbesondere der Mitochondrien*. Nach dieser Theorie wird davon ausgegangen, daß die gesamte heutige menschliche Rasse aller Wahrscheinlichkeit nach von einer einzigen afrikanischen Frau abstammt! Diese Erkenntnis stützt sich auf die Mutationsraten der menschlichen mitochondrischen Gene - und Mitochondrien stammen bei uns allen aus den Eizellen unserer Mütter. Sollte es noch andere Frauen zu dieser Zeit gegeben haben, so "ist deren mitochondrisches Erbe ausgestorben" (Cavalli-Sforza). Der englische Pop-Schlager "We are the World" hat also durchaus den Nagel auf den Kopf getroffen... Stimmt also diese Theorie, so sind nicht nur meine eigene und Ihre Mutter, sondern auch diese afrikanische Frau und Tausende und Abertausende anderer Mütter irgendwie noch in uns aktiv. Es ist keine Theorie, sondern eine Tatsache, **daß all unsere Mitochondrien aus einer Eizelle der Mutter stammen.**

Aber auch weit weniger hypothetische Informationen können hier angeführt werden. Die letzten Verarbeitungsschritte, um Energie aus der aufgenommenen Nahrung zu erzeugen, finden in den Membranen der Mitochondrien statt. Unter anderem sind dafür eisenhaltige Moleküle im Innern der Membran erforderlich (die Cytochromen) sowie ein Pumpvorgang, bei dem die Protonen an die Außenseite der Membran transportiert werden. Durch diesen Pumpvorgang werden aus den Mitochondrien kleine leistungsfähige Batterien. Das Leben erhält seine Energie durch 'Protonisieren'. - Das Eisen in den Cytochromen der Membran stammt von den Sternen. Die Protonen gelten als einige der frühesten Produkte des Urknalls, durch den unser Universum auf seine Milliarden von Jahren dauernde Reise geschickt wurde.

Für mich kann es daher keine Energie geben, die nicht auf die Sterne und den Urknall zurückzuführen ist.
Und diese Energie arbeitet noch heute in jedem Mitochondrium, das heißt, in einer winzigen Organelle innerhalb jeder einzelnen meiner Zellen.

Eine interessante Überlegung ist auch die *"endosymbiotische Hypothese"*. Sie geht davon aus, daß die Mitochondrien zunächst ein unabhängiges Leben als Mikroben außerhalb eines Körpers führten, um sich schließlich zu einer Symbiose in einem Körper auf der Basis von *wechselseitigem Geben und Nehmen* zu entscheiden. So habe ich nun den Kreis geschlossen und eine Verbindung hergestellt zwischen unzähligen afrikanischen Frauen, den Mikroben, den Sternen und den ersten Augenblicken unseres Universums. Wird Ihnen bei diesen Gedanken nicht schwindelig? Aber warum nur beim Denken? Warum integrieren wir nicht Vorstellung, Gefühl, Raum und Zeit zu einem alles umfassenden Ausbruch symbiotischer Verzauberung?

Wir existieren für das Universum, das Universum für uns

Ein in unserer Zeit besonders heiß diskutiertes Thema ist **"das anthropische Prinzip"**, das auf verschiedene Art und Weise formuliert werden kann. Der Einfachheit halber soll hier die folgende Version genügen: "Das Universum ist, wie es ist, weil die Menschen es so gewollt haben." - Zur Erklärung: Die Menschen dienen dem Universum als millionenfacher Spiegel, in dem sich das Universum nach einer Vorbereitungszeit von 15 Milliarden Jahren selbst wahrnehmen kann.

- Unsere *Teleskope*, die aus denselben Elementen wie wir selbst bestehen, können voller Staunen nach oben, nach draußen, blicken, zurück in die Zeit, in Räume und Moleküle, aus denen das Material für unsere Körper entstanden ist.

- Unsere *Mikroskope* (mit ähnlicher Konstruktion) können voller Staunen nach unten, nach innen blicken - auf die winzigen Lebensformen, die die Schritte der Evolution darstellen, die schließlich zu uns Menschen geführt hat.

- Unsere beiden *Augen*, die ebenfalls aus ähnlichem Material bestehen und mit einem bisher kaum verstandenen Gehirn verbunden sind, befinden sich im Kopf eines aufrechten Körpers. Diese Augen können überall hinblicken, und all das im Innern und im Äußeren entdecken und genießen, was unsere Bekannten und Verwandten zu bieten haben.

Wir könnten nicht so sein, wäre das Universum nicht, wie es ist. Wir existieren für das Universum, und das Universum existiert für uns. Die Verbindungen sind real und unzerstörbar, weil Verbindung und Verbundenes identisch sind. Ein von Raum und Zeit unabhängiges Bewußtsein arbeitet in einem Gehirn, das stark in Raum und Zeit manifest ist. **Wir sind das sich selbst bewußt gewordene Universum.** -
Trotzdem wären wir nicht ohne unsere hominiden Vorfahren hier, deren Vorfahren wiederum der Reihe nach die Säugetiere, die Pflanzen, die mikrobischen Lebensformen, die Elemente, die Sonne, die Galaxien, die Sternenhaufen (local groups of galaxy) und das expandierende Universum selbst waren, welches durch den Urknall einen Entwicklungsprozeß einleitete, der schließlich in uns bewußt wurde.

Hin zu einem "metaphysischen Forschungsprogramm"

Die Weite und tiefe Schönheit dieses ungeheuer faszinierenden Panoramablicks evolutionärer Ideen können nicht einfach mit dem *Stempel "wissenschaftlich"* belegt versehen werden. Ich habe aber auch nicht die Absicht, unsere analytischen Fähigkeiten munter abzuschalten, die uns davon abhalten, uns allzu sehr von der Begeisterung mitreißen zu lassen. Zahlreiche wichtige Übergänge innerhalb des gesamten Panoramas würden einer kritischen wissenschaftlichen Betrachtung nicht standhalten, zum Beispiel, wie sich das Leben tatsächlich aus den anorganischen Elementen entwickelte oder wie Galaxien wirklich gebildet wurden. Zur Zeit macht uns sogar die Bildung unseres eigenen Sonnensystems Schwierigkeiten! Es sieht also genaugenommen so aus, als stünden wir einem vielversprechenden *"metaphysischen Forschungsprogramm"* gegenüber, das auch die Funktion eines wärmenden und die Seele anregenden Mythos ausüben könnte. Und natürlich gelingt es von Zeit zu Zeit, wie beispielsweise durch die Supernova-Explosion im Jahre 1987, einige der wissenschaftlichen Spekulationen aus diesem "metaphysischen Forschungsprogramm" zu beweisen.

Die bloße Pracht einer unvorstellbar großen progressiven Entwicklung bietet dem Wissenschaftler, dem Gläubigen und dem "gläubigen Wissenschaftler" alles, was sein Herz begehrt. *Erforderlich in unserer Zeit ist nicht der konkurrenzbetonte Kampf um eine zweifelhafte intellektuelle Existenz, sondern eine symbiotische Zusammenarbeit mit dem Ziel eines erfüllten Lebens.* Die Möglichkeiten eines Symbiosekonzepts sind vielfältig. Es lohnt sich in allen Bereichen, sowohl über die Dunkelheit als auch über ihren Zauber nachzudenken - Derjenige, der zufrieden ist, daß "die Natur die Stärksten zum Überleben auswählt" oder daß "das Universum die Stärksten auswählt, bewußt zu werden", sollte in seiner Zufriedenheit bestätigt werden. Wer lieber sagt, "der Schöpfer in seiner Weisheit hat für alles gesorgt" darf auch mit seiner Formulierung glücklich sein. Auf jeden Fall dürfte jedoch diese unglaublich phantastische Fähigkeit, mit der "die völlig zufällige Auswahl" vermeintlich funktioniert, einiger Verehrung und Bewunderung würdig sein.

Ein Buch, das in diesem Zusammenhang sehr empfohlen werden kann, ist "The Anthropic Cosmological Principle" von *John Barrow* und *Tipler* - aufgrund der Tiefe seiner Wahrnehmung, der Breite des angebotenen Wissens und der brillanten Analyse. Daten und Argumente werden mit großer Fairneß vorgestellt und mit beneidenswerter Unvoreingenommenheit analysiert. Die Autoren sind hoch angesehene Wissenschaftler und vermeiden es sorgfältig, Positionen für oder gegen die Religion einzunehmen. Sie unternehmen den ungewöhnlichen Versuch, detailliert eine Serie seltsamer Zufälle zu diskutieren und die unmöglichen Wahrscheinlichkeiten realistisch zu berechnen. So liegt beispielweise die *Chance, daß sich im Homo sapiens ein kompletter Gensatz* spontan zusammenfindet, im Bereich zwischen etwa 10^{-12x10^6} und 10^{-24x10^6}. - Mit einfachen Worten: Die *errechnete* Wahrscheinlichkeit ist also extrem gering. Man könnte daher sagen: natürlich, diese Berechnung beweist, daß unser Universum durch diesen, wenn auch unwahrscheinlichen Zufall, entstanden sein könnte. Oder man könnte ebenfalls sagen: ich kann mein Leben und meine Wertvorstellungen nicht auf dieser unendlich kleinen Möglichkeit aufbauen; außerdem gibt es viel zu viel Ordnung und Schönheit. Diese zweite Wahl bietet eine starke (wenn auch nicht zwingende) Grundlage für eine *"Verwandtschaftsdenkweise"*, und auf der Grundlage der errechneten Wahrscheinlichkeit dürfte diese Wahl auch nicht als besonders unvernünftig gelten.

Unsere geo- und biologische Verwandtschaft

Ich möchte nachstehend weitere Hinweise auf diese Verwandtschaft anbieten. Ich schreibe dieses Buch in Bombay, einem hektischen, internationalen Hafen an der Westküste Indiens, eines Landes, das einst von Eis bedeckt und mit der Antarktis und anderen südlichen Kontinenten verbunden war. - Vor einiger Zeit betrachtete ich einige Bilder von Blumen, die im Himalaya wachsen und stellte mir dabei vor, daß dieses riesige Gebirge mit den höchsten Bergen der Welt jedes Jahr ein wenig an Höhe zunimmt, weil Indien gegen die asiatische Landmasse gedrückt wird. Die Ursache dafür sind die massiven Kontinentalplatten, auf denen Indien und Asien liegen. Diese Platten werden durch die Strömung des darunterliegenden flüssigen Gesteins vorwärtsbewegt.

Um den geschmolzenen **Kern der Erde** herum gibt es Berge und Täler, die weit höher und tiefer als die des Himalayas sind! Nach den heutigen Aussagen der Geophysiker haben sämtliche irdischen Phänomene wie Magnetismus, Erdbeben, Vulkanausbrüche und das Wetter etwas mit Vorgängen in der Erdkruste (etwa 2900 km tief) zu tun, die den flüssigen Kern (mit einem festen Kern?) umgibt, dessen Radius etwa 3500 km beträgt. Die Meere waren nicht immer so, wie sie heute sind. Ihre Tiefe und Ausdehnung hängen von den Bewegungen dieser massiven Platten ab, auf denen die Kontinente ruhen.

Während ich hier schreibe, atme ich ruhig Sauerstoff ein: Die mikroskopisch kleinen Pflanzen **("Mikroplankton")** des Meeres, produzieren mehr von diesem Sauerstoff als alle Bäume auf dem Land zusammen. - Die Wahrscheinlichkeit ist groß, daß die Sauerstoffmoleküle, die ich jetzt einatme, im Meerwasser (H^2O) entstanden sind. Das Meerwasser wiederum ist der Niederschlag aus den **Wolken,** die über dem Fluß eines indischen Dorfes entstanden sind oder von einer Oase in der Sahara herübergeblasen wurden. Der Sauerstoff des Wassers wird durch Energie abgespalten, die ursprünglich von der Sonne stammt und daraufhin von den Chlorophyll-Molekülen des Planktons eingefangen wurde - dieser winzigen Lebensform, doch so tragend für meine Atmung.

Das Herz eines Chlorophyll-Moleküls (in der Fachsprache ein sogenanntes Porphyrin) ist ein Magnesium-Atom. Der Sauerstoff, den das Plankton im Wasser durch die Hilfe von Chlorophyll freisetzt, wird von den Lungen durch das Hämoglobin im Blut aufgenommen. Der "Hämo"-Teil des Hämoglobins ist ebenfalls ein Porphyrin; sein Herz besteht allerdings aus Eisen. Zum Atmen ist Energie erforderlich, und wir haben bereits erfahren, daß für diesen Vorgang das Eisen in der Membran des Mitochondriums erforderlich ist. Magnesium und Eisen stammen von den *Sternen.*

Ich sitze also hier in Bombay und bin auf wundersame Weise **verbunden mit der Sonne, den Sternen, den Ozeanen, dem Plankton, den Wolken und dem Kern der Erde - und nur, weil ich atmen muß!**

Das Geheimnishafte unseres Daseins - die faszinierende, bezaubernde und verzaubernde Wirklichkeit: daß alles mit allem verbunden ist und alles allem innewohnt - uns bewußt zu machen, dazu brauchen wir heute mehr denn je die Dichterinnen und Dichter mit ihren von tiefer

Intuition erfüllten Worten. *Rose Ausländer*, von den Nazis verfolgte Jüdin, die 1988 in Düsseldorf verstarb, ist eine von ihnen.

In einem ihrer Gedichte drückt sie in wenigen Worten poetisch aus, was ich "wissenschaftlich" in längeren Ausführungen darzulegen versuchte:

MYSTERIUM

Die Seele der Dinge
läßt mich ahnen
die Eigenheiten
unendlicher Welten

Beklommen
such ich das Antlitz
eines jeden Dinges
und finde in jedem
ein Mysterium

Geheimnissse reden zu mir
eine lebendige Sprache

Ich höre das Herz des Himmels
pochen
in meinem Herzen.

Manchmal sitze ich am Strand von Bombay und nehme eine Handvoll Sand. Ich versuche dann zu schätzen, wieviele Sandkörner ich in meiner Hand halte (es soll ja überall Narren geben!). Dann drängt sich die Überlegung auf, wieviele Hände erforderlich wären, um den gesamten Sand an diesem Strand fortzutragen. Und wie wäre es mit all den anderen Stränden Indiens? Wieviele Sandkörner gibt es dort wohl insgesamt? Und dann könnte man alle Sandkörner hinzuaddieren, die an den Stränden Australiens, des Mittelmeers, Kaliforniens, usw. liegen. Wußten Sie, daß das Universum aller Wahrscheinlichkeit nach mehr Sterne enthält, als die Summe *aller* Sandkörner an *allen* Stränden unseres Planeten?

Im Verhältnis zu anderen Sternen ist unsere Sonne nicht besonders groß - trotz der Tatsache, daß problemlos eine Millionen Planeten von der Größe unserer Erde in die Sonne passen würden. Die Sonne befindet sich in einem Vorort unserer Galaxis, die Schätzungen nach von etwa 200 Milliarden Sonnen bewohnt wird (also 200.000.000.000!). Ferner wird angenommen, daß in unserem Universum wenigstens 10 Milliarden Galaxien herumschwirren, die jeweils wiederum Milliarden von Sonnen enthalten. Bei diesen Zahlen handelt es sich um Schätzwerte, und die Experten streiten sich noch um endgültige Werte. Es wird jedoch vermutet, daß diese Zahlen immer größer werden, je weiter wir mit besseren Teleskopen in das Universum vordringen!

Die Aktivität aller Lebewesen hängt also ganz wesentlich von der "gelegentlichen Explosion einer Supernova (etwa alle 300 Jahre)" im Hinterhof einer benachbarten Galaxis ab. Erscheinen Ihnen 300 Jahre als eine lange Zeit? Wenn ja, stellen Sie sich bitte folgendes vor: Was bedeutet es, wenn aus den Milliarden von Sternen über einen Zeitraum von Milliarden Jahren ein Stern alle 300 Jahre explodiert? Unsere geliebte Erde wird sich dadurch als ein geeigneter "Mülleimer" für die Überreste einiger dieser Explosionen erweisen. *Zweibeiniger Abfall, sich seiner selbst bewußt.* Welch ein Gedanke!

Unser Universum ist nicht weniger geheimnisvoll, noch verliert es seine Faszination, weil es niedliche kleine Babies leichter hervorbringt als Supernova-Explosionen. Als Schlußakkord für dieses Kapitel möchte ich einige Gedanken mit Ihnen teilen, die ich vor einigen Jahren niedergeschrieben habe.

* * *

"Sonnenuntergang am Meer"

(geschrieben nach dem Besuch bei einer jungen Mutter, die am Meer wohnte)

Der kleine Mensch schmiegte seinen Kopf an den Körper seiner Mutter auf der Suche nach Wärme und Geborgenheit. Vor sechs Jahren war die junge Mutter eine meiner Studentinnen und nahm aufmerksam und mit großen Augen meine Begeisterung für die wundersame Rolle der DNA* in der Vererbung in sich auf. Als ich sie heute vor mir sah, dachte ich in diesem Augenblick an alle Babies dieser Welt, mit winzigen Locken oder fast kahl, mit gelber Haut oder schwarz wie Ebenholz, rosig weiß oder braun. Ich erinnerte mich an die Meinung einiger kompetenter Wissenschaftler, die berechnet hatten, daß die Unterschiede aller Menschen in bezug auf ihre DNA leicht in einen Fingerhut passen würden. Aber wir wollen großzügig sein - vielleicht sind es ja auch drei Fingerhüte.

Es hatte Spaß gemacht, mit dieser jungen Studentin zu arbeiten - und sie hatte den würdevollen Gang und federnden Rhythmus, den man bei indischen Frauen beobachten kann. Die großen runden Augen tanzten voller Freude, jung zu sein und waren gefüllt mit schüchterner Keckheit. Von Zeit zu Zeit versanken diese Augen für eine Weile in den Tiefen einer Wildnis, von der sie gleichzeitig fasziniert und verwirrt war. Selbstverständlich beteuerte sie in dieser Zeit leidenschaftlich, daß niemand sie dazu bewegen könne, einen Mann zu heiraten, dessen Liebe sie sich nicht sicher war. Aber welche unserer Träume bleiben unberührt von der Zeit und von Kompromissen?

Die Türglocke läutete. Geräuschvoll und plaudernd traten zwei College-Freunde ein. "Hallo! Herzlichen Glückwunsch!" "Du, eine Mutter? Das war ja zu erwarten." Gekicher. "Zum Glück sieht er dir gar nicht ähnlich". Einer der Besucher war eine junge Frau, schön und schlank. Ihre elfenbeinfarbige Haut war charakteristisch für ihren persischen Ursprung, dessen Ton über Jahrhunderte hinweg im Sonnenschein und Regen von Bombay gebleicht worden war. Der andere Student war ein großer, dunkler, kräftig gebauter junger Mann mit tiefer Stimme und phlegmatischen, intelligenten Augen, die gleichzeitig Kraft und Ruhe ausstrahlten. Erinnerungen an das alte Mohenjo-Daro* Erbe.

Klatsch und Neckereien... Austausch über alte Freunde und neue Affären... und alles, "weil uns ein Kind geboren wurde".

Ich ging zum Fenster und betrachtete die Sonne, die sich dramatisch vom Tag verabschiedete: mit langsamer Bedachtsamkeit senkte sich ein enorm aufgeblähter, orangeroter Bauch in die Kühle des Ozeans. Der Wind spielte mit violett-blauen Wolkenflöckchen - und leistete auf diese Weise seinen herausfordernden Beitrag zu dem feierlichen, sinnlichen Spiel. - Ich dachte an Kollegen, die in der Lage waren, dieses abendliche Schauspiel physikalisch mit Hilfe des Rayleigh-Effekts* zu erklären. Gut so! Aber war es darüber hinaus nicht auch der Abschied unseres Sonnengottes, dessen Photonenspermien an diesem Tag das Leben von Milliarden und Abermilliarden von Lebewesen auf dem Land und in den Ozeanen - eine Unendlichkeit verwirrender Vielfalt und Möglichkeiten - erzeugt hatten? Auch an diesem Tag wurde der Schoß der Erde reichlich und im Überfluß beschenkt.

Wieviele Millionen Mal hatte diese Erde wohl ihre Hochzeit mit der Sonne schon vollzogen? Vor der Zeit des Menschen und lange bevor etwas Lebendes aus diesem Ozean an Land kroch? Überwältigt wandte ich mich vom Fenster ab und drehte mich langsam herum, während sich das Dämmerlicht vertiefte. Und ebenso vertiefte sich der Zauber des Augenblicks... Raum und Zeit erstreckten sich in die aufkommende Dunkelheit. Mutter und Kind, die Freunde, lachend und von Licht durchflutet schmolzen dahin und wurden abgelöst von den fremdartigen Formen der Schwesterschwingungen aus alten, längst vergessenen indischen, griechischen und persischen Sonnenuntergängen. Ganz langsam verloren dann die Formen ihre aufrechte Menschenform.

Eine lange, lange Pause setzte ein, und die Formen lösten sich schließlich in der Leere auf, die mehr als alles andere hinter der Festigkeit unserer Körper verborgen liegt. Der Raum war nun angefüllt mit den verschiedensten Strahlungsphänomenen aus allen Bereichen des elektromagnetischen Spektrums, Wellenberge verschiedener Stärke und Frequenz, die sich voller Wildheit zu kaleidoskopartigen Formen zusammenfanden, um im nächsten Augenblick wieder zu zerschmelzen und eine neue Form anzunehmen, in einem nie endenden Spiel. - Meine geschärften Sinneswahrnehmungen dieser allumfassenden Seinsschichten wurden durch die leicht fließende Melodie einer Sitar in der Nachbarwohung und durch den weichen Wellenschlag am Strand untermalt. Alle irdischen Formen mit ihrem Leben, ihrer Bewegung und ihrem Sein stimmten beim Aufleuchten der Straßenlaternen in den Gesang des Universums ein.

Auch ich zerfloß in diesem Gesang, der ungebeten aus den Harmonien tief im Innern der Atome hervorsprang, in dem erregte Chlorophyll-Familien zitterten und der mit Vergnügen und Heiterkeit in den fließenden Bächen des Himalayas hinunterstürzte. Der Gesang entwickelte sich zu der sinfonischen Vielfalt unzähliger Streich- und Blasinstrumente und den wundersamen Stimmen aus Beethovens Neunter Sinfonie. Es schien mir, als beteiligten sich selbst die Quasare* am Rande des bekannten Universums an dieser Hymne "An die Freude" und tanzten mit Hingabe zu diesen schwingenden Rhythmen, die alles Licht, alle Liebe und alle Existenz innerhalb eines Schoßes, sei es Erde oder Mutter, miteinander verband.

Wer Ohren hat zu hören, der höre. Wer den Stecker aus der Wand zieht, wird die Musik nicht mehr wahrnehmen. Wer die Musik nicht hören will, wird taub und stumm...

Das Weinen des Kindes holte mich schlagartig wieder zurück in diese Wirklichkeit. Die Mutter summte leise ein liebevolles, tröstendes Lied. An der Wand des Wohnzimmers hing ein Bild von Krishna, dem göttlichen Flötenspieler - eine Erinnerung daran, daß Musik, Tanz und Hingabe miteinander verbundene Grundwirklichkeiten sind. Ich verabschiedete mich flüsternd von Mutter und Kind, segnete sie und stieg die Treppen zur Straße hinunter.

Schwester Mond war in dieser Nacht sehr schüchtern, so daß die Sterne tun konnten, was ihnen beliebte. Milliarden von ihnen strahlten und blinkten wie leuchtende Stecknadeln im tiefen Schoß der Nacht. Das Lied erhielt neue Nuancen. Die Musik der Sphären erschien mir wie die weichen Obertöne engelhafter Stimmen, und ich war von neuem verzaubert. Wurden nicht die Bestandteile meines Blutes, das in meinen Adern fließt, dort oben, in unendlicher Ferne, gebildet? Ohne explodierende Supernovae kein Hämoglobin. Die Sterne töteten grausam, damit ich leben kann. Der Kosmos ist sowohl Grab als auch Schoß, sowohl Tod als auch Leben.

Das Licht der Straßenlaterne fiel auf den Titel des Buches über Grenzphysik, das ich gerade nach Hause trug: "Superstrings, eine Antwort auf alles?" Wirklich "alles"? Ich sah wohl deutlich das Fragezeichen, aber mein Schmunzeln war in Ordnung. Ich sah genauso deutlich die Bettlerin, die mit ihrem in Lumpen gehüllten Kind auf dem Bürgersteig saß - und ich bemühte mich, auch sie in der warmen Verzauberung der Dunkelheit einzureihen, die immerfort blinkt und blinkt...

C. ERFAHRUNG DES "EINSSEINS"

> "Bei spontan auftretenden Erlebnissen des Einsseins fühlt man sich plötzlich erfaßt vom Leben, gefangen in einem suspendierten Augenblick, in dem die Zeit selbst stillzustehen scheint... Alles in der unmittelbaren Umgebung wird mit ehrfürchtiger Klarheit erlebt, und das endlose Panorama des Bewußtseins offenbart sich."
>
> - Gerald May, M.D. -

Der selbstbewußte Mensch erlebt sich überwiegend in Erfahrungen, in denen das Selbst als getrennt definiert und bestätigt wird, beispielsweise im Gespräch, auf Reisen, beim Studium, bei geschäftlichen Aktivitäten, usw. - Es gibt jedoch *eine Art* menschlicher Erfahrung, bei der das Selbst *nicht als getrennt erlebt.* wird. Diese Erfahrung des Einsseins gehört zur ureigensten Natur des Menschen; es ist an sich kein religiöses Erlebnis und kann von allen Menschen auf der ganzen Welt erfahren werden.

Die Erfahrung des Einsseins ist eine vorübergehende Bewußtwerdung des völligen "**Einssein-in-Allem**", und zwar in einem Zustand von Entspannung, voller Aufmerksamkeit und Hingabe. Es ist ein Zustand des Seins, nicht des Gefühls. - Es ist nicht leicht, die **eigentliche Erfahrung von den Gefühlen zu unterscheiden,** die vorher oder nachher auftreten: überwältigende Freude und Verwunderung, die Auflösung von Raum und Zeit, das Gefühl des Einsseins mit dem Sternenlicht und den Seesternen und mit der gesamten Schöpfung - **ganz selbst sein und gleichzeitig völlig verloren in "Allem-was-ist".** Diese letzten Worte sind der Schlüssel zu der verzauberten Dunkelheit, die diese Form des Wissens durchdringt.

Ganz selbst sein. Das *"wahre Selbst"* wird plötzlich erkannt als ein Aspekt unseres Seins, der völlig eins mit allen anderen Dingen ist. Für einen kurzen Augenblick wird unerwartet ein Fenster geöffnet, das den Blick auf einen sich ruhig spiegelnden See freigibt, der "Alles-was-ist" in seiner klaren Tiefe verbirgt. Dieses bezaubernde Zentrum der Ruhe des eigenen Selbst ist zwar *bekannt,* aber es kann nicht *verstanden* werden: Ein Grundparadigma für die dämmerige Verzauberung unseres gesamten Wissens. Das wahre Selbst rutscht einen Augenblick in den Mittelpunkt, um im nächsten genauso plötzlich wieder verschwunden zu sein.

Völlig verloren sein. Das *"normale alltägliche Selbst"* (unser Ich) mit seinem mühsam errichteten *Selbstbild* wird als genau das erkannt - ein lockeres Gebäude für die Handhabung alltäglicher Belange. Angst entsteht, wenn dieses Selbst verlorengeht; dies ist die Erklärung, warum Erfahrungen des Einsseins schnell unterdrückt werden. Das Selbstbild setzt sich zusammen aus den Bildern, Empfindungen und Überzeugungen, die man über sich selbst und über andere entwickelt, aus den Vorstellungen über Beziehungen zu Verwandten, Freunden und Liebhabern, über den eigenen Körper oder die eigenen Ausdrucksfähigkeiten, über Dinge, die man mag oder nicht mag, über die Kontrolle, die man ausübt oder die auf einen ausgeübt wird - und so weiter. Das Selbstbild ist ein notwendiges Werkzeug, das die meisten Menschen benötigen, um sich sicher zu fühlen.

Muß man also Namen, Wohnung, die eigene Identität und den Beruf aufgeben? Nein, eigentlich nicht, denn wir brauchen die Karten, mit denen wir das Spiel *Selbstdefinition* spielen und mit denen wir ein geeignetes Selbstbild aufbauen. Wichtig ist nur, daß wir dieses Spiel nicht allzu ernst nehmen. Wenn das Spiel vorbei ist und der Tod an die Tür klopft, hofft man, daß das wahre Selbst lächelt und mit dem Besucher ein Glas Wein trinkt, als Stärkung für den Weg in die berauschende Tiefe der alles durchdringenden Wirklichkeit.

Zugleich eins mit allem und getrennt davon

Es ist also erforderlich, sich ständig der Wirklichkeit beider Selbst-Aspekte bewußt zu sein: "Wahres Selbst" und "Selbstbild-Selbst". Das Spiel des Lebens muß mit *allen* Karten gespielt werden. *Jeder Mensch ist gleichzeitig eins mit Allem-was-ist und getrennt davon.* Und ***eine Erfahrung des Einsseins kann niemals bewußt erreicht oder verdient werden, noch läßt sie sich willentlich erleben.***

> "Die christliche kontemplative Spiritualität sieht alle vereinigenden Erlebnisse als Geschenke der Gnade Gottes, die sich nicht durch menschliches Streben erreichen lassen. Östliche Spiritualität sieht Erfahrungen des Einsseins eher als Erlebnisse, die übrigbleiben, wenn alle Anstrengung aufgehört hat"
>
> - Gerald May -

Allerdings erscheint es, als gäbe es Methoden, die das Eintreten von Erfahrungen des Einsseins erleichtern. *Blockaden* können beseitigt werden: Angst, sich zu verlieren, durch Konzentration auf das, was gewonnen werden kann; Einflüsse der gesellschaftlichen Konditionierung durch Bewußtheit über ihre Auswirkungen. - Durch Meditation (oder durch Bücher wie dieses) lassen sich normale Aktivitäten, die zur Selbstdefinition gehören, bewußt dazu einsetzen, das Gesicht unseres alltäglichen Selbst furchtlos in die Richtung einer Erfahrung des Einsseins zu wenden. Darüber hinaus ist es möglich, Perspektiven zu unterstützen, die Entspannung, Offenheit, Wahrnehmungsfähigkeit und Hingabe fördern - auch im täglichen Leben. "Wer aber sein Leben verliert um meinetwillen, der wird es gewinnen" (Lukas 9, 24).

Um solche Perspektiven zu erläutern, werde ich weiter auf die menschliche Kreatitivät als Bühne für die verschiedensten Energieformen im Universum eingehen - insbesondere auf die tonale Energie der Musik.

Der Mensch besitzt einen totalen und **nicht zu unterdrückenden Schöpfungsdrang** - dies zeigt sich in der schier endlosen Vielfalt von Formen, Kleidung, Nahrungsmitteln, Lebensstilen und Liebesgedichten. Es scheint, als ob sich eine Energie mit einem unerschöpflichen Potential und exquisiter Feinheit an seltsamen kleinen Spielen erfreut, und zwar über die Augen und Herzen und Hände der Menschen, und dabei unsere Sorgen, Freuden und Tragödien auf tanzenden Füßen in wirren musikalischen Rhythmen auflöst.

Selbst das menschliche **Leid** gehört in diese Komposition - sozusagen als *Kontrapunkt*. Der *menschliche Wille* hat die Macht, die den Kosmos füllenden Energiemuster zu verzerren. *Menschliche Liebe* hat jedoch eine noch größere Macht: sie ist in der Lage, diese Verzerrungen in eine neue harmonische Synthese zu bringen. Wenn die Menschen lernen, mit den Energieströmen des Körpers, der Erde und der Milchstraße zusammenzuarbeiten, wird die Liebe stets die akustische Umgebung für die resonante Musik des gesamten Universums liefern. Denn die Freude wird immer an erster Stelle stehen...

Suche nach der Urenergie als Weg zum Einssein

Materie ist gefrorene Energie (nach der Formel $E = m \cdot c^2$). Musik entsteht aus tonaler Energie. Der Körper repräsentiert geistige Energie, die sich auf einer anderen Ebene ergießt. *Energien jeder Art stammen aus der Urenergie des Großen Mysteriums, die sich zunächst als explodierendes Universum manifestierte und heute in den Sternen, in Edelsteinen und in den Augen der Lebewesen kristalliert ist.*

Der Kosmos, sei es der innere oder der äußere, wird von den Gezeiten elektromagnetischer Strahlungsenergie durchspült. Materie besteht aus kleinen Teilchen, die sich auch als Energiewellen verkleiden. Der riesige Strahlungsozean erlebt seine Springflut in uns, in den zweibeinigen Kompositionen aus kohärenter Energie, bewußt und aktiv durch die Wechselwirkung elektrischer Wellen, die unser Nervensystem durchlaufen. Die Verbundenheit aller Energien in allen Menschen ist dem menschlichen Geist zu verdanken.

Krönungen menschlichen Geistes werden von Zeit zu Zeit den Himmel öffnen, wie es beispielsweise durch die *Musik von Mozart* geschieht - die, so empfand es einst der Musiker, einfach *aus einer Quelle durch ihn hindurchfloß, die weit mehr war, als er selbst.* Wenn Mozart so mühelos diese ungeheuren Mengen himmlischer Musik hervorbringen konnte, warum sollte die Quelle der Urenergie nicht kreatives Entzükken bei der Komposition von Millionen Menschen empfinden, die eigentlich personifizierte Sinfonien mit tanzenden Füßen sind?

Die Suche nach der Urenergie in ihren milliardenfachen Mustern ist ein möglicher Weg, sich auf eine Erfahrung des Einsseins vorzubereiten. Sie hilft, die verschiedensten Wege "lebendig" zu sein, zu zentrieren. - Die Erfahrung des Einsseins offenbart die Tiefe des menschlichen Geistes, der mit allen Dingen verbunden ist. Eine solche Erfahrung erzeugt nicht nur ein Gefühl für den eigenen Wert, sondern auch für den Wert aller menschlichen Wesen (da auch sie dazu in der Lage sind!) und außerdem ein Gefühl der tiefen Verbundenheit mit allen Dingen, die an diesem Zustand des Einsseins Anteil haben. - Hinweise darauf lassen sich in "Meditations for the New Age" (Meditationen für das neue Zeitalter; Herausgeber: Carol Tonsing) finden. Viele New-Age-Artikel sind spirituell hilfreich, ohne ausgesprochen religiös zu sein. Es freut mich, daß das Buch von Tonsing genauso gut den Titel "Meditationen für alle Zeitalter" tragen könnte, denn christliche Mystiker aus alter Zeit sagten ähnliche Dinge auf eine andere Weise:

> "Alles Geschaffene dieser Welt ist für uns **Buch, Bild und Spiegel**"
>
> - Alanus de Insulis, 12. Jahrhundert -

> "**Das Göttliche ist gleichermaßen gegenwärtig in allen Dingen** und auf gleiche Weise; es durchdringt die gesamte Schöpfung und existiert nicht getrennt von ihr; das Göttliche berührt jedes Element der Schöpfung mit gleichem Respekt und trägt sie in sich in allumfassender Weise"
>
> - Gregor von Nyssa, 4. Jahrhundert -

Das 20. Jahrhundert ist dabei, alte Konzepte der Körperenergie wieder zu entdecken, beispielsweise Tai Chi, chinesiche Medizin, Karate und Kundalini-Yoga. *Der menschliche Körper ist eines der schönsten Geheimnisse des Lebens.* Zur Zeit sind die Wissenschaftler verzaubert durch Forschungsprojekte zum Thema "Placebo-Effekt", die Rolle von

Streß bei Krebserkrankungen und das Verschwinden von Warzen unter Hypnose.

Offenheit für Wandel im Denken und Handeln

Alle Menschen, die in festgefahrenen Denk-, Erfahrungs- und Handlungsmustern steckengeblieben sind, werden sehr beunruhigt, wenn ihre starren Rahmenbedingungen aufgerüttelt werden. Dieses Phänomen ist häufig anzutreffen. Als Folge davon sind **die meisten Menschen nicht offen für den Wechsel und für neue Erfahrungen;** sie lehnen alles ab, was ihre Gewohnheiten unterbricht (in einigen fortschrittlichen Ländern hat jeder Bürger gesetzlich die Freiheit und Möglichkeit, genau so zu werden wie alle anderen!). - Gibt es noch moderne Länder, in denen ein Kind erzogen wird, sich auf ständige Überraschungen und gelegentliche Ekstase einzustellen - oder auf die Fähigkeit zur Hingabe an eine Quelle, die so viel mehr als man selbst ist, aber doch tief im Innern gespürt werden kann? Dabei ist die Erfahrung des Einsseins unabhängig vom Bildungsstand.

Wenn es gelingen könnte, in einer Gesellschaft die immer noch vorherrschende *"Entweder-Oder-Mentalität"* allmählich durch das Bewußtsein zu ersetzen, daß die Wirklichkeit von Polaritäten bestimmt ist - und damit einen ständigen Wechsel, ein *"Sowohl-Als-Auch"* im Denken und Handeln erfordert. - Der Widerstand gegenüber Veränderungen kann tief im Nervensystem verankert sein. Dies ist eine besonders wichtige neurobiologische Erkenntnis unserer Tage. Die Veränderungsfrequenz hat sich in unserer Zeit stark erhöht, und ein jeder Mensch ist gezwungen, eine ständige Bewertung überholter Wege vorzunehmen. - Das menschliche Gehirn verfügt über eine enorme Plastizität. Besonders in der Kindheit, aber auch im Erwachsenenalter, paßt sich das Gehirn neuen Lernerfahrungen durch blitzschnellen Aufbau neuer synaptischer* Verbindungen an. Pro Gehirnzelle stehen schätzungsweise 2000 synaptische Verbindungen zur Verfügung, die abhängig von den Erfahrungen einer Person aktiviert werden oder nicht. Das menschliche Gehirn verfügt in der Tat über Milliarden Neuronen*, jeweils mit 2000 möglichen Verbindungen. Stellen Sie sich die Verschwendung menschlichen Potentials vor, wenn die Bewohner eines indischen Dorfes Analphabeten bleiben oder wenn sich eine große Studentengruppe in einer bekannten Universität mit einem langweiligen Professor zufrieden geben muß.

Mit der gleichen wirkungsvollen Sturheit, mit der die Menschheit ihr natürliches Erbe vernichtet, hat sie sich daran gemacht, diese exquisite

Plastizität des menschlichen Gehirns außer Kraft zu setzen. *Das Gehirn* bildet ja nicht nur neue Synapsen durch Stimulation, sondern *unterbricht auch nicht benutzte Verbindungen,* schwächt die nur selten benutzten und stärkt die häufig beanspruchten Verbindungen. Die Gelehrten sind sich nicht einig; jedoch vertreten die Optimisten unter ihnen die Meinung, daß die meisten Menschen als Erwachsene nur 20 % ihres Gehirnpotentials nutzen. - Die Konditionierung durch die Umgebung setzt schon sehr früh ein, da das Neugeborene schon bald viele seiner Gehirnzellen verliert. Ein Zitat des Neurochemikers *Richard J. Wyatts:*

> "Eines der dramatischsten Dinge in unserem Leben ist der Verlust der Hälfte unserer Gehirnzellen direkt nach der Geburt. Die Zellen, die nicht gezielt eingesetzt werden, bilden sich zurück und machen Platz für diejenigen, die gebraucht werden. Dieser Vorgang wiederholt sich anscheinend auf weniger dramatische Weise für den Rest unseres Lebens" (Betonung von mir).

Wenn wir also Erfahrungen des Einsseins durch Konditionierung unterbewerten oder völlig vernachlässigen, werden sich unsere Gehirnzellen entsprechend verhalten und die synaptischen Verbindungen für eine sinnvolle Wahrnehmung der Situation unterbrechen.

Eine mögliche Zusammenfassung mit zwei Zitaten von *Ken Keyes:*

> "Wir sehen die Dinge nicht wie sie sind, sondern wie wir sind".

> "Das ganze Leben besteht nur aus dem ewig neuen Augenblick - unsere Erfahrung des Augenblicks entsteht durch Programmierung in unserem Kopf."

KAPITEL 5

MATHEMATIK UND PHYSIK: VERWIRRENDE KLARHEIT

"GEFLECKTES"

In einem brillianten Gedicht beschreibt *Gerad Manley Hopkins* "gefleckte Dinge" - Dinge mit Punkten oder Flecken aus Licht oder Schatten. Mehr als andere Kapitel dürfte das vorliegende für den Leser eine Herausforderung darstellen. Seine drei Abschnitte ("Die Schönheit und die Menschlichkeit der Mathematik"; "Kräfte und Teilchen"; "Die nützliche Verworrenheit der Quantenmechanik") weisen alle auf das fundamentale Unwissen hin, das in verschiedenster Form selbst die strahlendsten Bereiche menschlichen Wissens durchzieht. - So wie ein dunkler Punkt jedoch die Schönheit eines perfekten Gesichtes unterstreichen kann (wie bei den Frauen in Indien), so sind Mängel im Grunde gute Nachrichten. Nichts Menschliches ist perfekt, und Makel dienen lediglich dazu, eine neue Dimension in eine Welt einzuführen, die ansonsten in ihrer Flachheit perfekt wäre.

So erläutert beispielsweise der erste Abschnitt, warum das Gödelsche Theorem ein "Element des Glaubens" in Systeme einbrachte, die von Mathematikern bisher als ein perfektes, eigenständiges Konstrukt mit einer unwiderlegbaren Logik betrachtet wurden. Darüber hinaus wird festgestellt, daß die reale Welt der Natur - stets ehrfurchtgebietend, stets attraktiv und uns stets einen Schritt voraus - nach Jahrzehnten oder Jahrhunderten das eine oder andere verworrene Produkt einer reinen, mathematischen Vorstellungskraft hervorbringt! Wenn also Bewußtsein bei der Arbeit ist, so stellt sich die Frage, wessen oder welches Bewußtsein wird als erstes tätig?

Der zweite Abschnitt beschäftigt sich mit zahlreichen technischen Daten, bevor schließlich die Rolle des Bewußtseins bei der Entwicklung von Formeln deutlich wird, durch die das Universum von Kräften und Partikeln "zusammengebraut" wird - zu einem immer heller und immer geheimnisvoller werdenden Mysterium. Diese Gleichungen erlauben uns, die reale Welt zu manipulieren, sie sind jedoch nicht die reale Welt: Können wir "Gleichungen zum Fliegen" bringen?

Der letzte Abschnitt zum Thema Quantenmechanik, historisch gesehen die erfolgreichste aller wissenschaftlichen Theorien, untersucht, warum die eine Sache, derer wir in der Welt der Quanten sicher sein können, die Unsicherheit ist, und warum Niels Bohr sagen konnte:

"Wenn wir auf Atome zu sprechen kommen,
kann Sprache nur noch in Form von Poesie eingesetzt werden".

Dies ist ein schwieriges Kapitel, und es wird die Geduld des Lesers mehr als andere auf die Probe stellen. Man könnte beispielsweise über die Teile, die Sinn ergeben, sorgfältig nachdenken, die zu anspruchsvollen Passagen aber schneller überfliegen und das umfangreiche Glossar ausgiebig benutzen.

A. DIE SCHÖNHEIT UND DIE MENSCHLICHKEIT DER MATHEMATIK

"Bei der Erschaffung der Welt hat Gott wunderbar mathematisch gearbeitet ". - Paul Dirac -

"Zwei Gefahren bedrohen die Welt: Ordnung und Unordnung".
- Paul Valery -

Warum die Mathematik also überhaupt erwähnen? Im wesentlichen, weil heutzutage so viele interessante Dinge in der Mathematik geschehen - so viele neue und wunderbare Einsichten, die sich unerwartet und ungeheuer schnell entwickeln. Die Erläuterungen werden zum Schwerpunkt dieses Buches passen: Nachzudenken über das, was gleichermaßen geheimnisvoll als auch bezaubernd schön ist. Alle diejenigen, die ein Talent für Mathematik haben, müssen von der lichtvollen Verzauberung in ihrem Spezialgebiet nicht überzeugt werden. Diese großartige Helligkeit hat durch den "Unvollständigkeitssatz" von *Kurt Gödel* aus dem Jahre 1931 wunderbare Schatten erhalten.

Hier möchte ich ein bemerkenswertes Zitat anführen:

> "Wir definieren 'Religion' gewöhnlich als ein Gedankengebäude, das Aussagen enthält, die nicht logisch oder durch Beobachtung beweisbar sind. Religion beruht entweder ganz oder zu einem Teil auf Glaubensartikeln. Eine solche Definition hat die amüsante Folge, daß sie alle uns bekannten Naturwissenschaften und philosophischen Denksysteme umfaßt; Gödels Satz beweist nicht nur, daß die Mathematik eine Religion ist, sondern auch, daß die *Mathematik die einzige Religion ist, die beweisen kann, daß sie eine ist."* (John D. Barrow, S. 393).

Mathematik eine Religion? Die klare Quelle der zuverlässigsten und logischen Aussagen - eine Sache des Glaubens? Nun, es besteht wohl noch Hoffnung für die Menschheit! Die wahren Feinde der Menschheit sind diejenigen, die ernsthaft behaupten, völlig logisch und vernünftig zu sein, und dieser Volksstamm ist nicht auf Mathematiker begrenzt! Zu dieser Gruppe gehören Bankiers, Wissenschaftler, Politiker, Rechtsanwälte, Soziologen, Professoren - und für mich besonders amüsant - hingebungsvolle "Diener des Herrn". Eine Eigenschaft, durch die sie erkannt werden können und die natürlich vollständig auf Logik beruht, ist der große Pessimismus über die Zukunft der Menschheit und den Sinn des Lebens.

> Jede Wissenschaft und jedes Denksystem braucht den Glauben, da sie alle die Akzeptanz von einer oder mehreren Aussagen verlangen, deren Wahrheitsgehalt nicht aus dem System selbst heraus bewiesen werden kann. Das ist **bei allen Systemen,** wirklich allen der Fall. Selbst die Mathematik ist keine Ausnahme - und genau das hat Gödel mathematisch nachgewiesen. Jedes menschliche Denksystem ist eine Religion in dem Sinne, daß für die eine oder andere nicht beweisbare Aussage Glauben benötigt wird.

"Mathematik ist gut und schön", sagte Einstein, "aber die Natur führt uns an der Nase herum". Die Newtons und Einsteins bestehen weiterhin darauf, daß sie unwiderstehlich von hübschen Muscheln angezogen werden, während für sie das tiefe Mysterium der Wirklichkeit erhalten bleibt. Der Rest erhebt die Newtons und Einsteins zu kleinen bewundernswerten Gottheiten. Diese Bewunderung ist in Ordnung, solange sie nicht von den Dingen ablenkt, die diese Genies eigentlich bewunderten: die wundersamen unbekannten Tiefen innerhalb des Ozeans grenzenloser Wirklichkeit. - Die Menschheit hat heute einen Punkt erreicht, an dem es erforderlich geworden ist, über Newton und Einstein hinauszugehen. Die Natur hat sich als ein exquisit geordnetes Chaos erwiesen. Alle diejenigen, die Resonanz mit der Natur in ihrem "Rohzustand" erleben wollen, werden Freude an der Arbeit mit Grenzen haben müssen, mit Grenzen, an denen die Übergänge zwischen Ordnung und Chaos stattfinden. Es wird Mut dazu gehören, die Schönheit linearer Gleichungen und ein sauberes geometrisches System in den Bereich gefährlich verführerischer Vereinfachung zu verbannen. Jede Wissenschaft, die der Ordnung, Kontrolle und Berechenbarkeit selbstzufrieden verbunden bleibt, muß langsam, aber bestimmt transzendiert werden.

Auch wenn die obigen Aussagen überraschen - sie haben Hand und Fuß. So läßt sich die sogenannte Dirac-Gleichung (einer invarianten Gleichung) *im Prinzip* auf "die gesamte Chemie und Biologie" anwenden. In der *Praxis* ist ihre Anwendbarkeit jedoch auf einfache Systeme begrenzt, und ein einziges komplexeres Molekül könnte in der Tat unlösbare Probleme verursachen. Auf ähnliche Weise sind Newtons Bewegungsgesetze prinzipiell für alle Körper gültig. In der Praxis ist jedoch das langfristige Verhalten von nur drei aufeinander einwirkenden Körpern nicht ohne Schwierigkeiten vorauszusagen.

Newtons Gesetze sind zweifellos wunderbar in ihrer Einfachheit und ihrer Anwendbarkeit in einfachen Situationen. Die Natur ist jedoch noch wunderbarer aufgrund ihrer Komplexität und ihrer Unberechenbarkeit in fast allen Situationen!

Das der klassischen Wissenschaft wirklich zugrundeliegende Problem ist die **lineare Differentialgleichung.** Bei linearen Gleichungen verursacht eine geringe Veränderung der Versuchsbedingungen eine geringe und berechenbare Veränderung des Endergebnisses. Wenn die Komplexität von Situationen etwas zunimmt, werden geschickte Versuche unternommen, das Problem zu "linearisieren" und es in mundgerechte Happen zu zerlegen, damit die Gleichungen wieder angewendet werden können. In der Praxis haben sich lineare Gleichungen selbst bei der Erklärung von Standardwirklichkeiten als unzweckmäßig erwiesen (beispielsweise beim Fließen des Wassers aus dem Wasserhahn oder beim Umrühren von Milch im Kaffee oder bei der Herstellung von Blätterteig).

Lassen wir also die **nichtlineare Gleichung** zu Worte kommen. Bei diesen Gleichungen ist es so, daß *geringe Veränderungen der Ausgangsbedingungen* im Laufe der Zeit große, *unvorhersehbare Änderungen in den Endergebnissen* nach sich ziehen können. Die nichtlineare Gleichung erscheint häufig als lächerlich einfach; bei den geringfügigsten Änderungen der Bedingungen kann das Endergebnis jedoch ungeheuer komplex, wenn nicht ausgesprochen chaotisch sein. Aus diesem Denkansatz stammt die Aussage, daß (theoretisch) das Flattern eines Schmetterlingflügels in Chile früher oder später zu einem Tornado in Texas führen könne. Gerade sind wir dabei, über nichtlineare Gleichungen die Komplexität der Natur und insbesondere die Übergänge zwischen Chaos und Ordnung zu begreifen. Dies ist ein neuer mathematischer Ansatz, der zwar in der klassischen Physik vernachlässigt, aber von Wissenschaftlern wie Prigogine ernst genommen wird. - Forscher, die sich mit nichtlinearen Gleichungen beschäftigen, erleben zur Zeit fasziniert auf ihren Computerbildschirmen, wie sich ihre Gleichungen im Laufe der Zeit entwickeln. Für Mathematiker ist dies eine neue und aufregende Erfahrung. Abstraktes Denken wird konkret und die Auswirkungen veränderter Parameter lassen sich schnell auf eine äußerst anschauliche Art und Weise verfolgen. Die Folge davon ist, daß Mathematiker heute wie andere Wissenschaftler sein können. Durch den Einsatz des Computers sowohl als Forschungsinstrument als auch als Forschungslabor können sie Experimente entwerfen, Ergebnisse überprüfen und neue Einsichten und veränderte Denkmodelle in einer neuen Versuchsrunde testen. Niemals zuvor war es möglich, die Wechselwirkung zwischen abstraktem Denken und seiner bildhaften Realität mit Licht und Farbe darzustellen.

Die Mathematik verfügt heute über einen Spiegel, über den sie mit sich selbst kommuniziert, wobei der Spiegel willentlich kosmetischen Operationen unterzogen werden kann.

Die neue "fraktale Geometrie der Natur"

Besonders deutlich wird dies in der schillernden Schönheit von Computerbildern, die durch die Anwendung der *Fraktalgeometrie* (lat. fractum: gebrochen) entstanden sind. Diese neue "Geometrie der Natur" wurde fast ausschließlich von einem dieser seltsamen genialen Laien entwickelt, die die Menschheit von Zeit zu Zeit hervorbringt: Benoit Mandelbrot. Das Herz dieser Geometrie ist die Vorstellung einer *fraktalen* Dimension. Es ist bekannt, daß ganzzahlige Dimensionen, also 0, 1, 2, 3, 4 usw., einem Punkt, einer Linie, einer Fläche, einem Körper und dem Einsteinschen Raum-Zeit-Kontinuum entsprechen. Die Schwierigkeit dabei ist, daß diese Dimensionen die Grundlage für eine ordentliche auf Euklid basierende Geometrie ist, aus der Formen entstehen, die nichts mit der Natur gemeinsam haben! **Berggipfel, Wolken und Küsten verlangen eine andere Art von Geometrie, die Mandelbrot "fraktal" nennt.** - Eine typische Küstenlinie mit ihren Buchten und Landzungen hat nach Mandelbrot eine fraktale Dimension von etwa 1,5. Die Oberfläche der Erde ist fraktal mit einer Dimension von etwa 2,1, während der Mars mit seiner unregelmäßigeren Oberfläche auf einen Wert von etwa 2,4 kommt. Das Gehirn mit seinen unzähligen Windungen besitzt eine fraktale Dimension von 2,8. Mandelbrot weist ferner darauf hin, daß viele Objekte in der Natur Umrisse, Formen und Oberflächen haben, die in verschiedenen Maßstäben Ähnlichkeiten aufweisen. Dieses Phänomen eines "selbstähnlichen Maßstabs" bedeutet, daß die gesamte Küste an jedem beliebig kleinen oder großen Ausschnitt sich selbst ähnelt.

Die obigen Ideen, einfach und doch mit tiefer Bedeutung, können als Grundlage für Computerprogramme verwendet werden, die auf dem Bildschirm wunderschöne farbige Bäume, Berggipfel und andere natürliche Formen erzeugen. Es ist an dieser Stelle nicht sinnvoll, die Einzelheiten der Mandelbrot-Mengen zu erläutern. Im Prinzip basieren sie auf der ständigen Wiederholung bestimmter einfacher mathematischer Funktionen - ein Prozeß, in dem das Echo des selbstähnlichen Maßstabs widerhallt. Es soll genügen, darauf hinzuweisen, daß an den Grenzen der Bilderfolgen kurvenreiche, filigrane Muster mit einer atemberaubenden Schönheit entstehen. Der Reichtum dieser unerschöpflichen selbstähnlichen Details läßt sich bis in unendlich kleine Bereiche verfolgen. Wenn man also ein beliebiges Teil des Musters vergrößert, werden wir wieder das ursprüngliche Bild erhalten - und dieses Bild läßt sich aus immer kleineren Bruchstücken bis zu den Grenzen der Leistungsfähigkeit unserer Computer regenerieren! Ein Buch, das ein Verständnis dieser Phänomene erleichtert und an dem man viel Freude haben kann, ist "The Beauty of Fractals" von Peitgen und Richter.

Die Einstellung der Mathematiker in den späten 20er Jahren spiegelte stark die begeisterten Ausrufe von David Hilbert (Universität Göttingen) wider, der sie ermahnte, sich zu einer eigenen, unabhängigen Welt aus "reinen Gedanken" zusammenzufinden. Hilbert hätte gerne gesagt, daß es in der Mathematik keinen "ignorabimus" (lateinisch: "wir werden niemals wissen") gäbe. Sein "reiner Gedanke" benötigte sicherlich weder Instrumente noch irgendeinen Bezug zur Natur.

Wahrheitsgehalt über die Logik hinaus

Gödel zerstörte dann 1931 diesen grandiosen Plan. Seine Theorie bewies, daß es in der Mathematik eine unbestimmte Zahl "nicht beweisbarer Wahrheiten" (Michael Guillen) gibt. Mit der Logik allein kann die Richtigkeit oder Unrichtigkeit dieser Wahrheiten innerhalb des jeweiligen Systems nicht bewiesen werden: aber wenn man über die Logik hinausgeht, wird der Wahrheitsgehalt offensichtlich. Durch Gödel öffnete sich die Welt der Mathematik dem Zweifel und der Unsicherheit, die Herausforderung und Last der gesamten Menschheit sind. Wer kann schon sagen, ob diese Erkenntnisse der Mathematik langfristig nicht nützlich sein werden?

Abschließende Gedanken: **Könnte es sein, daß die Mathematik die Rolle eines "sechsten Sinnes" spielt?** Es ist wirklich ganz sonderbar, wie einige von den Mathematikern erfundene rein abstrakte Vorstellungen später in der realen Welt nachgewiesen werden konnten. Die Erfinder haben nicht zuerst die reale Welt betrachtet, um dann ihre Ideen zu abstrahieren; vielmehr wurde die abstrakte Idee "aus Spaß" erfunden und später wurde völlig unerwartet erkannt, daß sie eine Existenz in der realen Welt hat! Der sechste Sinn könnte also die abstrakte Idee im Vorfeld "ausgekundschaftet" haben - damit wir uns später an die konkrete Realität unserer Welt besser anpassen können.

Einige Beispiele, die dies verdeutlichen können:

- Etwa 1800 Jahre nach der Entdeckung der Eigenschaften der Ellipse durch die Griechen entdeckte Kepler, daß die Umlaufbahnen der Planeten elliptisch sind.

- Sechzig Jahre nach der Entwicklung eines vierdimensionalen Geometrie-Systems, das allgemeiner als das System von Euklid war, erkannte Einstein, daß er genau diese Aussagen für seine allgemeine Relativitätstheorie benötigte, die die bis dahin geltende Physik ablöste.

- Im späten 18. Jahrhundert lernten Algebraiker die Addition, Subtraktion und Multiplikation negativer Zahlen. Um 1930 benutzte der englische Physiker Paul A. M. Dirac das Konzept der negativen Zahlen, um die Existenz von Antimaterie vorauszusagen.

- Seit 1840 wird in der Algebra davon ausgegangen, daß es superabstrakte Zahlen gibt, die nicht vertauschbar sind (mit einfachen Worten: 2 x 3 ist nicht dasselbe wie 3 x 2). 1860 haben zwei britische Mathematiker eine superabstrakte Zahlenart erfunden, die sie Matrizen nannten. Etwa 60 Jahre später benutzte Werner Heisenberg Matrizen, um seine Matrix-Quantenmechanik* zu entwickeln.

Die Übereinstimmungen zwischen abstrakten Gedanken und der realen Welt sind erstaunlich ...

Die Absicht dieses Abschnitts ist zu zeigen, wie sich die Mathematik und die gesamte Wissenschaft in neue Dimensionen bewegt haben, die sich stärker um menschliche Belange kümmert.

Die Wissenschaft der Zukunft wird denen gehören, die mit dem Verstand fühlen, mit dem Herzen denken, mit dem sechsten Sinn träumen und mit dem Computer visualisieren können.

Die Wahrscheinlichkeit wäre dann höher, ein paar mehr Muscheln am Strand zu finden, obwohl dies nicht so wichtig wäre, wie sich in die Tiefe des Ozeans zu stürzen, aus dem sie kommen.

B. KRÄFTE UND TEILCHEN

Die Welt der Materie wird durch **vier Kräfte** kontrolliert: die Gravitation, den Elektromagnetismus, die schwache und die starke Kernkraft, wobei diese beiden letzten Kräfte nur innerhalb eines Atoms Bedeutung haben; ihr Einflußbereich ist bei der schwachen Kernkraft begrenzt auf den Bereich 10^{-15}cm und auf 10^{-13}cm bei der starken Kernkraft. Im Gegensatz dazu sind die Bereiche bei den ersten beiden Kräften unendlich. *Gravitation* verbindet alle Dinge: "...du kannst keine Blume pflücken, ohne einen Stern zu stören" (Francis Thompson). Die sternenübersäten, unendlichen Weiten des Raumes werden ferner durch das Licht zusammengehalten, also durch *elektromagnetische Strahlung.* - Die Macht der starken Kernkraft ist furchterregend: Man schätzt, daß sie hundert mal (10^2) stärker ist als die elektromagnetische Kraft, hunderttausend mal (10^5) stärker als die schwache Kernkraft und viel, viel stärker (10^{39}) als die Gravitation. Die Gravitation erscheint in diesem Vergleich verschwindend gering - es sei denn, man muß z.B. eine Schreibmaschine ins Dachgeschoß tragen.

Die **Gravitation** ist ein bekanntes Phänomen. Sobald ein Ball geschlagen wird, jemand von einer Mauer herunterspringt, Ebbe und Flut oder der Auf- oder Untergang der Sonne beobachtet werden, begegnen wir den Auswirkungen dieser Kraft. Um in den Kosmos zu gelangen, müssen wir die Gravitation überwinden. Im Weltraum verstreut sind die Planeten, die verschiedensten Sterne und Galaxien - und immer haben Gravitationskräfte auf irgendeine Weise damit zu tun. Die Gravitation spielt bei neuen Theorien über schwarze Löcher, Supernova-Explosionen und die Urknall-Kosmologie eine große Rolle.

Auch der **Elektromagnetismus*** ist in der modernen Welt mit unserem Bedürfnis nach Transport, Kommunikation und Energie für alle möglichen Geräte eine vertraute Kraft. Jeder Stromausfall sorgt für gründliche Verwirrung in dem gleichmäßigen Lebensrhythmus unserer Städte. Selbst die armen indischen Dörfer brauchen Wärme und Licht in irgendeiner Form: beides ist elektromagnetische Strahlung. Die Reisenden in einem Raumschiff mögen in einer Atmosphäre ohne Gravitation leben, aber sie wären ohne den Zugriff auf elektromagnetische Kräfte völlig hilflos. Alle Lebewesen benötigen für ihr Wachstum und für die Reproduktion in erster Linie die Wechselwirkung elektromagnetischer Kräfte.

Die **schwache Kernkraft** ist kaum bekannt, da sie nur innerhalb des Atoms besteht und ihre Auswirkungen (beispielsweise der Neutronenzerfall oder der Pionenzerfall) für die wenigsten unter uns von Bedeutung sind. Die schwache Kernkraft spielt eine Rolle beim radioaktiven Beta(ß)-Zerfall* von Kohlenstoff-, Phosphor- und Schwefelisotopen. Die Folgen sind weitere biochemische Erkenntnisse und bessere medizinische Testmethoden. Die im Schoß der Erde eingeschlossene Hitze verdankt viel der Radioaktivität - das schnelle Elektron ("ß-Zerfall") ist ein Teil davon.

Die **starke Kernkraft** schließlich stabilisiert die Atomkerne in unserem Körper. Sie ist die stärkste aller Kräfte und hat eine in der Tat atemberaubende Bindungskraft - aus diesem Grund ist die zerstörerische Wirkung bei der Kernspaltung oder Kernfusion einer Atombombe so hoch. Es können "sichere Reaktoren" gebaut werden, die die Kraft der Atomkernspaltung auffangen. Wie "sicher" sie wirklich sind, bleibt eine offene Kontroverse. Die Strahlung der Sonne, von der das gesamte Leben auf der Erde abhängt, ist das Ergebnis von Kernfusion. Diese Hitze wäre für die Menschen tödlich, wenn die Erde der Sonne näher wäre oder wenn ein größerer Teil der Sonnenstrahlung auf die Erde gelangen würde.

Auf der Suche nach der Ureinheit aller Kräfte

Es ist deutlich geworden, daß die vier fundamentalen Kräfte erhebliche Unterschiede in bezug auf ihre Stärke, Reichweite und Bedeutung aufweisen. Dennoch sind erstaunlicherweise viele Wissenschaftler davon überzeugt, daß es einst eine **Ursymmetrie** gab, **in der diese vier Kräfte in einem symbiotischen Urzustand vereint** waren! Schrittweise **trennten** *sich die vier Kräfte* voneinander, und zwar **schon in der ersten Sekunde des Urknalls,** der das Universum auf seine 15 Milliarden Jahre lange Evolutionsreise schickte.

Das Problem ist die Frage: *Was ist die Ursache für diesen tief vergrabenen Wunsch der Wissenschaftler, eine Ureinheit aller von ihnen erforschten Kräfte zu suchen?*

Eine Antwort könnte die historische Betrachtung der Frage geben. Newton begann diesen Prozeß durch die Vereinigung der kosmischen und terrestrischen Gravitation. Jedoch ist die Gravitation gerade die Kraft, die bisher allen Versuchen einer Rückbindung an die anderen Kräfte widerstehen konnte. Der nachstehende Ausspruch ist sicherlich richtig: "Die Gravitation war die erste bekannte Kraft; sie wird jedoch die letzte sein, die verstanden wird." - Der nächste Schritt war die Entdeckung, daß statische und dynamische Elektrizität im wesentlichen dasselbe sind, sowie die spätere Erkenntnis, daß Elektrizität und Magnetismus eigentlich richtiger als "Elektromagnetismus" bezeichnet werden müssen. Einige Jahre später wurde die Quantentheorie entwikkelt, und eine "elektroschwache" Synthese (zur elektroschwachen Vereinheitlichungsenergie, bei der die Unterschiede der beiden Kräfte aufgehoben sind) wurde möglich. Heute versuchen Vereinheitlichungstheorien die starke Kernkraft mit der elektroschwachen Kraft zu verbinden. Jedoch ist noch keine anerkannte "Quantengravitation" daraus entstanden.

Einigen unter uns mögen diese historischen Betrachtungen als geeignete Erklärung für den **inneren Drang nach einer Vereinigung aller vier Kräfte** genügen. Andere lassen sich nicht so leicht überzeugen. Möglicherweise ist das Bedürfnis nach einer Vereinigung aller Kräfte auf der wissenschaftlichen Ebene nur der Ausdruck einer eher allgemeinen universellen Entwicklung des Menschen, die versucht, alle Dinge miteinander zu verbinden? Vielleicht sind die Flughäfen die Nervenzentren, die den Fluß zweibeiniger menschlicher Moleküle steuern? Satellitenkommunikation und das Internet vernetzen uns auf eine noch vor Jahren nicht für möglich gehaltenen Art und Weise. Alles, was lebt und sich bewegt, scheint den Drang nach einer großen Einheit zu verspüren.

Austausch von Bosonen als verbindende Kraft

Bisher haben wir uns auf die vier Fundamentalkräfte sowie auf aktuelle Bemühungen in bezug auf die Entdeckung einer alle Kräfte umfassenden Ursymmetrie konzentriert. - Nun ist es an der Zeit, *zwei entdeckte Materieteilchen* vorzustellen, und zwar die sogenannten "Fermionen"* (nach Enrico Fermi, einem Italo-Amerikaner) und die kräftetragenden "Bosonen" (nach dem Inder Satyendranath Bose).

Bosone*, zu denen Photone*, Gluone* und Gravitone* gehören, sind mit den vier Fundamentalkräften verbunden, deren Aktivität sie unterstützen. In gewissem Sinne sind **Fermione*** "materieller"; zu ihnen gehören die Elektronen, Protonen und Neutronen. Protonen und Neutronen setzen sich wiederum aus Quarks* in den drei "Farben" (eine bloße Bezeichnung) rot, grün und blau zusammen. - Im Gegensatz zu den Bosonen besitzen die *Fermionen* ihre eigenen Antiteilchen und treten in drei verschiedenen Familien auf. Jedoch stammen die Elektronen und Quarks unserer alltäglichen Welt aus der einzigen stabilen Familie.

Die Bosone übertragen Aktivität auf die Fermionen und in bestimmten Fällen auch auf andere Bosonen. In diesem Zusammenhang können wir die Gravitation vernachlässigen, nicht zuletzt, weil sie auf der Partikelebene der Fermionen und Bosonen kaum Auswirkungen hat. In bezug auf die anderen drei Kräfte gehen die heutigen Erkenntnisse davon aus, daß sie von ihren jeweiligen Bosonen ausgelöst werden. - Vor diesem Hintergrund sind einige Ausdrücke entstanden, die von den Wissenschaftlern benutzt werden. So werden aus den Kräften vorzugsweise *"Wechselwirkungen"* - wie bei der "elektromagnetischen Wechselwirkung"; Bosone *"koppeln"* sich an andere Partikel (bildlich könnte man sich gleitende Eisläufer vorstellen, die sich Bälle zuwerfen); Kräfte entstehen *"durch den Austausch von Bosonen"*. In einem wissenschaftlichen Artikel las ich dazu: "Der schnelle Austausch von Bosonen zwischen anderen Partikeln ist in der Tat die sie verbindende Kraft."

Gravitation bleibt die Ausnahme. Selbst die "Vereinheitlichten Feldtheorien"(GUT*) sind nicht groß genug, um auch die Gravitation einzubeziehen. Dennoch ließe sich analog zu den anderen drei Kräften die Gravitation als eine Kraft darstellen, die die Wechselwirkung zwischen "Gravitonen" darstellt. Es dürfte nicht überraschen, daß Gravitone in Experimenten bisher nicht nachgewiesen werden konnten.

Die heutige Denkweise in bezug auf Teilchen und Kräfte ist abhängig von der experimentellen Bestätigung der praktischen Auswirkungen, die sich aus schwerverständlichen mathematischen Gleichungen ergeben. Auf zahlreichen nationalen und internationalen Konferenzen findet ein ständiger Austausch zwischen *Theoretikern und Praktikern* statt. - Viel Geld und Prestige ist mit diesen Forschungen verbunden. Der Wettbewerb ist enorm. Der Erfolg hat sich in den letzten Jahren durch mehrere Nobelpreise gezeigt.

Mit einer verborgenen Dimension - einem geistigen Gehalt?

Unter den großen Physikern der Einstein-Ära hat *Sir Arthur Stanley Eddington* viel dazu beigetragen, die **Rolle des Bewußtseins bei der Entwicklung der die moderne Physik dominierenden Theorien hervorzuheben:**

> "Durch die ganze physikalische Welt verläuft ein unbekannter geistiger Gehalt, der sicherlich der Stoff unseres Bewußtseins sein muß... Wo die Wissenschaft am weitesten fortgeschritten ist, hat der Verstand von der Natur das zurückbekommen, was er in die Natur hineingegeben hat. Wir haben einen fremden Fußabdruck

> an den Stränden des Unbekannten entdeckt. Wir haben tiefschürfende Theorien ersonnen, eine nach der anderen, um seine Herkunft zu erklären. Schließlich haben wir erfolgreich die Kreatur rekonstruiert, die den Fußabdruck gemacht hatte. Und siehe da! Es ist unser eigener."

Eine quälende Frage kann jedoch nicht beantwortet werden: Existieren die Teilchen und Kräfte wirklich in der beschriebenen Form, oder gibt es eine **unbekannte, verborgene Dimension**, die von Gleichungen nicht beschrieben werden kann, sondern die durch Gleichungen lediglich manipuliert wird, damit wir sie praktisch erfahren können?

Zum Abschluß seines Buches "Eine kurze Geschichte der Zeit" stellt *Stephen Hawking* die Frage: **"Was atmet Lebensfeuer in die Gleichungen?"** Sein visionärer amerikanischer Kollege *John Wheeler* fügt hinzu:

> "Nichts ist lebloser als eine Gleichung ... *nicht eine einzige kann fliegen*.. Dennoch gibt es einen *Zauber in unserem Universum,* damit es gemeinsam mit den Vögeln und den Blumen und den Bäumen und dem Himmel fliegen kann! **Durch welche zwingende Kraft gelingt es den Gleichungen, die das Universum aufbauen, ihre Flügel auszubreiten und zu fliegen?"** (Betonung von mir).

Die Welt wird ein besserer Ort sein, wenn diejenigen, die sich gerne mit Gleichungen und anderen Formen analytischen Denkens beschäftigen, auch Wege finden, um ihre Gleichungen und Gedanken zum Fliegen zu bringen, um auf diese Weise in die schillernden Weiten der inneren und äußeren Räume geschleudert zu werden. Ich möchte behaupten, daß wir erst dann dazu in der Lage sein werden, wenn wir endlich erkennen, daß *selbst das kleinste Atom vom analytischen Verstand allein nicht verstanden werden kann.*

Mit den Worten von *Theodore Roszak* ist das, was fehlt, "der Rhapsodie-Intellekt". *Jacob Needleman* drückt es folgendermaßen aus:

> "Das Durchdringen von Ideen in das Herz und den Körper des Menschen wird in der Regel nicht wichtig genommen; man spricht eigentlich nicht darüber."

Das "Große Mysterium" läßt sich vielleicht gerade dort finden, wo wir es am wenigsten vermuten - im pulsierenden Herzen der Materie, in Bereichen, die kein Teilchenbeschleuniger erreichen kann. Viel zu lange haben wir vorgegeben, daß das Blut und die Musik und die Sinnlichkeit und die mit Glühwürmchen flimmernden Schatten aus den Wäldern in unserem Innern nichts mit den Materiekräften und -teilchen zu tun haben. Aber tanze ich nicht gerade in diesem Augenblick zu einer Musik, bei der die roten, blauen und grünen Quarks, aus denen ich bestehe, ihre farbigen Gluone einander zuwerfen? Ich muß nur zuhören und staunen, denn erst ihr Gesang macht meinen möglich. **Gleichungen fliegen nur, wenn ich fliege.**

Von*Pierre Teilhard de Chardin* ist eine "Hymne an die Materie" überliefert (in "Lobgesang des Alls", Walter Verlag Olten-Freiburg i.Br. 1964). Darin heißt es:

"Gesegnet seist du, machtvolle Materie,
unwiderstehliche Evolution,
immer neu geborene Wirklichkeit,
du, die du in jedem Augenblick unsere Rahmen sprengst,
uns zwingst, die Wahrheit immer weiter zu verfolgen.

Gesegnet seist du, universelle Materie, grenzenlose Dauer,
uferloser Äther - dreifacher Abgrund der Sterne,
der Atome und der Generationen -
du, die du, unsere engen Maße überflutend und auflösend,
uns die Dimensionen Gottes offenbarst.

Gesegnet seist du, undurchdringliche Materie,
du, die du, überall zwischen unsere Seelen
und die Welt der Wesenheiten gespannt,
uns vor Verlangen schmachten läßt,
den nahtlosen Schleier der Phänomene zu durchstoßen".

C. DIE NÜTZLICHE VERWORRENHEIT DER QUANTENMECHANIK

"Keine Theorie der Physik, die sich nur mit der Physik beschäftigt, wird die Physik jemals erklären."

- John Wheeler -

"Bohrs Philosophie schlägt vor, daß Worte wie Elektron, Photon oder Atom nur als nützliche Modelle betrachtet werden, die in der Vorstellung das festigen sollen, was eigentlich nur mathematische Formeln für Beobachtungen sind."

- Paul Davies und Julian Brown -

Die Physik des 20. Jahrhunderts ruht auf den beiden Säulen Relativität und Quantenmechanik. Die Relativität ist fast ausschließlich einem einzigen Mann zu verdanken, Albert Einstein (1879 - 1955). Er veröffentlichte die **spezielle Relativitätstheorie** im Jahr 1905 und die **allgemeine Theorie** im Jahr 1916.- Einstein war ebenfalls einer der Pioniere der Quantentheorie, verlor jedoch später das Interesse daran. Er konnte die **"Kopenhagener Interpretation"*** der Quantenmechanik von Niels Bohr (1885 - 1962) und seinen Anhängern nicht akzeptieren. Auch heute herrscht die Kopenhagener Sicht unter den Physikern vor, aber der Geist von Einstein spukt noch immer in den Diskussionen über das Wesen der Realität und in welcher Form sie sich den Physikern zeigen kann.

Die beiden Theorien veränderten das vorherrschende Weltbild: Die **Relativitätstheorie** in bezug auf Gravitation, Raum, Zeit und Bewegung, die **Quantentheorie** in bezug auf das Wesen und Verhalten der materiellen Wirklichkeit. Relativität hat besondere Bedeutung, wenn es um besonders große Massen oder besonders hohe Geschwindigkeiten - Quantentheorie, wenn es um subatomare Teilchen und Kräfte geht.

Es gibt viele Beispiele, in denen beide Theorien anwendbar sind, weil sämtliche Körper, wie groß auch immer sie sein mögen, aus subatomaren Teilchen bestehen und sich zumindest einige von ihnen, beispielsweise die Elektronen, vermutlich mit sehr hohen Geschwindigkeiten bewegen. Ein Physiker wird in der Regel allen Daten oder Interpretationen mißtrauen, die mit einer der beiden Theorien im Konflikt stehen. Die spezielle Relativitätstheorie ist häufig für die Quantenmechanik nützlicher als die allgemeine Theorie.

Während eines langen transatlantischen Fluges ist es heutzutage üblich, die Passagiere über Bildschirme in der Kabine über den kontinuierlichen Fortschritt des Flugzeugs zu informieren. - Nehmen wir an, es ist ein Flug von Frankfurt nach New York. Der mit dem Computerprogramm des Flugzeugs verbundene Bildschirm wird zunächst die Umrisse Kontinentaleuropas, dann Englands und Irlands und schließlich die vereisten nördlichen Einöden des amerikanischen Kontinents zeigen, die auf dem Weg nach Süden entlang der Ostküste fruchtbarer werden. Vor diesem Hintergrund kann man bis zur Landung auf dem Kennedy-Flughafen in New York ununterbrochen den Angaben über Höhe, Flugbahn, Geschwindigkeit und Position des Flugzeugs folgen. -

Die Informationen auf dem Bildschirm basieren auf einigen der wichtigsten Aspekte der angewandten **klassischen Physik.** Körper, Kräfte und Bewegungen sind real, und sie reagieren entsprechend den Vorhersagen, die definitive Ursachen voraussetzen. In der klassischen Physik basiert das wissenschaftliche Verständnis des Fortschritts eines sich bewegenden Körpers auf der Newtonschen Mechanik und Dynamik. (Mechanik definiert den Einfluß physikalischer Kräfte; Dynamik definiert die Wirkung dieser Kräfte auf die Bewegung und das Gleichgewicht eines Systems). Position und Geschwindigkeit des Flugzeugs sind in jedem Augenblick bekannt - genauso wie der Übergang von einem Zustand des sich bewegenden Systems in einen anderen in Abhängigkeit von der Triebkraft der Flugzeugtriebwerke.

Im obigen Absatz steht fast nichts, das sich auf Quantenphysik* anwenden ließe. Und dennoch ist das alltägliche Leben in unserer modernen Welt ohne die Anwendung der **Quantenphysik** undenkbar, wie die Luftfahrt undenkbar ohne die Anwendung der **klassischen Newtonschen Physik** wäre.

Um die veränderten Bedingungen der Quantenphysik zu verstehen, wollen wir ein winziges subatomares Teilchen, zum Beispiel ein Neutron, wie ein großes Flugzeug behandeln. Statt einen transatlantischen Flug zu unternehmen, wird das einzelne Neutron mit einem Neutronenbeschleuniger über dem Erdboden horizontal auf ein rechteckiges Ziel geschossen (welches mit einer Möglichkeit zur Entdeckung des Neutronenaufpralls versehen ist). Nehmen wir weiter an, daß das Neutron das Ziel nur über *zwei vertikale Schlitze* erreichen kann, die parallel und etwas voneinander getrennt auf einem Schirm ausgeschnitten wurden, der das Ziel von dem Teilchenbeschleuniger trennt. -

Bei diesem Experiment werden die seltsamen Eigenarten der Quantenphysik deutlich. Es gibt *keine Möglichkeit,* die folgenden Parameter *vorherzusagen:*

(a) Position u. Geschwindigkeit des Neutrons in einem beliebigen Augenblick;
(b) Welcher Schlitz benutzt wird; -
(c) Welche Strecke gewählt wird;
(d) Wo das Ziel genau getroffen wird.

Wenn jedoch eine große Zahl Neutronen einzeln durch die Schlitze Richtung Ziel geschossen werden, kann man die folgenden Aussagen mit Sicherheit treffen:

(a) Die Neutronen werden das *Ziel* definitiv an verschiedenen Stellen *treffen, als wäre jedes Neutron ein Teilchen;*
(b) Das Gesamtmuster der verschiedenen *Treffer* wird identisch mit einem Muster sein, das durch ineinander verlaufende *Wellenfronten* erzeugt wird - so wie die Wellen sich kreisförmig über die Oberfläche eines Sees verbreiten, wenn man zwei Steine etwas voneinander entfernt ins Wasser geworfen hat. Die Treffer, die an verschiedenen Stellen des Ziels aufschlagen, als wären die Neutronen Teilchen, erzeugen allmählich ein zusammengesetztes Muster, *als wären die Neutronen Wellen.*

Energiepakete (Quanten) - sowohl Welle als auch Teilchen

Die Newtonsche Mechanik - nützlich in der Welt großer beweglicher Körper -, muß durch die Quantenmechanik* ersetzt werden, wenn es um die subatomare Welt geht, in der Position, Geschwindigkeit, festgelegte Strecken und Vorhersehbarkeit nicht mehr dieselbe Bedeutung haben. - Bei der Quantenmechanik haben wir es mit diskreten Energiepaketen (den sogenannten Quanten) zu tun, die sowohl Teilchen- als auch Wellencharakter haben: die WELLEN-TEILCHEN-DUALITÄT, die sich aus dem Planckschen Quantenprinzip entwickelte. - Auch lassen sich für diese "Teilchen" weder Position noch Geschwindigkeit vorhersagen: je genauer man ihre Position zu messen versucht, desto ungenauer läßt sich ihre Geschwindigkeit messen und umgekehrt: die Heisenbergsche Unschärferelation*.

Und schließlich kann man zwar genau die Möglichkeit bezw. Wahrscheinlichkeit vorhersagen, daß die Teilchen genau diesen Punkt und nicht jenen treffen - aber eine Vorhersage der gewählten Strecke vom

Teilchenbeschleuniger zum Ziel, von hier nach da, ist unmöglich! Diese Tatsache ist besonders wichtig bei dem Konflikt um die Kopenhagener Interpretation - Einzelheiten dazu folgen später.

Dem Paradoxon entgegen ...

In bezug auf die Wellen-Teilchen-Dualität hat einmal jemand gesagt: *"Montags, mittwochs und freitags sind die Quanten Teilchen, aber dienstags, donnerstags und samstags sind sie Wellen. Am Sonntag gibt der Physiker auf und betet!"*

Richard Feynman, der mehr als andere für die Quantenmechanik getan hat, vergleicht die Relativität auf seine unnachahmbare Weise mit der Quantenmechanik:

> "Es hat einmal eine Zeit gegeben, da schrieben die Zeitungen, nur zwölf Menschen verstünden die Relativitätstheorie. Ich glaube nicht, daß es je eine solche Zeit gegeben hat. Es könnte eine Zeit gegeben haben, als nur ein Mann sie verstand, weil er der einzige war, der davon wußte, bevor er seine Arbeit schrieb. Aber nachdem seine Arbeit erschienen war, verstanden viele Menschen die Relativitätstheorie auf die eine oder andere Weise, sicherlich mehr als zwölf. Andererseits glaube ich mit Sicherheit sagen zu können, daß niemand die Quantenmechanik versteht." (nach J.D. Barrow, S. 216)

Im Gegensatz zur Relativität entwickelte sich die Quantenmechanik als ein kooperatives Unterfangen. Während der explosiven Entdeckungen der ersten Dekaden war *Niels Bohr* ihr "Oberguru". Ihm werden die folgenden Aussagen zugeschrieben:

> "Wer nicht geschockt war, als er der Quantenmechanik zuerst begegnete, kann sie nicht verstanden haben."

> "Wenn man zu den Atomen gelangt, kann Sprache nur noch als Poesie benutzt werden."

> "Wie wundervoll, daß wir dem Paradoxen begegnet sind. Jetzt haben wir Hoffnung, Fortschritte zu machen."

...und der verzauberten Dunkelheit in den Tiefen der Materie

Mehr als jede andere Theorie erklärt die Quantenmechanik wie die Welt funktioniert, beispielsweise: wie die Elektronen innerhalb der

Atome stabil bleiben; wieso es verschiedene Atomarten geben kann; wie es der Sonne gelingt zu scheinen; wie die Pflanzen auf der Erde ihre Existenz durch eine Fixierung von Sonnenenergie über aktiviertes Chlorophyll sichern. Unzählige Aspekte der Physik, Chemie und Biologie können durch die Quantenmechanik leichter verstanden werden. - Die angewandte Quantenmechanik hat das moderne Leben auf verschiedenste Art tief beeinflußt, zum Beispiel durch Fernsehgeräte, Transistoren, Mikrochips, Laser, Superleiter und ähnliches.

Die Menschheit hat somit eine Theorie und eine Welt auf Grundlage mysteriöser subatomarer "Wellen-Teilchen" konstruiert, die niemals vollkommen verstanden werden können. Die Verzauberung und die Dunkelheit führen in die Tiefen der Materie, aus der alles Leben - organisch oder anorganisch - besteht.

Sicher ist nur die Unsicherheit. Von großem Nutzen ist hier Unschärfe und Verworrenheit. Ist jeder Mensch letztendlich ein schönes Gebäude, auf Sand gebaut? *Oder* **vielleicht eine seltsame Sinfonie auf Elektronbasis, die in den Atomen aller lebenden Zellen ertönt?**

P.C.W. Davis und J. Brown sagen in ihrer allgemeinverständlichen Veröffentlichung "The Ghost in the Atom", in der die Geheimnisse der Quantenphysik behandelt werden:
"... die zu dem Elektron gehörende Welle fügt sich um den Atomkern und bildet das Muster einer stehenden Welle, die an den Klang eines Musikinstrumentes erinnert".

Die Wälder der Musik sind dunkel und tief...

Es gibt keine andere Theorie, die kraftvoller und präziser beschreiben kann, wie die Welt funktioniert als die Quantentheorie. Dennoch ist sie eine schwache und ungenaue Theorie, wenn es um die Beschreibung geht, wie unsere Welt ist. Die naheliegende Reaktion vieler Menschen und sogar einiger guter Physiker könnte sein: Warum sollte ich mich darum kümmern? - Aber eine Gruppe kümmerte sich intensiv darum: die brillanten Physiker um Niels Bohr in Kopenhagen. Genauso erging es Einstein, de Broglie und Schrödinger, die die "Kopenhagener Interpretation" niemals anerkannten. Der Streit hält bis zum heutigen Tage an - mit der Mehrheit auf Bohrs Seite und einigen wenigen auf der Seite Einsteins. Zu den letzteren gehört der Franzose Jean Pierre Vigier und der vor kurzem verstorbene Amerikaner David Bohm (er lehrte viel im Ausland, besonders in England).

Der Lehrsatz des Briten John Bell und die Versuche des Franzosen Alain Aspect haben in jüngster Zeit neues Licht auf die Kontroverse geworfen und sie auf eine subtilere Ebene gehoben, ohne die Streitfrage völlig zu lösen. - Barrow ("Die Natur der Natur", S. 242 f.) faßt Bohrs Position wie folgt zusammen:
Der Kopenhagener Interpretation nach *"können wir im herkömmlichen Sinn keine tiefe Wirklichkeit entdecken, sondern nur eine Beschreibung davon. Die beobachtete Wirklichkeit wird durch den Beobachtungsvorgang bestimmt. Es gibt sie wirklich, wenn sie gemessen wurde - sie ist keine Täuschung - aber es läßt sich nicht sinnvoll sagen, daß sie ohne einen Beobachtungsvorgang existiert."*

Unmeßbar - weder bewiesen noch widerlegt

In der Kopenhagener Interpretation entspricht die Wirklichkeit der beobachteten Wirklichkeit. Was durch den Vorgang des "Messens" nicht beobachtet wird, kann nicht auf irgendeine Art und Weise als existent betrachtet werden. - Wenn nun die Anhänger von Bohr darauf bestehen würden, daß die Kopenhagener Interpretation auch auf *größere* Materie-Objekte anzuwenden sei, so würde die Situation ziemlich lächerlich. Sicherlich bestehen Mond, Sterne und Milchstraße unabhängig von menschlicher Beobachtung! Aber selbst bei einer Beschränkung auf die *mikrophysikalische* Welt der Quantenwirklichkeit gibt die Kopenhagener Deutung dem Meßvorgang doch eine ganz besondere Bedeutung.

Bis zur Messung entwickelt sich die Quantenwellenfunktion kontinuierlich in *umkehrbarer* Zeit, und zwar in Übereinstimmung mit Schrödingers Wellengleichung. *Sobald die Messung stattfindet,* fällt die Wellenfunktion in sich zusammen, und im Weltbild der klassischen Physik mit ihren verwendeten Instrumenten und der *nichtumkehrbaren* Zeit des Beobachters der menschlichen Geschichte findet ein plötzlicher und geheimnisvoller Übergang statt. Man kann sich natürlich fragen, ob der *unbewußte* Apparat oder der *bewußte* Beobachter für den Zusammenbruch der Funktion verantwortlich ist. Wenn es der Beobachter ist, findet der Zusammenbruch an der Brille des Beobachters oder am Ende seines Sehnervs statt? Oder vielleicht dann, wenn sich der Beobachter bewußt wird, daß die Messung stattgefunden hat? Was passiert, wenn *Beobachtergruppen* monatelang gemeinsam Messungen an subatomaren Teilchen in Beschleunigern vornehmen? Existieren die Wirklichkeiten, die sie beobachten, wirklich? Und zu welchem Zeitpunkt der Untersuchung?

Diese Fragen behalten ihre Gültigkeit, und zwar unabhängig davon, ob die Kopenhagener Deutung anerkannt wird oder nicht. Sie machen lediglich die Dunkelheit unseres Wissens deutlich - und insbesondere die Unwissenheit, die selbst den erfolgreichsten unserer wissenschaftlichen Theorien zugrunde liegt. Quantenphysiker, die durch Anwendung von Schrödingers Gleichung erfolgreich werden, können sowohl Bohr als auch Einstein folgen. Der Erfolg ist von diesem Streit nicht abhängig: Man muß lediglich die *Fähigkeit* haben, die *statistischen* Ergebnisse *bestimmter* Experimente für einen bestimmten Beobachter *vorauszusagen.* - Im nachhinein erscheint es möglich, daß Einsteins Einwände besser aufgenommen worden wären, wenn er sich statt der Aussage "Ich glaube nicht, daß Gott würfelt" für die folgenden Fragen (nach Vigier) entschieden hätte: "Sollten sich mikrophysikalische Theorien auf die Vorhersage wahrscheinlicher, beobachtbarer Ergebnisse beschränken?" oder "Sollten Rezepte für die Vorhersage statistischer Ergebnisse bei bestimmten Experimenten mit bestimmten Beobachtern wirklich alles sein, was uns die Physik bieten kann?

Darüber hinaus hatte Einstein *eine Überzeugung, die durch die Physik weder bewiesen noch widerlegt werden kann:*

> "Wissenschaftler heben nach und nach die Schleier, hinter denen die Natur ihre tieferen Verhaltensweisen versteckt."

In Verbindung mit dieser Überzeugung steht eine andere, die von *David Bohm:*

> "Die Wirklichkeit als Ganzes ist so groß und unmeßbar und geht über alles hinaus, was wir als in sich geschlossene und letztendlich bestimmbare Totalität erfahren können".

Die verzauberte Dunkelheit ist am Werk ...

Verbindung zwischen Quantenphysik und östlicher Mystik?

Die wirkliche Herausforderung für die Ansichten von Einstein und seinen Anhängern stellt sich durch die theoretischen Arbeiten von Bell (Bellsches Theorem), die die Experimente von Aspect, Dalibard und Roger aus dem Jahr 1982 ergänzten. Dank dieser Experten ist es mittlerweile schwer, daran zu zweifeln, daß ein *Geschehen* an einem Ende des Universums **augenblicklich** mit etwas am anderen Ende des Universums **in Verbindung** treten kann, **ohne daß notwendigerweise dazu ein Lichtsignal benötigt wird.** Signale, schneller als das Licht, die von

Einsteins Relativität nicht zugelassen werden, spielen hier keine Rolle, da die augenblickliche Beziehung ein solches Signal nicht erfordert! Die Verbindung zwischen östlicher Mystik und der Quantenmechanik, wie sie in populären Büchern (z. B. "Die tanzenden Wu-Li-Meister" von Zukav und "Das Tao der Physik" von Capra) gefunden wird, ist somit verständlich. Jedoch basieren die genannten Verbindungen häufig auf verworrenem Denken.

Wirkliche Mystiker würden keinen Anspruch auf Authenzität ihrer Erfahrungen auf der Basis von Quantenmechanik erheben wollen. Ebenso wenig würden sich die meisten Quantenphysiker mit mystischen Interpretationen ihrer wissenschaftlichen Arbeit wohl fühlen. Wirkliche Mystiker erleben die **Einheit mit allen Ebenen der Existenz:** Materie, Leben, Verstand, Seele und Geist unabhängig von der Quantenmechanik. Dennoch können diese Mystiker durch die Art und Weise angeregt werden, mit der die Quantenmechanik das materielle Universum vereint, und sie können dieses Bewußtsein in ihre eigene persönliche Synthese einbringen. Der Geist fließt leicht in die Welt der Materie. In umgekehrter Richtung ist es schwieriger!

Eine weitere Nebenwirkung der Bohr-Einstein-Kontroverse sind die aufregenden neuen Arbeiten der Mitarbeiter von de Broglie und Bohm, deren Schwerpunkt das Quantenvakuum und das Quantenpotential ist. Man kann nur auf diese Entwicklungen hinweisen - geeignete Erklärungen dieser Konzepte zu geben, würde die Möglichkeiten dieses Buches sprengen. Die neuen Ideen konnten noch nicht wirkungsvoll durch spezifische Experimente bestätigt werden; sie sind jedoch vereinbar mit den bisher von anderen Wissenschaftlern durchgeführten Experimenten. In der Wissenschaft sollte es keine Orthodoxien geben; Kontroversen zwischen großen Wissenschaftlern sind für den Fortschritt erforderlich. Die "wissenschaftliche Wahrheit" hängt nicht von der Meinung der Mehrheit oder von großen Persönlichkeiten ab, und diese "Wahrheit" unterliegt kontinuierlicher Überarbeitung und Verbesserung.

* * *

Was ist denn eigentlich die Materie, aus der wir Menschen bestehen?

Thimothy Ferris:
"Ein Goldbarren besteht fast ausschließlich aus leerem Raum, obwohl er doch völlig fest aussieht: Der Kern jedes einzelnen Atoms ist so klein, daß selbst bei einer milliardenfachen Vergrößerung des

Atoms seine äußere Schale die Größe von Los Angeles erreicht, der Kern aber nur die Größe eines PKWs hätte".

Als er seinen Nobelpreis entgegennahm, meinte *Georg Wald:*

"Ein Wissenschaftler lebt mit der gesamten Wirklichkeit. Es gibt nichts Besseres. Die Wirklichkeit zu kennen bedeutet, sie zu akzeptieren und sie schließlich zu lieben. Ein Wissenschaftler ist eigentlich ein gescheites Kind. werden. Der Wissenschaftler kann sein ganzes Leben ein Kind bleiben."

Der Rest von uns sollte wenigstens ohne Langeweile leben können.

KAPITEL 6

IHRE UNVERSALE ERFAHRUNG

"LICHT AUS GESCHÜTTELTER FOLIE"

Wie schon die beiden letzten Kapitel beginnt auch dieses mit den Worten aus einem der viel gerühmten Gedichte von G. M. Hopkins. Das Zitat des Dichters vergleicht diesmal das Große Mysterium mit dem Licht einer elektrisch geladenen Welt: "wie Licht aus geschüttelter Folie".

Versuchen Sie es einmal selbst. Verändern Sie dabei Qualität und Einfallswinkel der Lichtquelle und beobachten Sie die verschiedenen Formen unregelmäßiger Lichteruptionen, die aus einem in Schwingung versetzten Stück zusammengeknüllter Aluminiumfolie herausblitzen. - Sicherlich gibt es bessere Vergleiche visueller oder anderer Art für die hinreißenden Muster energetischer Schönheit, die aus Tausenden musikalischer Kompositionen herausblitzen und nur aus einer kleinen Anzahl Noten bestehen. Irgendwann jedoch sind Vergleiche nicht mehr möglich. Musik ergibt nur einen Sinn, weil sie auf einer sinnlichen Erfahrungsebene erlebt wird, die über unsere Sinne hinausgeht...

Jeder Mensch ist ein kleiner Kosmos, in dem in einer zweibeinigen Struktur alles umfaßt wird, was in diesem riesigen Universum lebt, atmet und sich bewegt. Vielleicht ist die Frage nützlich, warum der Unterschied zwischen uns Menschen und den Schimpansen viel größer als ein Prozent zu sein scheint, wo doch die biochemischen Moleküle des menschlichen genetischen Codes (DNA) zu 99 % identisch mit der DNA dieses faszinierenden Tieres sind. - Durch die universelle Erfahrung von Musik erlebt das "mikrokosmische" Wesen des Menschen neue brennende Tiefen und Dimensionen.

Menschliche Musik zeigt deutlich die Verbindung zwischen Materie und Geist, zwischen innen und außen, zwischen Soma und Psyche. Sie lebt in den Räumen zwischen Seele und Geist, Knochen und Mark, Gehirn und Bewußtsein, Himmel und Erde. Menschliche Musik ist der Widerhall himmlischer Musik. Das finden wir in einem Text des persischen Dichters und Mystikers *Jschalal ad-Din Rumi* (13. Jahrhundert) poetisch zum Ausdruck gebracht:

"Höre die Stimme der Flöte, die aus Schilfrohr geschnitten wurde, was sie erzählt:
Unsere Musik ist das Echo der Hymnen, welche die Sphären in ihrem Kreislauf singen.
Wir alle haben diese hohen Melodien im Paradies vernommen, das wir verloren
- und obwohl uns die Erde und das Wasser niederdrückt,
behalten wir die himmlischen Gesänge in unserem Gedächtnis.
Gott, der die Liebe ist, ist auch Musik.
Wer liebt, der nährt seine Liebe, indem er der Musik lauscht;
denn die Musik erinnert ihn an die Freuden seiner ersten Vereinigung mit Gott.
Und das Feuer der Liebe ist es, welche der Flöte ihre Seele gibt"

In den drei folgenden Abschnitten dieses Kapitels über die Musik möchte ich darüber hinaus mit Ihnen meine persönlichen bewußten Erfahrungen mit der Musik teilen, einer Musik, die für mich eine Verbindung zu allen Ebenen der Wirklichkeit darstellt. Das Mysterium tritt nunmehr durch die Ohren ein - es verläßt uns jedoch nicht, ohne auf allen Ebenen Resonanzen auszuprobieren.

A. DIE ÜBERWÄLTIGENDE MACHT DER MUSIK

"Die Bedeutung dieser anscheinend endlosen Musik besteht für mich darin, daß das Atom nicht nur singt, sondern daß es in Harmonie mit den Sternen singt."

- Guy Murchie -

Wenn wir uns in das schöne und geheimnisvolle Reich der Musik begeben, müssen wir neue Wege in diese unser ganzes Wesen umfassende und durchdringende verzauberte Dunkelheit beschreiten. Ich muß gestehen, daß ich mich unzulänglich fühle, Sie in diesen immensen Ozean musikalischer Energie zu führen. Vielleicht ist es mir gelungen, bei meinen bisherigen Ausführungen zu wissenschaftlichen Themen genug Distanz für eine objektive Betrachtung aufzubringen. Bei der Musik ist jedoch meine eigene Identifikation so stark und überwältigend, daß es mir kaum möglich ist, diese Erfahrungen mit Abstand zu betrachten.

Ich kann nur sagen: Kommen Sie mit, und gemeinsam werden wir versuchen, in durchscheinenden Tiefen zu schwimmen und staunend die seltsamen, nichtkörperlichen Gegenstücke der Korallenriffe und tropischen Fische zu erleben. Denn wir sind gesegnet mit einem Sinn für neue Formen von Zeit, Raum und Schönheit, der uns durch unser Gehör und nicht durch unsere Augen berührt, eine Erfahrung die sowohl in der äußeren Welt als auch auf osmotische Weise im Innern stattfindet. Jetzt ist es nicht mehr erforderlich, Teilchen zu messen, sondern Wellen zu erfahren...

Wenn alle materiellen Formen auch koordinierte Wellen sind, dann könnte unsere Umgebung als gefrorene bezw. aufgetaute Musik betrachtet werden. Gesundheit und Frieden könnten somit im wesentlichen eine "Einstimmung" der Materie auf eine bestimmte Frequenz sein, die wir als die persönlichen Sinfonien manifestieren können, zu denen wir bestimmt sind.

Das echte **Geheimnis der Musik** beginnt mit dem **Unverständnis, daß Wellen reine dynamische Energie sind.** Meereswellen benutzen beispielsweise Wasser, um sich zu manifestieren; aber die Wellen sind nicht das Wasser. Das Wasser registriert lediglich die Stärke und Richtung der Wellenenergie. Durch Messen des Verhaltens von Wasser ergeben sich Rückschlüsse auf die Energie der Welle. Was läßt sich dadurch über das Wesen der Welle selbst erfahren? Die Welle ist offensichtlich existent, da sie das Wasser bewegt - und bleibt doch geheimnisvoll, weil uns ihr inneres Wesen verborgen ist.

Den Menschen zutiefst bewegend

Die Energie von Klängen und Tönen bewegt die Menschen auf eine nicht nur meßbare Weise - und jeder Mensch reagiert anders. Die begeisterten Bravorufe bei westlichen Konzerten oder das Wah! Wah! bei indischen Veranstaltungen können in Dezibel gemessen werden. Aber ist das die richtige Messung? Wenn wir von Musik zu Tränen gerührt werden, was messen wir: die Menge der Tränen, die unsere Wangen herunter fließen? Was ist, wenn wir innerlich aufgewühlt, und doch in tränenlosem, dumpfem, versteinertem Staunen verharren? Tonenergie steht in Verbindung mit meßbaren Schwingungen von Saiten eines Instruments oder von Luftmolekülen. Aber das erklärt nicht, warum sie uns so bewegt - und warum sie uns auf so verschiedene Art und Weise bewegt. Die Welt der Musik geht über wissenschaftliche Meßbarkeit hinaus.

Musik hat Macht über die meisten Menschen, obwohl Verständnis und Würdigung des einzelnen unterschiedlich sein mögen. Der Einfluß der Musik belebt, besänftigt oder regt an. Wenn man nicht nur hört, sondern wirklich zuhört, ist es nicht ungewöhnlich, eine Euphorie zu erleben, die der Ekstase nahekommt. Oder genauer gesagt, Hingabe ist erforderlich, die über bloße Interaktion hinausgeht. Dieser Aspekt ist wirklich von großer Bedeutung, wenn man den Wunsch hat, *"zu Musik zu werden"* - ein Quantensprung über den Zustand "musikalisch werden" und mehrere Quantensprünge über den Zustand "aufmerksam zuhören" hinaus. Für Erfahrungen an der Grenze zum Einssein ist das Aufgeben des "alltäglichen Selbst" ein wesentlicher Aspekt (siehe Kapitel 4).

Wir sind heutzutage umgeben von der verschiedensten Musik aus dem Radio, dem Fernseher und den großen Anlagen kommerzieller Betriebe. Das Ergebnis ist, daß mehr Zahnpasta oder anderes verkauft wird. Musik wird zur Luft, die man unbewußt einatmet. Selbst wirklich Zuzuhören wird ein Akt bewußter Anstrengung. Der echte Musikliebhaber ist wie ein Yogi, für den der banale Akt des Atmens zu einer tiefen spirituellen Erfahrung werden kann

Im Vergleich zum Auge ist das *Ohr* wahrnehmungsfähiger - einige würden sagen, es ist *ein "weiblicheres" Sinnesorgan.* Einige erkennen einen Unterschied in der relativen Ruhe eines Blinden und dem Verhalten eines Tauben - der Blinde erscheint weniger abgetrennt von der äußeren Welt. Vielleicht beantworten Sie sich selbst einmal die Frage: Was würde ich vorziehen, absolut nichts zu sehen oder absolut nichts zu hören? Eine andere Frage mit einem leicht verschobenen Schwerpunkt wäre: Würden Sie bei guter Funktionsweise aller fünf Sinne in einer Welt ohne Töne oder in einer Welt ohne Licht und Farben glücklicher sein? Denken Sie darüber nach. Die Antwort ist unterschiedlich und hängt davon ab, wie sie normalerweise auf die Ungewißheiten des Lebens reagieren... eher aggressiv männlich oder rezeptiv weiblich (und zwar unabhängig von Ihrem Geschlecht). - Innerhalb einer Person gibt es verschiedene Ebenen und "Instanzen", und jede von ihnen scheint auf eine andere Musikart zu reagieren und entsprechend ihrer Fähigkeit zur Mitte zu drängen. Es geht weniger darum, welche Ebene höher oder tiefer ist. Die Frage ist vielmehr: Wie können die verschiedenen Ebenen integriert und in eine fruchtbare Beziehung zu diesem **"Zentrum der Ruhe" in unserem Innern** gebracht werden, wo wir uns selbst am nächsten sind? Die Ebene, die auf die rhythmische Faszination von Popmusik reagiert, kann bei vielen hoch gebildeten, intellektuellen Persönlichkeiten relativ unterentwickelt und wenig integriert sein. Auf ähnliche Weise ist dies bei der Ebene möglich, die dem herzzerreißenden Alleinsein (nicht mit Einsamkeit zu verwechseln) einiger Passagen aus Chopins "Nocturno" entspricht, wie es beispielsweise bei vielen jungen Menschen in den großen Städten der Welt der Fall ist.

Wenn man von Zeit zu Zeit aufmerksam und ohne Vorurteile oder Erwartungshaltungen auf eine neue Musikart zugehen würde, der man niemals zuvor richtig zugehört hat, könnte man einen Bereich im eigenen Innern entdecken, der bisher unerweckt geblieben ist, der sich jedoch danach sehnt, lebendig zu werden und zu singen. Diese Wahrheit habe ich selbst in Bombay, meiner Heimatstadt, bei vielen der westlichen Kultur verbundenen jungen Leuten erlebt, die sich bemüht haben, ihrer eigenen indischen klassischen Musik einmal sehr aufmerksam zuzuhören. Viele sagten, es sei so gewesen, als habe sich in ihnen eine völlig neue Welt geöffnet, die entdeckt und erforscht werden wollte. Ich hätte es wissen müssen - ich erlebte dasselbe mit fünfundvierzig Jahren.

Das gesamte Universum durchtönend

Bisher lag unser Schwerpunkt ganz speziell beim Menschen. Wir unterscheiden uns von den nichtmenschlichen Teilen dieser Welt unter anderem durch die bewußte Erkenntnis, daß es tatsächlich eine Musik gibt, die alles durchdringt. Musik ist durchtränkt von Harmonie*, sei es in Form des Akkords*, bei dem verschiedene Noten gleichzeitig anklingen (wie es bei der westlichen Musik der Fall ist) oder als eine Folge getrennter Noten, deren lineare harmonische Beziehungen zärtlich erforscht werden (wie bei der indischen Musik). Erstaunlich dabei ist, daß die von uns als harmonische Beziehungen zwischen den Noten wahrgenommene Musik eine solide mathematische Grundlage hat, deren wundersamer Widerhall sich von den Bewegungen der Himmelskörper bis zum Tanz der Atome, aus denen alle Materie besteht, erstreckt.

Guy Murchie, Autor des Buches "Music of the Spheres" (bemerkenswert in bezug auf das dargelegte Wissen) hat in diesem Zusammenhang das folgende zu sagen:

> "Darf ich einen kurzen Überblick über die in diesem Buch erwähnten Hauptarten der Musik der Sphären geben? Da sind zuerst die harmonischen Siebenton-Intervalle der von Pythagoras untersuchten Tonleiter, die bestimmte Entsprechungen zu den Intervallen der 7 Planeten der Antike und vielleicht zu den 7 Schalen des modernen Atoms haben...
>
> Als nächstes sind da die Wellenverhältnisse, welche die Meereswellen (Wellengruppen gegenüber Einzelwellen), Dünen, Schneeverwehungen, Gezeiten, Moleküle, Atome und andere Formen

fließender Energie lenken und formen - die Harmonien und Schwingungsknoten in Pendelbewegungen, Spannkraft und alle Arten elastischer, chemischer, elektromagnetischer und lebender Körper.

Dann die Radien der Atomschalen, den Gesetzen einfacher Quadrate entsprechend 1, 4, 16, 25... und die Anzahl der Elektronen auf den Atomschalen im Gesetz von Doppelquadraten 2, 8, 18, 32, 50,... und die 32 Gliederungen identischer Objekte im Raum, die verschiedenen Reihen, Mittel und Schnitte - sowohl arithmetisch als auch harmonisch - und so weiter und so weiter...

Die Bedeutung dieser anscheinend endlosen Musik besteht für mich darin, daß das Atom nicht nur singt, sondern in Harmonie mit den Sternen singt und mit seiner ganzen Verfaßtheit in Raum-Zeit in bedeutsamer Harmonie mit anderen Atomen und mit allen Arten bekannter und unbekannter Energien widerhallt."

Sein Fokus liegt auf dem Gedanken, daß Musik überall in den Nischen und Ecken und Irrgärten der materiellen Welt zu finden ist. Eine bewußte Komposition aus Materie und Geist kann kaum umhin, darauf zu reagieren. Das Flüstern der Musik umgibt uns überall und kommt selbst aus den entferntesten Galaxien und Pulsaren zu uns. Der Mensch bewegt sich in diesem alle Räume und Zeiten füllenden Gesang des Universums, wird durch ihn geformt und zerfließt in ihm. Hören Sie zu?

Als Alternative könnte man sich den prophetischen Worten von*W.B.Yeats* zuwenden:

"Drehend und wendend in weitenden Kreisen
Kann der Falke den Falkner nicht hören.
Dinge zerfallen; die Mitte kann nicht halten...".

Mit *Rabindranath Tagore* aber sollten wir immer wieder einmal fragen:

"Welche Musik ist das, in deren Rhythmus die Welt schwingt?
Wir lachen, wenn sie auf dem Wellenkamm des Lebens tanzt,
wir schaudern entsetzt, wenn sie in die Tiefe zurücksinkt.
Aber das Spiel ist dasselbe, das kommt und geht
mit dem Rhythmus der endlosen Weise... ".

B. DIE WELT DER TÖNE

James Agee (in "Let us now Praise Famous Men", 1939) vertrat in bezug auf die 7. Sinfonie von Beethoven die folgende Meinung:

> "Ich empfehle dir folgenden Test. Er ist unkorrekt. Die Karten sind vorgemischt. Er ist nicht in Übereinstimmung mit dem, was der Komponist beabsichtigte. Um so besser. - Stelle ein Radio oder ein Grammophon auf die höchstmögliche Lautstärke, setz dich hin und höre dir die Wiedergabe von Beethovens 7. Symphonie an... Wenn sie dir weh tut, freu dich darüber. So nah wie möglich geh in sie hinein, nicht nur hinein - werde zur Musik; dein Körper ist nicht mehr deine Form und deine Substanz, sondern wird zur Form und Substanz der Musik. Klingt sie hübsch? Oder schön? Oder richtig? Oder annehmbar in feiner Gesellschaft? Oder einer anderen? Weil nicht berechenbar, ist sie für das Gleichgewicht im menschlichen Leben so wie sie ist, ungezähmt und gefährlich und mörderisch; und nichts gleicht dieser Vergewaltigung des Todes; nichts außer etwas - irgend etwas in Existenz oder Traum. Irgend etwas spürt irgendwo in der Ferne auf seine wahre Dimension hin.
> Beethoven sagte etwas, was so gewagt und edel wie das Beste seiner Werke ist. Soweit ich mich erinnern kann, sagte er: 'Wer meine Musik versteht, kann nie wieder unglücklich sein'. Das glaube ich."

Man kann sich die Partitur der 7. Sinfonie besorgen und die darin enthaltenen Noten sorgfältig studieren. Diese verschiedenen Noten, die auf mehreren Instrumenten gespielt werden, erreichen das Ohr in einem komplexen Tonbündel, das mit verschiedenen Frequenzen schwingt. Diese treffen auf das Trommelfell und werden mechanisch verstärkt (durch das Hammer-Amboß-Steigbügel-System im Ohr), bevor sie ein Fenster erreichen, durch das die Schwingung zur Ohrschnecke im Innenohr geleitet wird.

Die Ohrschnecke ist ein mit Flüssigkeit gefüllter Kanal mit einer Basalmembran und Härchen verschiedener Länge mit einer Resonanzfähigkeit bei unterschiedlichen Frequenzen. Von den eintreffenden, unterschiedlichen Frequenzen werden daher einige Härchen gebogen und andere nicht. Dies führt zu einer Depolarisation der Membran, zur Freisetzung gespeicherter Chemikalien und zur Erregung spezifischer Hörnerven, die mit bestimmten Bereichen der Gehirnrinde verbunden sind. Tatsächlich könnte man also sagen, daß sich im Innenohr das Gegenstück einer Klaviertastatur befindet, die Taste für Taste mit einer anderen Klaviertastatur im Gehirn verbunden ist! Die erste Tastatur reagiert auf akustische, die zweite auf elektrische Signale. Über das Innenohr erfolgt die Umwandlung von akustischer Energie in elektrische Energie, und zwar schnell und wirkungsvoll.

Wahrlich ein wundervolles System, obwohl hier nur ansatzweise beschrieben! Es wäre für jedermann eine Herausforderung, die präzise Wahrscheinlichkeit zu errechnen, mit der sich ein so kompliziertes Organ *rein zufällig* über *natürliche Selektion durch geringfügige Mutationen* entwickeln konnte. - Aber es gibt etwas noch Wundervolleres: Die Wirkung der 7. Sinfonie auf James Agee! Wenn man noch einmal sorgfältig liest: zunächst die Wiedergabe der leidenschaftlichen, subjektiven Erfahrung von James Agee, und dann die objektive wissenschaftliche "Erklärung" dieser Erfahrung - ist diese "Erklärung" zufriedenstellend?

Nur in der Welt der Töne gibt es eine Tonika: eine Grundnote mit starker magnetischer Anziehungskraft auf alle anderen Noten der Tonleiter. Die dominante fünfte und dritte Note üben ebenfalls Anziehungskräfte aus, die ebenso real, wenn auch anders und weniger stark sind. Indische Musiker unterscheiden in einem Raga*, welche Noten Vadi (König) und welche Samvadi (Minister), Anuvadi (Diener) und Vivadi (Feind) sind.

Bei jeder Art von Musik wird - wohl überlegt oder spontan - mit den vielfältigen, unmeßbaren, magnetischen Effekten von Tönen gearbeitet. Musikalische Kompositionen sind endlose Spiele, in denen die verschiedenen Töne vertauscht und kombiniert werden und eine unterschiedliche Anziehungskraft auf den Zuhörer ausüben. Die "Klaviere" im Ohr und Gehirn können die Schwingungen wahrnehmen - für die dynamischen Wirkungen der Töne sind sie nicht zuständig. Die Welt der Töne manifestiert sich somit als rein dynamische Welt qualitativer, kraftvoller Spannungen, die uns bewegen können. In der Welt der Töne lassen sich die wirklich bedeutsamen Wirkungen nicht mengenmäßig erfassen, während Raum und Zeit einen strahlenden und ätherischen Glanz erhalten.

Eine Brücke zwischen der inneren und äußeren Welt

Einige sinnvolle Erkenntnisse für diese Zusammenhänge finden sich in "Sound and Symbol - Music and the External World" von *Victor Zukkerkandl.* Dazu nachfolgende Zitate aus seinem Schlußkapitel (Betonung von mir):

• "Als *Seele* gehöre ich in den großen Zusammenhang der *inneren* Welt, ebenso wie ich als *Körper* Teil des großen Zusammenhangs der *äußeren* Welt bin... - Die Musik bringt eine Lebensweise der inneren Welt, meiner Seele zum Ausdruck."

• "Der *Ton* ist der Punkt, wo die Welt, der unsere Sinne begegnen, durchlässig wird für nichtphysikalische Kräfte, wobei wir als Wahrnehmende uns einer rein *dynamischen Realität* gegenübergestellt sehen - der Punkt, an dem die *äußere* Welt ihr Geheimnis preisgibt und sich sofort als Symbol zeigt."

• "Im normalen Sprachgebrauch müßten wir sagen, daß jede Musik dasselbe bedeutet: *nichts* - was in diesem Fall nicht heißen soll: nichtexistierend oder nicht real. Denn es ist so *real* wie die Musik... Töne erhalten für unsere reale Wahrnehmung eine Dimension einer *Welt* aufrecht, die... jeden Sprachgebrauch übersteigt."

• "Die musikalische Vorstellung der *äußeren* Welt ist: die Natur ist erfüllt *mit immateriellen Kräften,* die rein dynamischen gehen über die physikalischen hinaus: Raum, ohne Unterscheidung von Ort und Zeit, sind in der Vergangenheit und Zukunft in der Gegenwart zusammen: die Erfahrung der Welt in Form einer Teilnahme, die sowohl die *äußere, wie auch die innere Welt durchdringt."*

• "Die *musikalische Sichtweise* des Universums unterscheidet sich von der *religiösen* dadurch, daß man sie nicht durch Glauben und Offenbarung erlangt, sondern durch Sinneswahrnehmungen und Beobachtung. Das *rein dynamische, nichtphysikalische* Element der Natur, dem wir bei dem musikalischen Erlebnis begegnen, *ist nicht Gott.* **Die musikalische Sichtweise für eine Brücke zwischen der religiösen und der wissenschaftlichen Sichtweise zu halten ist kein reiner Unsinn."**

Das geheimnisvolle Wesen der Musik läßt sich wohl kaum genauer und tiefer empfunden ausdrücken. Seine Schlußfolgerungen zieht Zuckerkandl erst nach mehreren Kapiteln, in denen eine sorgfältige und tiefgründige Analyse der Welt erfolgt, die uns durch die Kraft der Töne eröffnet wird.

Das erste Zitat von Zuckerkandl verbindet die Ausdrucksform Musik direkt mit der Psyche, das heißt mit dem Innersten des Menschen. Die beiden folgenden Zitate sprechen über Töne. Die physikalischen Schwingungen beeinflussen die Sinne. Über die Sinneswahrnehmungen erlebt die Psyche jedoch rein dynamische, nichtphysikalische Kräfte. Tonale Musik ermöglicht es somit dem Menschen, eine Dimension der externen Welt zu erleben, die weit über Worte hinausgeht. Die materielle äußere Welt kann somit ihren symbolischen Charakter entschleiern.

An anderer Stelle erläutert Zuckerkandl, daß das "musikalische Konzept der externen Welt" (viertes Zitat) Parallelen zu den Erkenntnissen der modernen Physik aufweist. Wer Kapitel 4 aufmerksam gelesen hat, kann darüber hinaus bestimmte Resonanzen zwischen der Erfahrung des Einsseins und der musikalischen Wahrnehmung von Raum und Zeit und ihrer wechselseitigen Durchdringung feststellen.

Im letzten Zitat sieht Zuckerkandl die musikalische Sicht des Universums als eine *Brücke zwischen der wissenschaftlichen und der religiösen Sicht* und betont, daß die letztere Sicht durch Glauben und Offenbarung erreicht wird. In der Mystik erwirbt man Wissen jedoch durch die direkte Erfahrung. Eher wahrscheinlich ist, daß er die nichtphysikalischen Kräfte weit direkter als der Musiker erlebt, und für ihn wird die Göttlichkeit in dieser Welt leichter sichtbar. *Mystik und Religion sind nicht dasselbe,* obwohl die Beziehung oft eng sein kann.

Man muß kein Mystiker sein, um Zuckerkandls Aussagen über die Welt der Musik durch direkte Erfahrungen zu bestätigen. Es reicht völlig aus, sich gründlich in eine ruhige, tiefe und über Worte hinaus gehende Komposition zu versenken. "Elvira Madigan" (oder besser noch das Original: der zweite Satz von Mozarts Klavierkonzert Nr. 2) ist bestens dazu geeignet. - Jeder Musikliebhaber wird wahrscheinlich wenigstens eine Komposition kennen, die ihn in die ätherische Welt reiner, dynamischer Form bringt, wo der Raum nicht mit Orten in Verbindung erlebt wird, wo sich die Gegenwart mit der Vergangenheit und der Zukunft vermischt und wo das wahre Selbst voller Freude fühlt: "Ich bin zu Hause".

Der Dichter *Hermann Hesse* drückt etwas von dieser Erfahrung in seinem Gedicht "Orgelspiel" aus, dem die folgenden Verse entnommen sind:

> Seufzend durch Gewölbe zieht, und wieder dröhnend,
> Orgelspiel. Andächtige Gläubige hören,
> Wie vielstimmig in verschlungenen Chören,
> Sehnsucht, Trauer, Engelfreude tönend,
> Sich Musik aufbaut zu geistigen Räumen,
> Sich verloren wiegt in seligen Träumen,
> Firmanente baut aus tönenden Sternen,

Deren goldene Kugeln sich umkreisen,
Sich umwerben, nähern und entfernen,
Immer weiter schwingen sonnwärts reisen,
Bis es scheint, es sei die Welt durchlichtet,
Ein Kristall, in dessen klaren Netzen
Hundertfach nach reinlichsten Gesetzen
Gottes lichter Geist sich selber dichtet.
Daß aus Blättern voll von Notenzeichen
Solche weitgeschwungenen, geistdurchsonnten,
Solche Welt- und Sternenchöre werden konnten,
Daß ein Orgelpfeiferchor sie in sich banne,
Ist es nicht ein Wunder ohnegleichen?
Daß ein Musikant am Manuale
Sie mit eines Menschen Kraft umspanne?
Daß ein Volk von Hörern sie verstehe,
Mit erschwinge, töne, mit erstrahle,
Mit hinauf ins tönende Weltall wehe.
... Und so fließt im unterirdisch Dunklen
Ewig fort der heilige Strom, es funkeln
Aus der Tiefe manchmal seine Töne;
Wer sie hört, spürt ein Geheimnis walten,
Sieht es fliehen, wünscht es festzuhalten,
Brennt vor Heimweh. Denn er ahnt das Schöne."

C. WERDEN KOMPOSITIONEN ENTDECKT ODER ERFUNDEN?

In der westlichen klassischen Musik komponiert der Komponist eine Partitur, nach der andere Musiker spielen. Wurde die Komposition entdeckt oder erfunden? Schubert, "der poetischste aller Musiker", hat eine große Anzahl wunderbarer Melodien produziert: Woher kamen sie? Wie kann man die freudige, erhebende Musik erklären, die von einigen schwerkranken und tief bekümmerten Komponisten erschaffen wird? Mozart war der Typ Komponist, dem scheinbar seine Kompositionen als wundervoll koordiniertes Ganzes "geschenkt" wurden, in die er später nur noch die verschiedenen Teile einfügte. Es scheint, als habe Mozart im Grunde das, was er in einer Welt voller wunderschöner, musikalischer Formen "sah", lediglich niedergeschrieben. Beethoven dagegen mußte (wie seine Notizen zeigen) oft lange mit sich kämpfen , bevor er seinen Kompositionen erlaubte, sich frei zu entfalten. Beethovens Musik scheint seine inneren Erfahrungen widerzuspiegeln und mit der Tiefe seiner Erfahrungen zu reifen. Auf die Gegensätze zwischen Mozart und Beethoven werden wir später noch näher eingehen. - *De-*

bussy sprach von dem *"geheimnisvollen Einklang zwischen Natur und Vorstellung"*. Er sagte ebenfalls: "Wieviel muß erforscht und wieviel abgelegt werden, bevor man das nackte Fleisch des Gefühls erreicht." Diese Worte werden in seinen Kompositionen lebendig und liefern Hinweise auf die Quellen seiner musikalischen Vorstellungskraft.

Es gibt Zeiten, in denen die Welt der Töne sich mit Strömungen trifft, die Furchen in das menschliche Herz graben.
Nehmen Sie das Leben von Chopin, der das Musikstück "In mir erklingt ein Lied" komponierte, und denken Sie einmal darüber nach, warum Musik so oft die Worte von *Edgar Watson Howe* widerspiegelt:

"Wenn Menschen gute Musik hören, bekommen sie Heimweh nach etwas, was sie niemals hatten und niemals haben werden."

Zur verzauberten Dunkelheit gehört:

> "In einem jedem verborgen ist ein einzigartiges Lied,
> das darauf wartet gesungen zu werden.
> Glücklich der Mensch, der es lernt,
> darauf zu hören und danach zu tanzen".

Die Frage, ob eine Komposition entdeckt oder erfunden wird, stellt sich ganz besonders bei der klassischen Musik Indiens, in der es keine festgelegte Partitur gibt. Bei jeder Vorstellung entspringt die Musik frisch und neu aus einem warmen offenen Herzen. Der Vorstellung gehen mehrere Jahre stundenlanger Übung unter direkter Anleitung eines Meistermusikers voraus. Der Schüler lernt allmählich, eins zu werden mit einer bestimmten Stimmung über das spezifische, jedem Raga* eigenen Notenmuster. Mit der Zeit ist der geschulte Musiker in der Lage, eine Aufführung zu geben, in der Entdeckung und Erfindung untrennbar miteinander verbunden sind. Dies ist nur ein anderer Weg, sich von der Welt der Töne tragen zu lassen. - Wenige haben die so entstandene Musik ähnlich einfühlsam beschrieben wie *Ananda Coomaraswami:*

> "Die Wunder, die diese Musik bewirkt, werden weit übertroffen von ihrer Wirkung auf unser innerstes Wesen. Der Sänger ist noch immer der Zauberer, das Lied eine rituelle, heilige Zeremonie, ein innerer Kampf, der das Rad der Vorstellungen und Empfindungen zur Ruhe bringen soll, die uns allein am Kontakt zur Wirklichkeit hindern. Um diesen inneren Kampf einzuleiten, muß der Zuhörer mit dem Musiker zusammenarbeiten, indem er seinen Willen aufgibt und seine ruhelosen Gedanken auf einen einzigen Punkt kon-

zentriert. Neugierde oder Bewunderung sind hier nicht angebracht."

Vor kurzem überraschte mich eine der bekanntesten Sängerinnen Indiens mit dem Ausspruch: *"Ich singe für IHN! Es ist, als würden wir uns lieben. Wie kann es also jedesmal dasselbe sein?"* Sowohl für den Sänger als auch für die Zuhörer ist es jedesmal eine neue Kreation. In dem strengen Muster einer Raga wird die Musik jedesmal aus den Tiefen der Leere neu erschaffen. - Das unermüdliche Dröhnen der Tampura im Hintergrund hat die Aufgabe, das undifferenzierte Rohmaterial zu liefern, aus dem der Gesang immer wieder frisch und schön und jedesmal neu erschaffen wird. Das Dröhnen zollt der fruchtbaren Vielfalt der verborgenen unangeschlagenen Töne Tribut. Die Klänge treten aus der üppigen Fülle der tonlosen Leere hervor und kehren wieder in sie zurück.

An dieser Stelle ein weiteres, besonders passendes Zitat von *Coomaraswami*:

> "Diese indische Musik ist im wesentlichen unpersönlich: Sie reflektiert ein Gefühl und eine Erfahrung, die tiefer und weiter und älter als das Gefühl oder die Weisheit einer einzigen Person sind. Ihre Sorgen haben keine Tränen, ihre Freude ist ohne Frohlocken und ihre Leidenschaft ohne Verlust der Ruhe. Sie ist im tiefsten Sinne des Wortes allmenschlich".

Koelreutter meint, daß der **Gegensatz zwischen westlicher und indischer Musik** zwei verschiedene Bewußtseinsarten offenbare. *"Das westliche Bewußtsein ist rational und betont die Trennung des Ichs von der Welt. Das indische Bewußtsein ist intuitiv und betont nicht das Ich, sondern das Eingebettet sein in der Welt"*. Die westliche Musik unterteilt einen Satz in eine numerische, richtungsbezogene Sequenz. In der indischen Musik ist Zeit psychischer Art und wird erfahren - Vergangenheit, Gegenwart und Zukunft spielen kaum eine Rolle. Bei der westlichen Musik erzeugt das Gespräch zwischen Mensch und Welt Gegensätze und führt schließlich zur Synthese. Der indischen Musik ist es fremd, Spannung durch gegensätzliche Kontraste zu erzeugen. Die westliche Musik feiert die Gefühle der Menschen und die Empfindungen des einzelnen. Indische Musik ist die Erforschung der Gemeinsamkeiten des menschlichen Geistes.

Die wunderschönen Phänomene auf der Oberfläche des grenzenlosen Ozeans der Musik werden besser durch die westlichen Formen der Musik dargestellt: die schäumende Gischt des Meeres, Übergänge von

Licht und Farben, die langen sich türmenden Wogen und das Brechen gigantischer Wellen. Aber wenn der Wein des Lebens reift, mag sich eine unerklärliche Sehnsucht einstellen, sich in den Abgründen zu verlieren. Indische Musik erinnert uns daran, daß sich der gesamte Ozean mit jeder Welle bewegt und daß die tonlosen Tiefen mit Wundern einer anderen Art durchdrungen sind, die bis ans Ende der Zeit entdeckt werden wollen.

In den letzten Jahren dieses sich seinem Ende neigenden Jahrtausends scheint es offensichtlich, daß die Menschheit sich einer **globalen Spiritualität** zubewegen muß, in der die wechselseitigen Werte von Ost und West ihr ureigenes Zentrum finden. Um über etwas hinauszugehen - sei es über Poesie oder Musik oder das einzelne Leben oder das Leben selbst - ist es erforderlich, daß das bewußte Selbst in Etwas oder Jemanden mit magnetischer Anziehungskraft verschmilzt.

Aus diesem Grund wurde in Indien - zumindest für den Bereich der Musik - die Idee des Nada Brahman* entwickelt. Wörtlich bedeutet dies "Die Gottheit (Brahman) als Ton (Nada)". Diese Worte tragen einen Reichtum in sich, der mich ermutigt, "Mysterium als Musik", zu bezeichnen, zu sagen: GOTT IST MUSIK.
Dazu die Zeilen von dem Weisen *Matanga Muni:*

"Ohne Nada kein Gesang -
Ohne Nada keine Noten,
Ohne Nada kein rhythmisches Bewegen.
Also ist das ganze Universum verkörpertes Nada."

Rainer Maria Rilke deutet Ähnliches in der "Sonette an Orpheus" an:

"Wandelt sich rasch auch die Welt
wie Wolkengestalten,
alles Vollendete fällt
heim zum Uralten.

Über dem Wandel und Gang,
weiter und freier,
währt noch dein Vor-Gesang,
Gott mit der Leier.

Nicht sind die Leiden erkannt,
nicht ist die Liebe gelernt
und was im Tod uns entfernt,

ist nicht entschleiert.
Einzig das Lied überm Land
heiligt und feiert".

Schließen wir dieses Kapitel über Musik mit Versen von *Rabindranath Tagore:*

"Mein ganzes Leben lang habe ich mit meinen Liedern Dich gesucht.
Sie haben mich von Tür zu Tür geführt, mit ihnen hab ich
Suchend, tastend meine Welt erfüllt.

Sie lehrten mich das Wissen, das ich je gelernt,
Sie zeigten mir geheime Pfade, brachten vor mein Auge manchen
Stern am Horizonte meines Herzens.

Sie führten mich, so lang der Tag auch währte,
Zu den Geheimnissen des Reichs der Freuden und der Schmerzen,
Und zuletzt - zu welchem Schloßportale haben sie am Abend,
Am Ende meiner Reise mich geleitet?"

("Gitanjali", Cantus 101)

"Trunken in der Freude des Gesanges
Verzehre ich mich selbst und nenne Dich,
Der Du mein Herr bist, Freund.
Ich weiß nicht, wie Du singst, mein Meister!
Ich kann nur immer lauschen und betroffen schweigen.

Deiner Töne Lichter hellt die Welt.
Deiner Töne Odem schwingt vom Himmel
Sich zu Himmeln fort.
Deiner Töne heilige Ströme brechen
Über Felsenbarren brausend hin.

Mein Herz verlangt, mit einzuklingen in Dein Lied.
Doch, ach, vergeblich müht es sich um eine Stimme.
Ich würde sprechen, aber Sprache wird nicht zum Gesang
Und erstickt in Tränen.
Ach, mein Herz ist in den Maschen Deiner Töne,
In einem Netze ohne Ende Dein Gefangener,
Mein Meister."

("Gitanjali", Cantus 3)

MYSTIK: EIN QUANTENSPRUNG DER VERZAUBERUNG

EINFÜHRUNG

> "Die Wissenschaft kann letztendlich die Mystik der Natur nicht lösen. Das liegt daran, daß wir am Ende selbst Teil der Mystik sind, die wir zu lösen trachten."
>
> - Max Planck -

Wie viele andere Pioniere der Quantenrevolution war auch *Max Planck* ein wirklich bescheidener Mensch, wahrheitsliebend und zurückhaltend, sich seiner Erfolge und der Grenzen aller wissenschaftlichen Forschung gleichermaßen bewußt. Er - als Wissenschaftler - wußte, was er nicht wußte und was er nicht wissen konnte.

Arthur Stanley Eddington , der von vielen als der hervorragendste Astrophysiker seiner Zeit betrachtet wurde, konnte zugeben:

> "Wir haben gelernt, daß die Erforschung der äußeren Welt durch physikalische Methoden nicht in eine konkrete Wirklichkeit führt, sondern in eine Schattenwelt voller Symbole, in deren Tiefe diese Methoden keine Durchdringungskraft besitzen."

In seinem faszinierenden Buch "Quantum Questions: Mystical Writings of the World's great Physicists" hat *Ken Wilber* die wichtigsten "mystischen" Aussagen von Heisenberg, Schrödinger, Einstein, de Broglie, Jeans, Planck, Pauli und Eddington zusammengefaßt. Die ausdrückliche Absicht von Wilber war es, zu zeigen, daß "sie alle im wesentlichen darin übereinstimmen, daß die **moderne Physik ein mystisch-spirituelles Weltbild weder beweist noch leugnet, weder unterstützt noch widerlegt"** (Betonung von mir).

In der ersten Hälfte dieses Jahrhunderts entwickelten viele der bekanntesten Physiker ein tiefes Interesse an der Mystik; sie wußten jedoch, daß mystisches Wissen über das hinausging, was von der Physik bewiesen oder widerlegt werden konnte. Später legte sich das Interesse an der Mystik wieder. Heute sind einige bekannte Physiker, beispielsweise Hawking oder Wheeler, verständlicherweise irritiert, daß "weniger hervorragende" Physiker behaupten, die moderne Physik unterstütze die Mystik!

Ein "Mystiker" wird von vielen Menschen häufig mit einer unpraktischen, weltfremden Person gleichgesetzt. Wie die nächsten Kapitel jedoch aufzeigen werden, ist der *Mystiker ein Mensch mit wirklichem Wissen, der vollkommen im Universum zu Hause ist und der uns daran erinnert, wer wir sind und was wir sein können.*

In diesen Kapiteln wird in der Tat die bedeutsame Frage nicht vermieden, ob zum mikrokosmischen Wesen des Menschen das Göttliche gehört...

Es kann nicht genug betont werden, daß die **Quelle** des mystischen Wissens **direkte Erfahrung** ist. Wenn die Aussagen eines Mystikers völlig unvoreingenommen untersucht werden sollen, so muß man sich auf einen langen, mühsamen Weg begeben, bevor man beschenkt wird mit einem Wissen und einer Freude jenseits dessen, was man beschreiben kann. Der Gott der Mystiker ist identisch mit dem "Großen Mysterium" - er unterscheidet sich bedauerlicherweise erheblich von dem "Gott" bezw. der Vorstellung von Gott einiger gläubiger Menschen.

Wenn man sich mit der oft unverständlich erscheinenden Begeisterung von Mystikern aller Zeiten auseinandergesetzt hat, kann man vielleicht verstehen, was es heißt, wenn die Unendlichkeit an einem Punkt unbeschreiblicher Schönheit und Liebe zusammenschmilzt. Die "Musik", die man dann hören kann, geht über bloßes Hören und jede "Wissenschaft" über das Verstehen hinaus. Die Verzauberung macht einen Quantensprung; die Dunkelheit läuft über in neue Abgründe voller Wunder.

Nachstehend das "Menü" zum Thema Mystik:

Kapitel 7 stellt die Frage: "Warum sollte man sich mit Mystikern beschäftigen?"

Kapitel 8 liefert Einzelheiten über einige Mystiker mit ihren verschiedensten Hintergründen.

Kapitel 9 untersucht Daten von Neurologen und Psychologen.

Kapitel 10 spricht über Mystikerinnen als echte Feministinnen ihrer Zeit.

Kapitel 11 behandelt "Schönheit" im Leben von Tagore, Penrose und Beethoven.

Kapitel 12 verliert sich in den Tiefen der Göttlichkeit ...

KAPITEL 7

WARUM SOLLTE MAN SICH MIT MYSTIKERN BESCHÄFTIGEN?

"Vielleicht kann die Vollkommenheit der Natur von den Menschen, die selbst nicht vollkommen sind, nicht gesehen werden."

- Jacob Needleman -

Ja, wirklich, warum sollte man sich eigentlich mit Mystikern beschäftigen? Eine ehrliche Frage, die eine ehrliche Antwort verdient. Für die meisten von uns scheint es so viele andere Dinge zu geben, die wichtiger sind. - Vielleicht sollte ich mich ein wenig schuldig fühlen, die Zeit meiner Leser mit diesen wenig bekannten und ziemlich undefinierbaren Persönlichkeiten zu vergeuden. Sie scheinen in einer völlig von der menschlichen Realität getrennten Traumwelt zu leben! Wenn sie wichtig sind, warum hören wir dann so wenig von ihnen? Welche Bedeutung haben diese Mystiker für die sensiblen und selbstlosen Geister unserer Zeit - für die Künstler und Dichter, oder die heldenhaften Einzelkämpfer, die sich uneigennützig für die Benachteiligten dieser Welt einsetzen? Was könnten uns Mystiker möglicherweise zu sagen haben?

Nun, was sie uns zu sagen haben, ist sowohl nichts als auch alles. Sie arbeiten in einer Tiefe, wo sich alle Gegensätze strahlend in der Einheit verlieren (dem absoluten Nichts). *Auf dieser Ebene heben sich alle Widersprüche auf und tanzen herum wie Clowns, die uns mit ihrer unerklärlichen Traurigkeit zum Lachen und mit ihrer absurden Freude zum Weinen bringen. Was immer diese Clowns auch sagen oder tun mögen, sie teilen uns wirkungsvoll mit, welch tragische Freude es ist, ein Mensch zu sein. Mystiker sagen uns, wer wir sind.*

Die Welt, in der ein Mystiker vorzugsweise lebt, liegt verborgen in der Urenergie, dem Tao, dem Zustand vor der Teilung in Yin und Yang, durch die in unterschiedlichem Maße die Realitäten unserer bruchstückhaften Existenz entstehen. Haben die Mystiker dann ihre Position im Tao gefestigt, erleben sie ein neues Bewußtsein darüber, wie die "Yin-Yang" Realitäten, die unsere normale Wirklichkeit bilden, zu handhaben sind.

Mystiker - so weiß man - haben, obwohl sie in unserer Welt leben, keinerlei Interesse an Macht und Ansehen. Nach ihrem Tod jedoch üben sie paradoxerweise einen äußerst machtvollen Einfluß auf Millionen von Herzen aus. Viele, die tief von ihnen beeinflußt werden, sind sich oft nicht darüber im klaren, wer da in ihrem Innersten wirkt. Die Intuition der Mystiker gehört zum Erbe der Menschheit und könnte richtig betrachtet die Saat für eine Art "spiritueller Genetik" darstellen.

Wäre es falsch zu behaupten, daß Jesus, Buddha, Teresa von Avila, Shankara, Meister Eckhart, Juliana von Norwich, Dante, Mirabai und unzählige Sufis, Yogis und Zen-Meister noch immer lebendig, machtvoll und äußerst aktiv sind? Die Menschen, die in aller Aufrichtigkeit glauben, von ihnen nicht berührt worden zu sein, haben vielleicht zu wenig Zeit damit verbracht, sich zu fragen, in welcher Welt sie leben würden, hätte es Mystiker nicht gegeben...

Die Gelehrten scheinen sich nicht einigen zu können, wie das Verhältnis zwischen unpersönlicher Mystik (nicht-theistisch) und persönlicher Mystik (theistisch) aussieht. Ich werde auf dieses komplizierte Problem zurückkommen. Viele Schwierigkeiten entstehen durch den kulturellen Hintergrund der verschiedenen Mystiker und ganz besonders durch die Unzulänglichkeit der menschlichen Sprache. Erfahrungen, die jenseits von Konzepten und Vorstellungen liegen, können nicht angemessen beschrieben werden. - Dennoch sollten uns Kontroversen nicht davon abhalten, uns mit Freude dem zu widmen, was uns Mystiker enthüllen können. Gelegentlich könnte der Eindruck entstehen, daß meine Aussagen beispielsweise nicht für Mystiker der indischen *Advaita* * oder der japanischen Zen-Tradition gelten. Meine Ausführungen an dieser Stelle treffen voll auf die Mystiker zu, die ihre Beziehung *zu Gott in persönlicher Weise* aufnehmen. Eine zusätzliche Diskussion wäre nötig, um darzustellen, wie andere Mystiker ihre Erfahrungen beschreiben.

Mystiker sagen uns, wer und was wir sind

Es ist wichtig, was die tiefsten Mystiker zu **sagen** haben, selbst wenn die redegewandtesten unter ihnen darauf bestehen, daß ihre Worte ihr Wissen nicht mit absoluter Klarheit und Gewißheit übermitteln können. Die mystische Erfahrung ist somit unbeschreibbar. Es ist wirklich erfreulich, daß viele Mystiker aus den verschiedensten Ländern umfangreiche Unterlagen über ihre Erfahrungen hinterlassen haben. Wie unzureichend diese den Mystikern selbst auch erscheinen mögen, für uns bleibt Stoff genug für Faszination und Anleitung. - Genauso wichtig ist es, was viele Mystiker **tun**. Einige der bekanntesten haben ihre Intuition in einen kraftvollen Strom der Nächstenliebe und des Dienstes an der Menschheit verwandelt. Getreue Anhänger haben diesen Strom häufig bis in unsere Zeit nicht versiegen lassen. Unter diese Kategorie fallen beispielsweise mehrere christliche Orden.

Der Schwerpunkt liegt jedoch auf der Frage, was Mystiker **sind.** Viele von ihnen wurden in Umständen geboren und erzogen, die sich vom "normalen" Menschen kaum unterscheiden. Aber ihnen gelang in einer tiefen bewußten Weise die Entdeckung, was die meisten Menschen im Laufe der Jahrhunderte stets dunkel vermutet oder wenigstens erhofft hatten:
In jedem von uns gibt es einen göttlichen Funken, und deshalb wird uns das Einssein im Göttlichen erst richtig erfüllen.

Alle wirklichen Mystiker gehören keinem Land oder keiner Kultur ausschließlich an, sondern werden von all denen verehrt, die ihre eigene Menschlichkeit grundsätzlich schätzen. *Durch ihre absolute Bindung an das Göttliche erfahren sie - so behaupten die Mystiker - auf persönliche oder unpersönliche, unsagbar kraftvolle Weise, daß in uns allen etwas existieren muß, das diese Bindung überhaupt erst möglich macht.*

Wer kann für die gesamte Spezies wichtiger sein als ein Mensch, der uns daran erinnert, *wer* wir sind, oder genauer, *was wir sind?* Es gibt eine direkte Verbindung zwischen dieser Erinnerung und der Tatsache, daß viele Mystiker gedankenlos von den dominanten Kräften ihrer eigenen kulturellen oder religiösen Gruppen verfolgt wurden. Personen mit Macht und Ansehen wollen nicht daran erinnert werden, daß sie letztendlich nur genauso wichtig sind wie alle anderen. Die grundsätzliche Gleichheit aller Menschen ist eine mystische Idee, der häufig in der Theorie reichlich Tribut gezollt wird. In der Praxis jedoch erfolgt eine geschickte Verwässerung, damit die Machtverhältnisse auch weiterhin intakt bleiben. Es gibt heute in unserer Welt keine Religion und keinen Staat, die von sich behaupten könnten, echte Demokratie zu praktizieren, trotz aller gegenteiligen Behauptungen.

Die Geschichte hat gezeigt, daß nicht die Verfolger von Mystikern in Erinnerung bleiben und verehrt werden. Diejenigen, die leben und doch tot sind, können kaum damit rechnen, nach dem Tod lebendig zu werden. Mystiker bieten uns wertvolle Einsichten darüber, welche Art von Leben lebenswert ist. Sie sind eine ausgezeichnete Reklame für etwas, das außerhalb aller Ideen, Vorstellungen und Sinne liegt. Sie sind Experten darin, Dinge ruhig in den Hintergrund zu schieben, denen viele irrtümlicherweise große Bedeutung beimessen. Es ist nicht überraschend, daß Mystiker eine schlechte Presse haben: Im herkömmlichen Sinn lohnt es nicht, über sie zu berichten!

Sobald ein mystisches Bewußtsein vorhanden ist, ist es nur noch wichtig, den göttlichen Funken im Innern so lange zu nähren, bis er in ein alles verzehrendes Feuer entflammt. Allein aus diesem Grund gelingt es dem Mystiker, sein eigenes Licht zu entzünden. Ein alter Sufi-Meister drückte die Entwicklung folgendermaßen aus:
"Der Mystiker gibt zuerst alles auf, was nicht den Gesetzen entspricht; dann gibt er die Gesetze auf; und schließlich alles, was nicht Gott ist."

Die freiwillige Aufgabe des Ego ist das Hauptziel. Energie, die in der Regel zur Aufrechterhaltung eines zerbrechlichen Egos erforderlich ist, wird freigesetzt und steht damit für ständig inniger werdende Freudentänze, für Mitgefühl und Hingabe zur Verfügung.

Die **voll entfaltete Mystik sucht die totale Vereinigung** - *welche erstaunlicherweise nicht nur durch den beteiligten Menschen ersehnt wird.* Sobald die mystische Reinigung vollkommen ist, enthüllt sich der geheimnisvolle Gott als ein Wesen, das nicht nur gegenseitiges Geben und Nehmen wünscht, sondern es darüber hinaus unterstützt und fördert. Die Art der erlebten Selbsthingabe kann durch die auf menschlicher Seite Beteiligten nur durch Begriffe beschrieben werden, die der menschlichen Beziehung zwischen Mann und Frau entsprechen. Es überrascht nicht, daß die Menschheit die sexuelle Liebe stets hoch geschätzt hat und sie durch Mythos und Ritual, Musik und Tanz, Begehren und Ekstase gefeiert hat. Hier soll *nicht* zum Ausdruck gebracht werden, *daß göttliche Liebe grundsätzlich sexueller Natur ist, sondern daß Sexualität potentiell göttlich ist* (mit den leicht angepaßten Worten von William Ernest Hocking).

Wenn diese Aussage akzeptiert werden kann, so muß der Geschlechtsverkehr nicht weniger, sondern mehr Freude bereiten. Was so offensichtlich gut, schön und von der Symbolik her göttlich ist, muß von Menschen auf dem mystischen Weg nicht aufgegeben werden, es sei denn, es entstehen dadurch unüberwindliche Hindernisse in der sexuellen Liebe. In diesem Zusammenhang ist die ungeheure Bedeutung, die der Sexualität in unserer Zeit zugeschrieben wird, merkwürdig. Es gibt gewöhnlich genau soviel Widerstand dagegen, daß ein tiefes, bedeutsames und freudvolles Leben ohne Sexualität möglich ist, wie dagegen, daß eine tiefe, bedeutungsvolle und freudvolle Sexualität in der Gegenwart Gottes möglich ist. Der **Weg** des Mystikers wird durch seine persönliche Eigenart bestimmt; das **Ziel** ist dasselbe und keine Sache der Vorliebe.

Wenn schon des Mystikers Denkweise über Demokratie so schwer durchzuführen ist, so ist seine Sichtweise der Sexualität sogar eine noch größere Herausforderung. Sie beinhaltet nicht nur, daß unsere männlichen und weiblichen Körper sorgfältig erschaffen wurden, um genau diese lustvollen, ekstatischen und wertvollen Wechselwirkungen hervorzubringen, sondern noch viel mehr. *Sie bedeutet, daß der Geschlechtsverkehr seine tiefste Bedeutung ohne eine Beziehung zu der tiefen göttlichen und menschlichen Sehnsucht nach Einheit nicht entfalten kann. Wenn sich das wie Poesie anhört - gut; nur dürfen Hormone, Pheromone, Reflexe, Ausscheidungen, Triebe und Begierden nicht ausgeklammert werden. Wenn das heilig ist, ist alles heilig.*

Wenn in uns, dem Schrein des göttlichen Funkens, das ganze Universum bewußt wird, dann bestätigen wir in jeder menschlichen Handlung, daß alles heilig ist. Jeder Mensch kann als Mikrokosmos (wörtlich "kleiner Kosmos") im wahrsten und erstaunlichsten Sinne des Wortes verehrt werden, Gott eingeschlossen.

Das Wunder Gottes, wie es vielen Mystikern offenbart wird, liegt in dem überwältigenden Geheimnis eines reinen, glühenden Geistes, der sich nach Einheit mit dem einverleibten Funken des Göttlichen sehnt. Wenn wir einen hungernden Menschen sehen oder einen Menschen, der von unvorstellbaren Schmerzen geplagt wird oder der den Tod eines geliebten Menschen in einem weiteren sinnlosen Krieg betrauert, dann ist der Augenblick günstig, um sich dieser Gedanken zu erinnern. Für den echten Mystiker ist es auch selbstverständlich, alle Männer und Frauen, die sich auf den Straßen dieser Welt verkaufen müssen, mit einer allumfassenden Liebe warm zu umhüllen...

Die Berichte von mystischen Vereinigungen mit dem Göttlichen, das sich nach gebender und empfangender Liebe sehnt, muß für einige unbegreiflich erscheinen. Diese Erzählungen sind unglaublich - so erschreckend, daß es sehr schwierig wird, sie anzunehmen. Es wäre allerdings dumm, sie ohne ausreichende Reflexion anzunehmen oder auch abzulehnen. Die Tatsache, daß mystische Erfahrungen dieser Art im täglichen Leben ungewöhnlich sind, ist kein Grund, sie abzulehnen. Die Tatsache, daß diese Erfahrungen in das eigene persönliche Gottesbild passen, ist andererseits kein Grund, sie anzunehmen.

Eine ernsthafte Betrachtung sollte auf zwei nachweisbaren Tatsachen beruhen. Zunächst liegen uns Berichte aus den wichtigsten entwickelten Kulturen der letzten 2000 Jahre und länger vor, die alle mehr oder weniger dasselbe sagen. Zweitens basieren diese Berichte auf den tatsächlichen Erfahrungen von Menschen, bei denen es sich im wesentlichen um ausgeglichene, begabte und kreative Personen handelt, denen das Wohlergehen ihrer Mitmenschen ein großes Bedürfnis ist. Mit anderen Worten, die Berichte stammen von Menschen, die unser Vertrauen verdienen.

Wenn es wahr ist, was die Mystiker behaupten, daß in jedem Menschen ein göttlicher Funken glüht und er somit das Potential für eine Vereinigung mit Gott in sich trägt, dann lassen sich einige eher sonderbare Facetten menschlichen Verhaltens leichter erklären. Ein Beispiel: Jeder Mensch neigt dazu, sich selbst sehr wichtig zu nehmen. Selbst der Unterdrückte und der Ärmste der Armen fordert eine würdevolle Behandlung. In vielen Sprachen gibt es ein vertrautes "Du" in der Familie, für Freunde, Bekannte und Vertraute und das respektvolle "Sie", mit dem Menschen angeredet werden, die man nicht so gut kennt. Gott wird in diesen Sprachen mit dem vertrauten "Du" angesprochen. Nach *Martin Buber* "ist jedes geeinzelte Du ein Durchblick zum ewigen Du" (in "Ich und Du", Reclam, Stuttgart 1995).

Die meisten von uns sind sich darüber hinaus einem zwingenden, grenzenlosen Bedürfnis nach Wissen, Liebe, Erfahrung, Kreatitivät und Ausdruck bewußt. Und trotzdem gibt es im Austausch von Liebe niemals eine volle Befriedigung. Noch scheint der Menschheit die auf millionenfache Weise in der Literatur und anderen Künsten ausgedrückte Liebe zu genügen. Die Sterne und Galaxien reflektieren in ihrer grenzenlosen Vielfalt nur das Licht eines unverständlichen Universums im Innern. Es ist seltsam, daß im Laufe der Jahrhunderte viele Menschen es nicht unbegreiflich gefunden haben, daß Gott beschlossen hat, unter uns zu leben, oder daß wir nach diesem Leben mit Gott leben werden oder daß wir immer als eine Idee im Herzen Gottes existiert haben - lange vor Beginn der Zeit.

Nur eine direkte Gotteserfahrung erfüllt unser Herz

Und schließlich ergibt sich als eine einfache Schlußfolgerung die Tatsache, daß eigentlich nur eine direkte Gotteserfahrung irgendeiner Form Erfüllung bringen kann:

> "Unsere Herzen, o Herr, schlagen für Dich,
> und unruhig ist unser Herz,
> bis es ruht in Dir, o Gott."

Dieser Ausruf des Augustinus von Hippo hallt seit sechzehnhundert Jahren in den verborgenen Gewölben des menschlichen Geistes und scheint so zutreffend wie eh und je zu sein.

In diesem Jahrhundert mag uns die vertrautere Stimme von *Carl G. Jung* in seiner zeitgenössischen Sprache eher erreichen:

> "Die Natur der Seele reicht hinab in die Dunkelheiten weit jenseits unseres Verständnisbereiches. Sie enthält so viele Rätsel wie das Universum mit seinen Galaxien, vor deren majestätischer Gestaltung nur ein Verstand, dem es an Vorstellungskraft mangelt, seine eigene Unzulänglichkeit nicht zugeben kann... Wenn also aufgrund der Bedürfnisse des eigenen Herzens, oder in Übereinstimmung mit den Lehren der menschlichen Weisheit, oder aus Respekt vor der psychologischen Tatsache, daß 'telepathische' Wahrnehmungen auftreten, jeder den Schluß ziehen sollte, daß die Seele in ihren Tiefen an einer Existenz jenseits von Zeit und Raum teilnimmt,... dann würde der kritische Verstand diesem kein anderes Argument entgegnen können, als das "non liquet" der Wissenschaft.
>
> Weiterhin hätte dies den unschätzbaren Vorteil, mit einer Neigung der menschlichen Psyche übereinzustimmen, die schon seit unvordenklichen Zeiten allgemein existiert und universal ist. Jeder, der diesen Schluß nicht zieht, sei es aus Skepsis..., einem Mangel aus Mut oder unzulänglicher psychologischer Erfahrung oder gedankenloser Ignoranz, hat dagegen die unzweifelhafte Sicherheit, mit den Wahrheiten seines Blutes in Konflikt zu geraten. Abweichungen von den Wahrheiten des Blutes erzeugen neurotische Rastlosigkeit... Rastlosigkeit erzeugt Sinnlosigkeit, und der Mangel an Sinn im Leben ist eine Seelenkrankheit, deren gesamtes Ausmaß und deren vollständige Bedeutung unsere Generation jetzt zu verstehen noch nicht begonnen hat".
>
> -C.G.Jung - (nach einem Zitat bei Michael Crichton aus dem Engl. übersetzt)

Die aufrichtige Antwort zu in diesem Kapitel gestellten Frage ist also:

> Eine Auseinandersetzung mit den Mystikern ist von großem Interesse, wenn wir wissen wollen, wer wir wirklich sind und wenn wir wirklich inneren Frieden finden wollen. -
>
> Die Mystiker zeigen uns aber auch, wie wir eine liebevolle Beziehung zu der Welt um uns haben können.

Dazu eine Anpassung der sensiblen Wahrnehmung von *Ernest Hokking:*

> "Nur der Mystiker ist im Universum vollständig zu Hause;
> der Rest von uns benutzt die Erde nur als eine Geschäftsadresse".

Und in den Tagebuch-Aufzeichnungen des 1961 auf einer Dienstreise tödlich verunglückten Generalsekretärs der UNO *Dag Hammarskjöld* finden sich folgende Sätze:

> "Das 'mystische Erlebnis'. Jederzeit: *hier* und *jetzt* - in Freiheit..., in Schweigen, das aus der Stille kommt. Jedoch diese Freiheit ist eine Freiheit unter Tätigen, die Stille eine Stille zwischen den Menschen. Das Mysterium ist ständig Wirklichkeit bei dem, der inmitten der Welt frei von sich selber ist: Wirklichkeit in ruhiger Reife unter des Bejahens hinnehmender Aufmerksamkeit".

Im nächsten Kapitel hoffe ich, Ihnen einige Mystiker als Freunde vorstellen zu können und durch sie unsere eigene erstaunliche Welt darzustellen, die mit dem Lachen und Weinen der Clowns erfüllt ist.

KAPITEL 8

DIE WAHL EINES LIEBLINGSMYSTIKERS

> "Die ganze Wahrheit liegt in dieser Richtung - daß alle unsere menschlichen Impulse und Formen der Liebe miteinander verwandt sind. Die Psychologie der Mystik wartet weniger auf eine Analyse der Liebe Gottes als auf die Analyse aller anderen menschlichen Sehnsüchte. Diese Liebe (Gottes) benötigt keine Erklärung.
>
> - William Ernest Hocking -

Es gibt Mystiker der verschiedensten Richtungen, und in diesem doch relativ kurzen Kapitel kann ich nur einige von ihnen vorstellen.

In den letzten Jahren dieses zweiten Jahrtausends wurde der Welt ein Geschenk gemacht, das in dieser Form der Menschheit noch nie zur Verfügung stand! Sie hat die Gelegenheit, sich aus dem Quell des Herzblutes und des Seelengeistes von Menschen, die so ganz anders sind als wir, reichlich nähren zu lassen. Der Überfluß, die Fülle dieser vitalen Kreativität, die nun zur Verfügung steht, macht uns atemlos. Es ist ein so großes Geschenk, den Geruch, das Gefühl und den Geschmack eines Menschen erfahren zu können, der von einer anderen Zeit, einem anderen Ort und einer anderen Kultur geprägt worden ist und es fertig gebracht hat, sich mit den großen Problemen des Lebens auseinanderzusetzen.

Wenn man sich allein auf die verfügbare Literatur über Mystiker in englischer Sprache konzentrieren wollte (einschließlich Übersetzungen), so würde ein langes Leben gerade genügen, um alles zu lesen. An anderer Stelle habe ich erwähnt, daß Mystiker verständlicherweise eine schlechte Presse haben. Dies stimmt natürlich, gilt aber nur für Zeitungen und Zeitschriften, die sich mit Nachrichten für den sofortigen Gebrauch beschäftigen. Bei der Untersuchung, welche Ansichten unerschrockene spirituelle Forscher in bezug auf die großen, zeitlosen Fragen des Lebens und Sterbens und seiner Bedeutung entwickelt haben, stellt man bald fest, daß eine große Fülle verschiedensten Materials zur Verfügung steht... Wenn sich nur einige wenige dafür interessieren, warum sollte so viel veröffentlicht werden? - Es wird gesagt, daß für die Bücher von *Khalil Gibran* niemals Werbung gemacht wurde. Es wird weiter behauptet, daß diese Bücher in bezug auf verkaufte Exemplare in den verschiedensten Sprachen an zweiter Stelle direkt hinter der Bibel stehen. Ich erinnere mich an meine Überraschung, als ich das erste Mal einer englischen Übersetzung (von Khushwant Sing) des heiligen Buches der Sikhs "Granth Sahib" begegnet bin. Es enthielt Worte großer Schönheit und Inspiration, von denen ich niemals gehört hatte - erstellt von den religiösen Führern eines angeblich kriegerischen Volkes. Die Schilderungen lassen sich in vielerlei Hinsicht mit den Psalmen der Bibel vergleichen.

Auf der Reise in den Quellgrund "im Herzen aller Dinge"

Eine direkte Voraussetzung für weitere Untersuchungen wäre die Frage, wer ein Mystiker genannt werden sollte und wer nicht. Es gibt angesehene Fachleute, die Khalil Gibran oder die Sikh-Gurus keineswegs als Mystiker anerkennen würden. Wie trifft man eine Entscheidung? Um diese Frage zu beantworten, werde ich einige Gedanken aus dem letzten Kapitel aufgreifen und die Perspektive verdeutlichen.

Der *göttliche Funke* in einem jeden Menschen ist ein deutlicheres Merkmal als die Einzigartigkeit seines Geistes oder Körpers. Viele Menschen sind sich der *Gegenwart eines vereinigenden Quellgrundes im Herzen aller Dinge* bewußt.

Nach *Raimundo Panikkar*

> "sprechen die chinesische, die indische und die christliche Tradition vom Herzen der Welt und finden eine enge Korrelation mit dem menschlichen Herzen: 'Genau so groß wie der Weltraum ist der Raum innerhalb des Herzens. In ihm ist Himmel und Erde, Feuer und Wind, Sonne und Mond, Blitze und Sterne, was (unter uns) ist und was nicht (unter uns) ist, alles ist darin enthalten... Das Herz, wahrlich, ist *brahman* ... Das Herz ist die Wohnung alles Seienden, das Herz ist der Grund alles Seienden"
>
> - in "Der Weisheit eine Wohnung bereiten", Kösel München 1991 -

Die zahlreichen schönen, aber auch vergänglichen Wirklichkeiten in unserer inneren und äußeren Welt müssen daher als unzulängliche Manifestationen dieses Quellgrundes angesehen werden. Der **"echte Mystiker"** ist für mich persönlich ein Mensch, der freiwillig und vollkommen bewußt die riskante Reise in diesen Quellgrund antritt. - Ob man die Wirklichkeiten der uns gemeinsamen Welt als Symbole, Emanationen, Ausstrahlungen, Wesenheiten oder Kristallisationen betrachtet, spielt im Augenblick keine Rolle. Wichtig ist die Überzeugung, daß alle Dinge ohne eine Beziehung zu diesem Quellgrund an Bedeutung oder sogar ihre Existenz verlieren.

An dieser Stelle ist es möglich, verschiedene Bezeichnungen für das **"Herz aller Dinge"** oder "Herz der Welt" zu finden: "absolutes Sein", "reines Bewußtsein", "allmächtiger Geist" oder "reine Liebe" und so weiter: Nehmen wir uns die Freiheit, es uns als ES *in persönlicher oder unpersönlicher Weise* vorzustellen.

Tatsache ist, daß jeder bereits ein **"potentieller Mystiker"** ist, der sich darum bemüht, in Übereinstimmung mit der oben erläuterten grundsätzlichen Bewußtheit zu leben: Es gibt das Gegenstück eines schlagenden Herzens im ruhenden Zentrum aller Menschen und Dinge - eine zentrale, vereinigende Wirklichkeit, die allem Leben und Bedeutung einhaucht. So paradox es klingen mag, kann die Situation doch am besten als *pulsierende Dynamik, die aus absoluter Stille entsteht,* beschrieben werden. Die Grundlage derartiger Aussagen ist die eigentliche Erfahrung eines echten Mystikers.

Eine solche Bewußtheit kann nur einer Intuition entstammen, die auf reflektiven Erfahrungen basiert - sie läßt sich allein durch Logik und Verstand nicht erfassen. Wir verdanken *Kurt Gödel* die Einsicht, daß man sich der Existenz bestimmter Wahrheiten sicher sein kann, ohne sie durch den Verstand nachweisen zu können. Natürlich ist es noch viel schwieriger, rein verstandesmäßig das ES zu begreifen, was unsere Intuition als Herz aller Dinge erkennt. Reine Liebe hat da eine viel bessere Möglichkeit.

Streng genommen ist das Gödelsche Theorem natürlich nur in der Mathematik anwendbar. Wenn jedoch etwas wahr sein kann, ohne die Möglichkeit für einen Beweis zu haben (selbst in der Mathematik), dürfte die Möglichkeit für Beweise aufgrund von Logik und Verstand bei Ideen außerhalb der Mathematik wohl noch geringer sein. Einige der bedeutendsten Wahrheiten der Menschheit können nicht beweisbar und doch wahr sein. Die Existenz Gottes ist eine solche Wahrheit. Für viele ist die Gegenwart eines die gesamte Schöpfung umfassenden Mysteriums eine dieser selbstverständlichen Wahrheiten, die nicht bewiesen werden können, da sie keines Beweises bedürfen.

Alle, die jemals wirklich und tief geliebt haben, wissen wahrlich, daß bei dieser Art von Liebe die Selbsthingabe und die Selbstbestätigung paradoxerweise zwei Seiten derselben beispiellosen Münze sind. Aber läßt sich dies einer Person, die noch nie auf diese Weise geliebt hat, allein mit dem Verstand erklären? Ist es denn zulässig, daß ein Mensch, der noch niemals auf diese Weise geliebt hat, die Erfahrung von Millionen anderer Menschen ablehnen darf, weil sie nicht beweisbar ist? Ich glaube, *Gabriel Marcel* hat einmal gesagt, daß das Unbekannte, *das Mysterium, etwas ist, das man nur durch Teilnahme an seiner Wirklichkeit erfahren kann.* - Wenn man dem Mysterium begegnet, ist es unmöglich, es von außen zu erfahren. Man kann nicht sagen: Ich will erst etwas darüber wissen und mir selbst beweisen, daß es wahr ist, bevor ich daran glaube. Vielmehr muß man zuerst daran glauben und die entsprechenden Wahrheiten von innen heraus leben - nur so wird man es kennenlernen. Die Wahrheit eines Mysteriums wird durch gelebte Erfahrung entdeckt und nicht durch Nachdenken.

Es ergibt sich jetzt natürlich ein Problem in bezug auf die echten Mystiker: Es ist nicht möglich, an ihrer Wahrheit und an ihrem Leben voll teilzuhaben, bevor man selbst zu einem echten Mystiker geworden ist! Bis zu diesem Zeitpunkt bleibt einem nichts weiter übrig, als ihre Erzählungen über ihre Erfahrungen und ihr Leben kritisch, aber wohlwollend zu untersuchen. Dadurch werden die zusammenfließenden Aussagen in ihren Berichten höchst eindrucksvoll.

Unter den zahlreichen potentiellen Mystikern wird es immer einige wenige echte Mystiker geben, die bereit sind, die abenteuerliche Reise in die Mitte des Quellgrundes anzutreten. Diese Entscheidung muß jedoch wohlüberlegt sein, da die Reise rauh und gefährlich ist. Alle Kosten (Energieaufwand, Zerstörung des Egos, äußere Widerstände und innerer Aufruhr) müssen sorgfältig bedacht werden, bevor sie als angemessener Preis betrachtet werden. Sicherlich ist diese Reise nichts für Schüchterne und Schwache, noch für diejenigen, die ihre eigenen Kräfte überschätzen. Die Reise erfordert eine sichere Kontrolle der sich entwickelnden psychischen Kräfte oder der auftretenden körperlichen Beschwerden, die von einfachen Sinnestäuschungen bis zur Schizophrenie reichen können. Es ist auch leicht möglich, das Vertrauen zu verlieren (oder völlig vom Weg abzukommen), wenn man allein und hilflos den Alpträumen ausgesetzt ist. Nur der närrische Abenteurer macht sich ohne einen erfahrenen Führer auf den Weg. Es ist ein gutes Zeichen, wenn die freiwillige Entscheidung für diese Reise durch ein starkes Gefühl einer Berufung getragen wird - eines Rufes von der Quelle in der eigenen Mitte. Wenn sich auf dem Weg irgendeine Form von Fanatismus einstellen sollte, ist dies kein gutes Zeichen.

Wenn alles gut geht und sich der Reisende seinem Ziel nähert, werden die machtvollen Kräfte, die ihn wie ein Magnet zu der Vereinigung hinziehen, immer stärker. Letztendlich erscheinen alle "bewußt eingebrachten" Bemühungen lediglich als ein völlig unverdientes Geschenk. Der Punkt, wo sich menschliches Bemühen und göttliche Kraft treffen, kann niemals bekannt sein. Ein großer Mystiker hat sich einmal folgendermaßen ausgedrückt - und die Verzauberung dieser Dunkelheit auf alles menschliche Streben erweitert:

> "Laß dies die erste Regel aller Tätigkeit sein: Vertraue Gott so, als sei das Ergebnis deiner Arbeit nur von dir abhängig und überhaupt nicht von Gott. Zur gleichen Zeit gib alle deine Energie in deine Arbeit, so, als tätest du nichts und Gott alleine würde alles tun."
>
> \- Ignatius von Loyola -

Am Ende der Reise, wenn der echte Mystiker schließlich mit dem Herzen aller Dinge vereint ist, erfährt er seltsame neue Welten, in denen normale Empfindungen, Wahrnehmungen, Gedanken und Ausdrucksformen ihren Sinn verloren haben. Dennoch erleben sie sich in einem grenzenlosen Sein voller Wahrheit, Schönheit und Freude - als vielfältige Facetten einer überwältigenden Erfahrung. Voller Erregung kehren sie zurück und stammeln über die Erlebnisse auf ihrer Reise. Und wissen Sie, was viele finden? "Nichts!" Aber dieses Nichts scheint im Grunde "Alles-und-Mehr" zu sein, eine Wirklichkeit, die über alle Gedanken und Vorstellungen hinausgeht und die paradoxerweise zu endlos und nutzlos ist, um beschrieben zu werden.

Soviel über die Reise zum Quellgrund in der eigenen Mitte, wie sie von echten Mystikern erlebt wird. Die Schilderungen sind zugegebenermaßen zu kurz und zu allgemein, aber für unsere Zwecke ist dies leider unvermeidlich. Es gibt Gelehrte, die sich mit Mystik beschäftigen und dazu neigen, jede Form eines verallgemeinernden Musters abzulehnen. Sie weisen gerne darauf hin, daß *"es genauso viele Arten von Mystik wie Mystiker"* gebe. Und sie behaupten weiter, daß Erfahrungen eines jeden Mystikers stets von den eigenen, einzigartigen Merkmalen seines Temperaments und seiner persönlichen Kreativität gefärbt werden. Ganz richtig. - Es wäre sinnvoll und für ein besseres Verständnis hilfreich, wenn man die Mystiker nach Zeitalter, Heimat oder Religionszugehörigkeit gruppieren würde. Die Mystik eines jeden Mystikers hängt zwangsläufig eng mit der Umgebung zusammen, in der sie entstanden ist. Daher kann man in den Berichten der Mystiker Merkmale entdecken, die sie mit ihren Zeitgenossen teilen und die die Eigenart eines gemeinsamen kulturellen Hintergrunds widerspiegeln.

Mit wesentlich gleichen Erfahrungen

Obwohl die Meinungen hier auseinandergehen, erscheint mir das Argument ganz vernünftig, daß die Erfahrungen aller echten Mystiker am Ende ihrer Reise im wesentlichen die gleichen sind. Unterschiede ergeben sich aus der Tatsache, daß bei der Wiedergabe der Erfahrungen zwangsläufig die eigenen Interpretationen des Mystikers eine Rolle spielen. Der Bericht wird also stets Sprache, Satzbau, Denkweise und Weltanschauung des berichtenden Mystikers reflektieren. - Aber selbst wenn die obige Problematik erkannt und akzeptiert wird, verbleibt eine wesentliche und unüberwindliche Schwierigkeit: die Unzulänglichkeit jeder menschlichen Sprache in bezug auf die Beschreibung einer Erfahrung, die völlig außerhalb von Raum, Zeit, Empfinden, Gedanken, Unterscheidungsvermögen oder Vielfältigkeit liegt.

Wie läßt sich mit Worten eine intuitive Erfahrung beschreiben, eine Erfahrung im Zentrum der Stille der Vereinigung mit dem Einen, dem reinen undifferenzierten Geist? Unsere Sprachen eignen sich dafür, über Töne und Farben zu reden; sie können das Besondere an einer Blume oder einem Gesicht schildern; man kann zum Ausdruck bringen, was wie weit entfernt liegt oder wann passiert ist; Gefühle, Bilder, Gedanken und Schlußfolgerungen lassen sich in Worte fassen, ebenso Hoffnungen, Wünsche und Ängste.
Wenn man "eins mit dem Einen" ist, was ließe sich dazu noch sagen? Schweigen allein, das Schweigen einer ekstatischen Einheit mit der reinen, undifferenzierten Liebe wäre ein geeigneter Ausdruck dafür. *"Warum schwatzt ihr von Gott, wenn alles, was ihr über ihn sagt, unwahr ist?"* fragt **Meister Eckhart,** der bekannte Mystiker und Dominikaner-Mönch (1260-1327). Er hat uns viel Literatur hinterlassen, die er offensichtlich nicht als leeres Geschwätz betrachtete. Er konnte Gott am ehesten durch Negation erkennen: *"Du sollst Ihn lieben, wie Er ein Nicht-Gott, ein Nicht-Geist, eine Nicht-Person, ein Nicht-Bild, mehr noch: wie er ein lauteres, reines, klares Eines ist, abgesondert von aller Zweiheit."*

Einigen Christen werden diese Worte möglicherweise seltsam, wenn nicht schockierend erscheinen - denn es sieht so aus, als ob sie die Dreieinigkeit leugnen. Aber Meister Eckhart war ein hochkarätiger Theologe - trotz seiner Schwäche für dramatische Äußerungen. Das obige Zitat basiert auf der wesentlichen Unterscheidung, die er zwischen Gott und Gottheit macht. Eine Erklärung dazu wird weiter unten an anderer Stelle mit den Worten eines flämischen Mystikers (Jan van Ruysbroeck, 1293 - 1381) geboten, der stark durch Meister Eckhart beeinflußt wurde.

Meine persönliche *Vorliebe für Meister Eckhart* basiert auf verschiedenen Faktoren. Erstens ist seine Mystik im Osten beliebt, da sie dem Buddhismus sehr ähnlich ist, wie der bekannte Zen-Gelehrte D.T. Suzuki bestätigt. Zweitens hat Meister Eckhart in einer Gesellschaft, in der Macht, einschließlich religiöser Macht, ein Monopol weniger Menschen war, die *Interessen des "kleinen Mannes"* mit einer derart kämpferischen Redegewandtheit und einem klaren Verstand vertreten, daß er in einigen Kreisen als ein früher "Marxist" angesehen wird.

Drittens - und dies ist ein Punkt, den ein orthodoxer Marxist nicht problemlos anerkennen wird - ist nach Ansicht von Meister Eckhart jede Person wichtig:

> "Etwas in unserer Seele ist so eng verwandt mit Gott, daß es schon eins ist mit Ihm und daher niemals mit Ihm vereinigt werden muß".

Und viertens, Meister Eckhart fühlte sich in der Dunkelheit wohl.

Zwischen Erfahrung von Dunkelheit und Licht

Christliche Mystiker unterscheiden zwischen einer apophatischen und einer kataphatischen Mystik. Die erste Schule, zu der auch Meister Eckhart gehört, betont Dunkelheit und Verneinung, während die zweite Schule (zu der unter anderen Bernard von Clairvaux, Teresa von Avila und Ignatius von Loyola gehören sollen) die Bestätigung und das Licht bevorzugt. Diese Unterscheidung ist nicht so wasserdicht wie Rolex-Uhren, und weder Zeit noch intellektuelle Klassifizierungen haben für die Erfahrung des echten Mystikers eine Bedeutung. In diesem Zusammenhang ist es interessant festzustellen, daß sich Teresa von Avila (eine kataphatische Mystikerin) und ihr enger Freund Johannes vom Kreuz (eindeutig apophatisch) häufig trafen, um über das Beten zu sprechen und um sich für die Reform des Karmeliterordens einzusetzen. Die beiden betonten immer wieder, daß sie zusammengehörten.

Es ist hier nicht wichtig zu klären, wo meine eigenen Sympathien liegen! Ein Mensch, der im Osten lebt, kann eigentlich nur den kompromißlosen buddhistischen Weg der Leere oder den in der indischen Philosophie so beliebten Weg der Verneinung ("neti, neti") verehren. Darüber hinaus haben mich meine Erfahrungen mit der Musik (insbesondere mit der klassischen Musik Indiens) und mit der Wissenschaft (Quantenphysik) gelehrt, daß, was immer wir auch wissen oder ausdrücken wollen, ohne jeden Zweifel voller Zauber, aber gleichzeitig hoffnungslos unzulänglich ist.

Ferner habe ich als Christ eine enge Beziehung zu einigen Mystikern der apophatischen Schule, darunter *Gregor von Nyssa* (335 - 395), die Rheinländer *Tauler* und *Seuse* (die ihren "Guru" Meister Eckhart tief verehrten), der englische Autor von "Die Wolke des Nicht-Wissens" und natürlich der spanische Mystiker und Dichter *Johannes vom Kreuz* (1542 - 1591).

Wer *Thomas Merton* und *T.S. Eliot* schätzt, wird sich dessen bewußt sein, wieviel Johannes vom Kreuz diesen beiden modernen Schriftstellern bedeutete. Die Verbindung zu Eliot möchte ich gerne näher untersuchen.

In "East Coker", dem zweiten seiner "Vier Quartette", schreibt Eliot:

> "Um das zu erreichen, was du nicht weißt,
> mußt du den Weg der Unwissenheit gehen.
> Um das zu besitzen, was du nicht besitzt,
> mußt du den Weg der Entäußerung gehen.
> Um das zu werden, was du nicht bist,
> mußt du den Weg gehen, auf dem du nicht bist."

Die Gedanken und Ausdrucksweise von Eliot entsprechen fast genau den Aussagen in *"Der Aufstieg auf den Berg Karmel"* von Johannes vom Kreuz, der einen absoluten Rückzug von allem Weltlichen lehrt, so daß empfindliche Gemüter schnell in die völlige Ablehnung verfallen. Aber dieser große spanische Mystiker und Dichter geht nur in ein Extrem der grundsätzlichen Eigenart spanischer Mystik: Strenge, Einfachheit, ohne religiöse Emotionalität und entschlossen, koste es was es wolle, logische Folgerungen aus Grundprinzipien abzuleiten.

Eliot selbst schätzte besonders "Little Gidding", das letzte seiner "Vier Quartette". Dies sind die letzten Zeilen davon:

> "Wir werden nicht nachlassen in unserem Kundschaften.
> Und das Ende unserer Suche
> Wird sein, am Ausgangspunkt anzukommen
> Und den Ort zum erstenmal zu erkennen.
> Durch das unbekannte, erinnerte Tor,
> Wenn der letzte Fleck der Erde, der zu entdecken bleibt,
> Jenes ist, was den Anfang gebildet;
> An dem Quellengrund des längsten Stromes
> Die Stimme des verborgenen Wasserfalls,
> Und die Kinder im Apfelbaum,
> Unerkannt, weil nicht erwartet,
> Aber gehört, halb-gehört, in der Stille
> Zwischen zwei Wellen der See.
> Rasch nun, hier, jetzt, immer -
> Ein Zustand vollendeter Einfalt
> der nicht weniger kostet als alles)
> Und alles wird gut sein,
> Jederlei Ding wird gut sein und
> Wenn die Feuerzungen sich nach innen falten
> Zum Schifferknoten aus Feuer
> Und eins werden Feuer und Rose."

Einheit ist immer das Ziel der mystischen Reise. Die reinigenden Flammen verwandeln sich letztlich in die weiche, wohlduftende Rose, die Dornen trägt, um uns an ihren Ursprung zu erinnern. Die trennende Gelöstheit von Johannes vom Kreuz ist nicht das Ziel an sich: sie dient lediglich der Reinigung, um eine neue Sicht der Welt zu erlangen und sie zum ersten Mal wirklich zu kennen. Es gibt eine andere Seite von *Johannes vom Kreuz,* wo die tiefe Sehnsucht nach dem ewigen Geliebten erscheint - wie in seinem folgenden Gedicht:

> "Wo mein Geliebter, hast du dich verborgen?
> Du hast mich trauernd hier zurückgelassen,
> wie ein Hirsch bist du entsprungen,
> nachdem du mich verwundet hast.
> Ich lief dir nach und rief,
> doch du warst entschwunden.
>
> Über Berge und durch Täler
> geh' ich meine Liebe suchen.
> Keine Blumen werd' ich pflücken,
> nicht fürchten das wilde Getier;
> Feinde und Grenzen können
> mich nicht aufhalten."

Leben und Wirken der Sufis mitten in der Welt

Als geweihter Ordensbruder mag Johannes vom Kreuz vielen Menschen als fremd erscheinen. *Potentielle Mystiker, die in der Welt leben und ein tiefes Bedürfnis spüren, die Reise zur Quelle, zum Quellgrund aller Wirklichkeiten anzutreten, sollten sich mit dem Gedankengut und den Übungen der Sufis vertraut machen.* Dies ist natürlich schwierig, wenn kein authentischer Sufi-Meister zur Verfügung steht. Das uns heute zur Verfügung stehende Material besteht in der Tat überwiegend aus den Überresten freudvoller Leben, die einer bestimmten Gruppe durch einen inspirierten Lehrer zuteil wurden. Bei der Auswahl dessen, was heute in den Bücherläden angeboten wird, sollten vielleicht die bekannteren Darstellungen populärer Sufi-Meister (beispielsweise Idries Shah) ergänzt werden durch strukturierte Erzählungen akademischer Spezialisten (beispielsweise R. A. Nicholson und Annemarie Schimmel). Es hängt davon ab, wonach man sucht...

Der Sufi-Weg ist aus drei guten Gründen wichtig:

> Erstens haben die Sufis eine äußerst attraktive Mystik entwickelt, die durch Leben und Wirken mitten in der Welt geprägt ist.

Zweitens haben sie gelernt, sich ruhig über alles hinwegzusetzen, was ihren Durst nach dem Einen innerhalb ihrer eigenen Religion nicht löschen kann.

Und schließlich haben sie ebenso ruhig eine erstaunliche Fähigkeit bewiesen, sich für die erfahrenen Wahrheiten einzusetzen und zu leiden - bis hin zum Tod.

Obwohl die Sufis dem moslemischen Glauben entstammen und auch heute noch diesem angehören, waren ihre Lehren und Sitten weit genug, um von Anhängern anderer Glaubensrichtungen übernommen werden zu können. Faszinierende Geschichten, amüsante Gleichnisse und exquisite Dichtkunst bieten auf der einen Ebene eine tiefe ästhetische Befriedigung, und auf einer anderen Ebene, für die sie eigentlich gedacht sind, noch tiefer gehende mystische Anleitungen. Die Sufis behaupten, daß einige der alten Meister allein durch mystische Erkenntnis bestimmte moderne Ideen, die heute Darwin, Jung und Freud zugeschrieben werden, vorausgesehen haben. Diese Behauptung wird durch uns erhaltene Schriften bestätigt. In der überlieferten Geschichte der Religionen hat noch niemals eine Gruppe das Streben nach Heiligkeit so authentisch, lebendig und interessant gestaltet wie die Sufis.

Ich habe im Laufe meines Lebens in Indien und im Ausland viele Menschen kennengelernt, die ihr eigenes Selbst voll zum Ausdruck bringen wollen, während sie gleichzeitig ihr täglich Brot verdienen und eine Familie unterhalten. Sie glauben, daß das Leben mehr sein muß, als eine gute Ausbildung zu erhalten, Liebe zu erfahren, eine Familie zu gründen, ehrenamtliche Arbeiten zu leisten, den Kindern ein Erbe zu hinterlassen, um das sie sich streiten können, ein gutes Begräbnis zu haben und - zumindest für eine kurze Weile - in guter Erinnerung zu bleiben. - Ihre innere Unruhe wäre leichter zu ertragen, wenn sie nicht eine unklare Ahnung davon hätten, daß es tatsächlich etwas Außergewöhnliches und Kostbares in jedem Menschen gibt - etwas Geheimnisvolles, daß sie weder in ihren Kindern, noch ihren Partnern, noch in sich selbst ergründen können. Der göttliche Funke wird als eine allgegenwärtige Sehnsucht empfunden, die nicht definiert werden kann. - In der Zwischenzeit bietet das moderne Leben unzählige Möglichkeiten zum Zeitvertreib; manchmal muß man nur das Fernsehgerät einschalten. Diese Ablenkungen können den göttlichen Funken nicht auslöschen; aber sie dienen als äußerst effektive Nebelwand, die den Funken verschleiert. In diesem Dilemma gefangen gelingt es vielen Menschen heutzutage nicht mehr, ihr Leben voll zu genießen oder den Tod ruhig anzunehmen. Sie stürzen sich in ein oberflächliches Leben, in dem Fröhlichkeit mit Freude, Sex mit Liebe und Erfolg mit Erfüllung verwechselt wird. - Diesen Menschen können Mystiker etwas auf ihrem Weg mitgeben.

"Spirituelle" Wissenschaftler mit dem "dritten Auge"

Mystiker machen uns die fundamentale Wahrheit deutlich, daß *jeder von uns vom Wesen her ein* **"Seher des Unsichtbaren"** ist. Sie beschreiben, was sie für sich selbst bestätigen konnten. **Mystiker** sind "spirituelle" Wissenschaftler, deren Labor das Göttliche ist oder **Musiker,** die Kompositionen aus ewigen Melodien erschaffen oder **Liebende,** deren Augen überall den unvergleichlichen Geliebten erblicken. Die Folge ist, daß *jede einzelne Person auf dieser Erde ein lichtdurchflutetes Wesen ist, dem Ehre und Respekt zustehen und das erfüllt von reizvoller Schönheit und durchströmt von wundersamer Bedeutung ist.*

Nachstehend einige Verse des Sufi-Mystikers *Jami* (1492 gestorben), der als der letzte klassische Dichter Persiens angesehen wird:

> "Deshalb schuf Er diese grünenden Felder von Raum und Zeit
> und der Welt lebenspendenden Garten,
> Damit jeder Zweig und jede Frucht möge sichtbar werden lassen
> Seine Pracht und Vielfalt.
> Die Zypresse erinnerte an Seine anmutige Gestalt,
> die Rose an Sein wunderschönes Antlitz.
> Wo immer diese Schönheit hervorschaute,
> erschien auch daneben die Liebe,
> wo immer diese Schönheit ihre rosigen Wangen leuchten ließ,
> entzündete sich die Liebe an ihrer Flamme.
> Wo immer Schönheit weilte im dunklen üppigen Haar,
> kam die Liebe und fand in die Locken geflochten ein Herz.
> Schönheit und Liebe sind wie Leib und Seele:
> Schönheit ist die Mine und Liebe der Edelstein.
> Von Anbeginn der Zeit gehören sie zusammen:
> nie gingen sie getrennte Wege."

Die Einsichten Jamis sind erstaunlich und machen gleichzeitig traurig. Die Verzauberung der Dunkelheit geht möglicherweise verloren, weil die meisten Menschen nicht mehr wissen, daß sie ein **"drittes Auge"** haben, das in diese Dunkelheit eindringen kann. Leider konditionieren uns unsere Bildungssysteme zu dem Glauben, daß keine zuverlässigen Aussage über etwas möglich ist, wenn es weder von den Sinnen noch vom Verstand erfaßt werden kann: Jenseits der beiden Augen liegt die Dunkelheit und dort befindet sich nichts. Wenn es einen Gott gibt, so existiert dieser glücklich in der Ferne, in einem seligen Reich des Lichts. Benimmt man sich in diesem Leben einigermaßen anständig, so erreicht man unter Umständen eines Tages dieses Königreich und wird eingelassen. Eine gut gestimmte Harfe und eine kuschelige Wolke sorgen für eine gefällige Portion Langeweile!

Die Mystiker machen jedoch deutlich, daß eine derartige Konditionierung durch die Bildungssysteme eine falsche und stark behindernde Illusion ist. Aus ihrer eigenen Erfahrung vertreten sie die Ansicht, daß in allen Menschen die Voraussetzung bereits angelegt ist, die gesamte Wirklichkeit zu erkennen. Das gesamte Universum aus Materie, Leben, Bewußtsein und Gott ist gegenwärtig bereits in einem jeden von uns. Jeder Mensch ist ein Mikrokosmos aus allem, was ist, einschließlich Gott. Die Religionen, die göttliche Menschwerdung vertreten, sind auf der richtigen Spur. In diesem Leben ist das Göttliche ein dynamisches Geheimnis, das bereits im Innern arbeitet. Harfen müssen immer wieder gestimmt werden. Zu diesem Zeitpunkt oder auch später sind die Aussichten, völlig überrascht zu werden, wesentlich besser, als die gelangweilt zu werden.

Ein gutes Beispiel dafür, was das "dritte Auge" in der Dunkelheit wahrnehmen könnte, wird nachstehend von *Kabir* (etwa 14. Jahrhundert) zum Ausdruck gebracht. Er war einer der größten mystischen Dichter aller Zeiten,und leider außerhalb Indiens fast völlig unbekannt:

"Die Flöte der Unendlichkeit
spielt fort und fort,
und ihr Ton heißt Liebe;

Wenn Liebe alle Grenzen überspringt,
erreicht sie die Wahrheit.

Wie weit sich der Duft verbreitet!
Er verströmt ununterbrochen,
nichts hindert ihn.

Die Gestalt dieser Melodie ist
hell wie eine Million Sonnen:
unvergleichlich tönt die Vina,
die Vina der Musik der Wahrheit."

In diesen zwölf Zeilen webt Kabirs "Flöte der Unendlichkeit" ein Universum, in dem aus Gehör, Geruch, Sicht, Liebe, Wissen, Wahrheit, Körper, Wände, Sonnen kunstvoll ein einzigartiges Muster mit einer geheimnisvollen Verzauberung entsteht. Wo hat Liebe einen ähnlichen Widerhall?

Man kann mit Sicherheit davon ausgehen, daß in Indien mindestens hundert Millionen Menschen aus den Gedichten von Kabir, Mirabai und Tagore Kraft, Mut und Frieden für jeden neuen Tag schöpfen. Die Texte wurden vertont und als Musik ständig über das Radio in die Wohnungen und Straßen gebracht. Kabir war von Beruf Weber und lebte und wirkte unter dem Volk. Sein Weg zu Gott war die ekstatische Hingabe und nicht der Weg des Wissens (beispielsweise in Form einer Meditation über die Upanishaden) oder der Weg der Askese (wie zum Beispiel Yoga). Auf Mirabai werden wir im Kapitel über die Mystikerinnen zurückkommen. Tagore wurde bereits erwähnt; aber auch über dieses erstaunlich vielseitige Genie werde ich weiter berichten. - Man könnte noch viele andere bekannte indische Mystiker nennen. Und ich kann voller Überzeugung sagen, daß es einige Millionen echter Mystiker gibt, die, ohne ein Wort darüber zu verlieren, still in ihrem Heim oder auf der Straße, in Höhlen, in den Bergen oder Wäldern Indiens leben und die kein Interesse daran haben, bekannt zu sein oder zu werden. - Der interessierte Leser findet weitere Empfehlungen in dem Buch "Mysticism - A Study on Anthology" von F. C. Happold (Penguin).

Die Versuchung ist unwiderstehlich, dieses Kapitel mit einem weiteren Juwel aus *Kabirs* Schätzen zu beenden.

> "Tanz', mein Herz! Heute tanz' mit Freude.
> Die Klänge der Liebe erfüllen Tage und Nächte mit Musik,
> und die Welt hört ihre Melodien;
> Ergriffen vor Freude tanzen Leben und Tod
> zu den Rhythmen dieser Musik.
> Hügel und Meere und Erde tanzen.
> Die Welt der Menschen tanzt unter Lachen und Tränen.
> Schau! Mein Herz tanzt vor Entzücken in unzähligen Künsten,
> und der Schöpfer ist sehr erfreut."
>
> (freie Übertragung der englischen Version von Robert Bly)

Kabir wußte damals nicht, daß es eine Verbindung zwischen Wellen und Materie gibt und daß folglich das gesamte Universum mit einem komplizierten Muster aus sämtlichen Bereichen des elektromagnetischen Spektrums erfüllt ist. Er wußte jedoch wohl, daß alles tanzt, trotz Tod und Tränen. Kabir wußte aber aus persönlicher Erfahrung, daß jeder Gott, der nicht auch der Gott der Musik und des Tanzes ist, keiner Verehrung würdig ist. Wem diese Aussage merkwürdig erscheint, sollte vielleicht auch ein *"drittes Ohr"* entwickeln.

KAPITEL 9

TIEFEN IN VOLLER BLÜTE

"Erkenne Dich selbst,
sei wahrhaftig zu Dir selbst."

Alter Aphorismus

Mystiker erleben Bewußtseinszustände jenseits normaler Erfahrungen. Diese "höheren" Bewußtseinszustände beeinflussen Gehirn, Psyche und Verhalten auf eine Weise, die von Neurologen und Transpersonalpsychologen noch zu untersuchen ist. Den Neurologen steht eine Reihe geschickt entwickelter Testverfahren zur Verfügung, um die Veränderungen von Gehirnwellen und die molekularen Indikatoren der Gehirnaktivität zu untersuchen. Die Vertreter der Transpersonalen Psychologie sind eine Gruppe Wissenschaftler, die sich erst in den späten 60er Jahren bildete und die heute immer einflußreicher wird. Alle Arten veränderter Bewußtseinszustände werden von dieser Gruppe ernsthaft erforscht. - Die meisten Personen, die von beiden Gruppen untersucht werden, sind keinesfalls krank; sie sind sogar oft außergewöhnlich gesund. Mystiker - Pioniere in der verzauberten Dunkelheit - bilden den Schwerpunkt der Untersuchungen.

Dieses Kapitel beschäftigt sich in erster Linie mit einer *transpersonalen Betrachtung der zahlreichen Facetten unseres Selbst.* Darüber hinaus werden einige relevante EEG-Daten der Neurologen untersucht.

Lehrer kennen die Frustration, die bei dem Versuch entsteht, junge Leute zum Erkennen ihrer eigenen Talente oder Potentiale zu bringen. Ähnliche Erfahrungen machen Eltern mit ihren Kindern und selbst Freunde mit denen, die sie wirklich lieben. Doch können gerade diese Freunde, Eltern und Lehrer völlig blind für das gewaltige Potential sein, das in ihnen selbst verborgen ist. - In jedem Menschen gibt es fruchtbare Tiefen, die nur erkannt und vorsichtig genährt werden müssen, bis sie sich zur vollen Blüte entfalten. Wer bereit ist, in der äußeren Welt Gartenarbeit zu leisten, wird die Gärten der inneren Welt leichter erkennen können. Wer den Weg von außen nach innen geht, wird merken, daß die Blumen dort süßer duften.

Verstand, Gehirn und unbewußte Tiefen eines jeden Menschen bilden ein miteinander verbundenes Ganzes. Die bewußten und unbewußten Wechselwirkungen von Körper, Geist und Seele sind von ihrem Wesen her heilsam und fruchtbar. Jeder Mensch sollte grundsätzlich ein liebevoller und weiser Elternteil, Lehrer und Freund für das eigene Selbst sein. Wenn dies gelingt, haben körperliche Gesundheit und psychologische Integrität eine bessere Chance, die Folgen ungünstiger Gene oder Umweltbedingungen zu überwinden. Selbst Mystiker müssen lernen, eigene Persönlichkeitsanteile zu integrieren; aber sie haben wahrscheinlich ein besseres Verständnis dafür, daß die "Arbeit" schneller und effektiver geleistet werden kann, wenn sie in die Freude der reinen Hingabe verwandelt wird.

In der Synthese von Gegensätzen ganz Mensch sein

Diese **lebendige, integrierte Menschlichkeit** der großen Mystiker und Mystikerinnen wird im folgenden Zitat von *Evelyn Underhill* beschrieben:

> "Ein *vollendeter Mensch* zu sein, bedeutet etwas völlig anderes, als ein sündenfreier Mensch zu sein; etwas reicher, tiefer, positiver, farbenprächtig und hell - 'so unaussprechlich reich und doch so einfach, so erhaben und doch so freundlich, ebenso göttlich über uns wie uns göttlich nahe' (von Hügel). Es bedeutet, einen tiefen und sorgfältigen Instinkt für eine unbegrenzte Zahl von möglichen Pfaden zu haben, auf denen das Leben sich bewegt, eine unbegrenzte Anzahl von möglichen Fertigkeiten und die Kraft, frei zwischen ihnen wählen zu können... Es bedeutet eine *Synthese von Gegensätzen:* Geduld und Leidenschaft, Strenge und Milde, die Fähigkeiten von Tau und Feuer. Es bedeutet hohe romantische Eigenschaften, kühne Phantasie, Abenteuergeist, die Fähigkeit zu glorreichem Leiden und zu höchsten und tiefsten Freuden: denn nur diejenigen, die fähig sind zu leben, sind auch für Gott fähig; nur diejenigen, die zu Romanzen fähig sind, sind zur Heiligkeit fähig".

Mut ist erforderlich, um die Welt mit einem solch lebhaften Optimismus zu konfrontieren - eine Welt, die Narben von Haß und Bosheit trägt. Aber der *Mystiker lernt, **sowohl realistisch als auch optimistisch** zu sein.*. Sicherlich sind die meisten von uns zur Bosheit fähig. Aber in der Praxis werden diese massiven Fähigkeiten kaum ausgeübt. Die Welt ist eigentlich voll von wirklich guten Menschen, die von Berichten über das Böse fasziniert und nur allzu schnell bereit sind, das Schlimmste in sich und anderen zu vermuten. Die Fähigkeit zum Bösen wird leichter freigesetzt, wenn die Menschen auf engem Raum in schmutzigen Städten miteinander leben müssen, in denen jeder versucht, ein Stück des Kuchens für sich zu erkämpfen. Menschen, die sich frei am Strand bewegen können, verhalten sich völlig anders.

Es mag einen tieferen Grund geben, warum sich so viele von uns weder einer guten Gesundheit noch eines ausgeprägten Selbstwertgefühls erfreuen. Die Medizin und Psychologie, die wir heute als modern bezeichnen, entwickelte sich durch Konzentration auf Krankheiten bezw. auf kranke Menschen. Und schon bald konnten alle möglichen Krankheitserreger und unterdrückten unbewußten Wünsche identifiziert werden. Gefahr lauerte überall, in der inneren und in der äußeren Welt. Kein intelligenter Mensch käme auf die Idee, die Bedeutung der Entdeckung der allgegenwärtigen Krankheitserreger und des dunklen Unbewußten zu schmälern. Und - bleiben wir bei diesem Gedanken - niemand würde die brillanten Erkenntnisse über den Lebenskampf innerhalb sich entwickelnder biologischer Populationen oder die dynamische Funktion des Machtfaktors Geld innerhalb einer sich entwickelnden menschlichen Gesellschaft verkennen. Freud, Darwin und Marx waren ohne Zweifel kreative Genies, die das Denken des zwanzigsten Jahrhunderts mit geprägt haben.

Trotz berechtigter Anerkennung ihrer Leistungen stellt sich doch die tiefere Frage, ob die Ansichten dieser Genies ausreichen, um Menschen in ihrer wundersamen Vielfalt zu verstehen. Die Erfahrung tiefer Freude und Zufriedenheit, wenn zwei sich liebende Menschen zärtlich zueinander sind, kann nicht wirklich von diesen anerkannten Genies geklärt werden. Viele "Erklärungen" erklären nur sehr wenig. Andere "Erklärungen" erklären, bis nichts mehr übrig bleibt. Blinder Glaube ist ein nicht allein auf Anhänger von Religionen beschränktes Phänomen.

Das Wunder unserer paradoxen menschlichen Natur

Einige Ausführungen *zur Gesundheit:* Ohne Zweifel ist es wichtig, die Ursachen für unsere Krankheiten zu erforschen und zu versuchen, uns gegen diese Krankheiten zu schützen. Als eine Einheit aus Körper, Geist und Seele kann jedoch die geistige Einstellung eines Menschen die verschiedensten pathologischen Folgen nach sich ziehen. "Freuds gesammelte Werke enthalten über 400 Äußerungen über Neurosen, aber keine einzige über Gesundheit" (Walsh/Vaughan, Seite 18). Warum sollte man sich nicht stattdessen auf die Quelle der Kreativität und Freude konzentrieren - eine Lebensweise, wie sie von den gesündesten Vertretern unserer Gattung, einschließlich der Mystiker, vertreten wird. Könnte eine solche Sichtweise nicht wichtiger sein als alle Bemühungen, Krankheiten zu verstehen?

Die beste Methode, Krankheiten zu vermeiden, ist, gesund zu bleiben. Zu viele unter uns glauben an Antibiotika zur Bekämpfung von Krankheitserregern - oder an die Psychoanalyse gegen Verdrängung. Krankheitserreger mutieren und werden immun gegen Antibiotika. Auch hilft die Erkenntnis, daß die derzeitige psychische Störung etwas mit der frühen Kindheit zu tun hat, bei der aktuellen Lebensbewältigung wenig.

In der heutigen westlichen Medizin hat sich ein neues Feld, die Psychoneuroimmunologie, entwickelt. Sie zeigt, daß unsere geistigen Überzeugungen und Einstellungen das Gehirn zur Produktion von biochemischen Substanzen (Neuropeptide) anregt, die wiederum das natürliche Immunsystem stärken oder schwächen. Diese Stärkung oder Schwächung läßt sich quantitativ einschätzen. Depressionen haben auf unsere Abwehrstoffe die gegenteilige Wirkung wie das Gefühl, geliebt zu werden. Es ist tröstlich, daß einige alte östliche medizinische Systeme endlich ihren wohlverdienten Platz finden und bestätigt werden, und zwar durch Kriterien, die auch die westliche Medizin anerkennt. Denn letztendlich heilen wir uns selbst von innen heraus. Es wäre möglich, daß Krankheitserreger und unterdrückte Wünsche eher das Symptom als die Ursache von Krankheiten sind. Die wirklichen Ursachen liegen in der Störung des körperlichen Gleichgewichts aufgrund der gestörten Dynamik der Wechselwirkungen zwischen Seele, Ernährung und Lebensstil (einschließlich Beziehungen). Oft sind drastische Maßnahmen erforderlich, wenn die Situation wirklich außer Kontrolle geraten ist. Aber die Ausnahme darf nicht zur Regel werden.

Langsam wird eine belebende Idee sichtbar, die verschiedene Denkweisen verbindet: Das Wunder unserer paradoxen menschlichen Natur. Jeder von uns ist "ein Stück blutende Erde." (Shakespeare: Julius Cäsar), das unter den Andeutungen von Göttlichkeit leidet. Jeder von uns ist ein unabhängiger Brennpunkt kristallisierten Bewußtseins, in dem sich das gesamte Universum wiederholt. In jedem von uns steckt das "Schaudern vor dem Schönen" (Plato: Phädros). Eine Stunde später macht es uns vielleicht schon nichts mehr aus, wenn wir einem Anderen bewußt Schmerzen zufügen.

Das, was die Alten sagten, macht Sinn: *Erkenne dich selbst" und "Sei wahrhaftig zu Dir selbst".*

Es ergibt mehr Sinn, wenn die Menschen von heute sagen: *"Wie kann ich einem Selbst treu bleiben,* das über mein Verständnis und möglicherweise über mein Vermögen, es zu integrieren, hinausgeht?" -

Die Aussagen der Mystiker sind jedoch am sinnvollsten: *"Tue deine Pflicht; beruhige deinen rastlosen Verstand; lasse alle sinnlosen Lasten fallen; dann ergib dich gelassen deinem Schicksal, du bist in guten Händen."*

Jeder echte Mystiker kann aufgrund der eigenen Erfahrungen bestätigen, daß der, der bereit ist, in den Abgrund zu springen, auf geheimnisvolle Weise getragen wird. **Der Abgrund ist auch gleichzeitig der Grund, der trägt.**

Transpersonal das Reservoire des Lebens ausschöpfen

Die Aussagen von drei bekannten Psychologen können uns beim Verständnis der Transpersonalen Psychologie helfen:

William James:

> "Ich habe keinerlei Zweifel daran, daß die meisten Menschen in körperlicher, intellektueller oder moralischer Hinsicht nur einen sehr beschränkten Bereich ihres potentiellen Seins tatsächlich ausfüllen. Sie nutzen nur einen verschwindend kleinen Teil ihres möglichen Bewußtseins - etwa wie ein Mensch, der sich angewöhnt, von seinem gesamten körperlichen Organismus nur den kleinen Finger zu benutzen. Wir alle verfügen jedoch über Reservoire des Lebens, von denen wir nicht einmal träumen."

Gordon Allport::

> "Vermöge ihrer Theorie über die menschliche Natur haben es die Psychologen in der Hand, diese Natur zu erhöhen oder zu erniedrigen."

Abraham Maslow:

> "Die Erforschung der höchsten Bereiche der menschlichen Natur und ihrer äußersten Möglichkeiten... hat für mich eine ständige Zerstörung liebgewonnener Axiome mit sich gebracht, die unentwegte Auseinandersetzung mit scheinbaren Paradoxa, Widersprüchen und Zweideutigkeiten, manchmal auch den Zusammenbruch lang etablierter, fest geglaubter und scheinbar unangreifbarer Gesetze der Psychologie."

Die drei Zitate stammen aus dem Buch *"Psychologie in der Wende"* (Roger Walsh / Frances Vaughan; 1987). Diese nützliche Sammlung kurzer Studien erläutert einige der weitergehenden Ansätze der Transpersonalen Psychologie. Sie sehen sich als Vertreter einer vierten

"Kraft" (ihre tieferen Interessen gehen über die der drei klassischen Kräfte der Verhaltenspsychologie, klassischen Psychoanalyse und humanistischen Psychologie hinaus). - Abraham Maslow und Anthony Sutich (seit seiner Jugend völlig gelähmt) waren mehr als andere einflußreiche Psychologen der frühen 60er Jahre an der Entwicklung der humanistischen Psychologie beteiligt. Diese dritte Kraft betonte die Gesundheit und weigerte sich, Psychologie auf den kleinen Bereich der menschlichen Psyche zu beschränken, den wir mit den Tieren und emotional Gestörten gemeinsam haben. Maslow ist bekannt geworden durch seine Ideen zur "Selbstverwirklichung" und zu den sogenannten Gipfelerlebnissen (spontane mystische Erfahrungen). - Aber gegen Ende der 60er Jahre gingen Maslow, Sutich, Stanislav Grof und andere noch einen Schritt weiter. Sie vertraten die Meinung, daß das höhere Ziel jeder Suche, jenseits der Selbstverwirklichung, die Transzendenz sei.

Zitat von *Maslow:*

> "Ich betrachte die humanistische, die dritte Kraft der Psychologie, als eine Zwischenphase, eine Vorbereitung auf eine noch höhere, vierte Kraft der Psychologie, die transpersonal, transhuman mehr im Kosmos als in den menschlichen Bedürfnissen und Interessen zentriert ist. Sie geht über Menschsein, Identität, Selbstverwirklichung u.ä. hinaus."

Die Vertreter der Transpersonalen Psychologie suchten nach Einsichten in den Weisheiten des Ostens und begannen, sich für solche transzendentalen Erfahrungen zu interessieren, in denen veränderte Bewußtseinszustände auftraten - Zustände, weit entfernt von den Belangen des Egos oder von Identitätsproblemen. Diese ungewöhnlichen Zustände zeichneten sich durch ihre Nichtfaßbarkeit aus (sie waren nur schwer oder gar nicht zu beschreiben), durch ein erhöhtes, intuitives Verständnis von großer Klarheit, durch veränderte Wahrnehmungen von Raum und Zeit und durch Wahrnehmung des eigenen Selbst und des Universums als integrierte Einheit. Und genau von diesen Erfahrungen wird seit Jahrhunderten von den echten Mystikern berichtet.

Die überraschende Wende im späten 20. Jahrhundert ist, daß die großen "Mystiker-Weisen" dieser Welt von den führenden Vertretern der Transpersonalen Psychologie als die höchsten Beispiele einer gesunden menschlichen Entwicklung betrachtet werden. Schriftsteller und Denker wie Bergson, James, Nietzsche, Schopenhauer, Tolstoi und Toynbee sind schon ein wenig früher zu ähnlichen Schlußfolgerungen gekommen.

"Annäherung an das Numinose als Therapie"

C.G. Jung war der erste, der die westlichen Psychologen auf den Weg brachte, der schließlich bei der Transpersonalen Psychologie endete. Seine Worte waren: "Tatsache ist, daß die Annäherung an das Numinose die wirkliche Therapie ist, denn *sobald du zu den numinosen Erfahrungen gelangst, wirst du vom Fluch des Pathologischen erlöst"*. Mit einfacheren Worten ausgedrückt bedeutet dies: **Wer die Fähigkeit zur transzendentalen Erfahrung entwickelt hat, bleibt gesund.** Obwohl Jung seine Karriere als junger Kollege von Freud begann, unterscheidet sich seine "Analytische Psychologie" sehr von Freuds klassischer Psychoanalyse. Zu seiner Zeit war es für einen Psychologen recht ungewöhnlich zu sagen: "Wenn es überhaupt eine menschliche Seele gibt, so muß sie von unvorstellbarer Komplexität und Vielfältigkeit sein. Ich kann die Höhen und Tiefen unserer psychischen Natur nur mit Ehrfurcht bestaunen." Es war Jung, der uns lehrte, das Unbewußte freundlich zu betrachten und es als eine Tiefe voller Möglichkeiten und hilfreicher Hinweise für ein bewußtes persönliches Wachstum zu sehen.

Neben dem persönlichen Unbewußten stellte Jung die Theorie über das kollektive Unbewußte auf, das aus vererbten Instinkten und den sogenannten Archetypen besteht. Archetypen sind reine Formen ohne unabhängige materielle Existenz. Stattdessen erscheinen sie immer wieder in der Gestalt von bestimmten Motiven in unseren Fantasien und Träumen, aber auch in Mythen und Märchen der Weltliteratur. Die Archetypen sind so wenig materiell und gleichwohl so real wie *"das axiale System des Kristalls, das gleichsam die kristalline Struktur aus der Mutterflüssigkeit vorformt, obwohl es selbst keine eigene stoffliche Existenz besitzt."* Archetypische Bilder und Ideen werden, wenn sie lebendig werden, getragen von starken Gefühlen - und verstärken so ihre Wirkung.

Die Menschen haben C.G. Jung und den Transpersonalen Psychologen viel zu verdanken. Aufgrund ihrer professionellen Neugierde kann das geheimnisvolle Unbekannte und die innere Schönheit in jedem Menschen auf eine überzeugendere Art und Weise anerkannt werden. Und es sieht fast so aus, als mache der Mystiker nur auf persönliche Weise das bewußt, was unbewußt bereits in jedem von uns angelegt ist.

Sir Alistair Hardy, Professor der Zoologie an der Universität von Oxford, hat durch Aufrufe in der Presse die Öffentlichkeit dazu ermutigt, über eigene Erfahrungen der Transzendenz zu berichten. Natürlich wurden dabei nicht die Worte "Transzendenz" (oder gar "religiös" und "spirituell") benutzt, um zu benennen, woran Professor Hardy Interesse hatte. Er fragte vielmehr beispielsweise: Waren Sie sich bei diesen Ereignissen eines außergewöhnlichen Wahrnehmungsvermögens bewußt? Hatten Sie das Gefühl, ein gewisses Verständnis über eine Sache oder eine Macht außerhalb der eigenen Person zu erlangen - egal, ob diese Kraft als Gott oder als etwas anderes interpretiert wurde?

Heute gibt es in Oxford ein nach Professor Hardy benanntes Zentrum, in dem seit mehr als 20 Jahren mehr als 5000 Berichte dieser Art gesammelt wurden. Computer werden für vergleichende Analysen herangezogen. Im Jahre 1990 wurde ein faszinierender Bericht, der auf diesem Material basiert, von Maxwell und Tschudin unter dem Titel "Seeing the Invisible" (Arkana/Penguin) veröffentlicht. Nicht nur Indien hat Menschen, die ungewöhnliche innere Erfahrungen machen; es gibt sie auch in England und anderswo. Viele Menschen auf der ganzen Welt machen wahrscheinlich regelmäßig transzendente Erfahrungen. Jedoch muß weiter geforscht werden - und wenn nur, um diejenigen zu überzeugen, die verständlicherweise sowohl sehr kritisch als auch sehr unvoreingenommen sein wollen.

Transzendenz - eine Veranlagung aller Menschen

Im vorhergehenden Kapitel haben wir zwischen echten und potentiellen Mystikern unterschieden. Hier nun ist eine weit umfangreichere Gruppe zu benennen: "die Mystiker aus Veranlagung". Diese Gruppe läßt sich nicht sinnvoll von den anderen beiden Kategorien abgrenzen. Vieles hängt davon ab, wie weit eine Person mit mystischer Veranlagung bereit ist zu gehen und fähig ist loszulassen. Die Angehörigen dieser Gruppe sind sich vielleicht gar nicht darüber bewußt, daß Transzendenz durchaus eine Veranlagung bei allen Menschen ist. Eine oder mehrere transzendente Erfahrungen genügen, um eine Aufwallung kreativer Aktivität auszulösen; denn Kreativität gehört ebenfalls in die tieferen Bereiche des Selbst, und alle wahren Mystiker haben einen angeborenen Drang zur Erneuerung. Viele Männer und Frauen, Künstler, Dichter, Musiker, Wissenschaftler, Fabrikarbeiter und sozial Engagierte betätigen sich durch Worte und Taten, die Transzendenz ausstrahlen. Vielleicht läßt sich so erklären, warum das Wort "Mystiker" locker, aber nicht unangemessen für einige herausragende Menschen benutzt wird.

Eine ausgezeichnete Sammlung kritischer Studien mit dem Titel *"Understanding Mysticism"* (Doubleday Image, 1980, Richard Woods) enthält 36 Aufsätze verschiedener kompetenter Fachleute. Ihr hoher wissenschaftlicher Standard macht sie zu einer guten Quelle für Studenten der Methodologie, Psychologie, Philosophie und Theologie der Mystik. Auch ästhetische Aspekte werden nicht vernachlässigt. Einige ausgewählte Texte, mit denen wir uns in diesem Kapitel noch beschäftigen werden, beziehen sich auf Quellen dieses Buches.

Zwei Studien des Arztes *Arthur J. Deikmann* sind besonders wichtig. Die erste Studie behandelt *"Deautomatization and the Mystic Experience"*, in der darauf hingewiesen wird, daß der Mensch in der Regel seine Aufmerksamkeit durch pragmatische Auswahlsysteme aufrecht erhält; diese Systeme werden mit der Zeit automatisch. Im täglichen Leben lernen wir, routinemäßig zu denken und zu handeln. Ungewöhnliche Zustände werden jedoch nicht mit dem Automatismus verbunden. Die *Kontemplation und Entsagung,* wie potentielle Mystiker sie lernen, helfen dabei, *dem Automatismus zu entkommen* und auf diese Weise ein neues Bewußtsein zu schaffen. - Als persönliche Bemerkung möchte ich hinzufügen, daß in hoch zivilisierten modernen Gesellschaftssystemen - besonders in denen, die ihre kulturellen Wurzeln verloren haben - die Gefahr besteht, menschliche Automaten zu erschaffen, die die zweifelhafte Freiheit genießen, wie jeder andere zu werden.

Der zweite Aufsatz von Deikmann *("Bimodal Consciousness and the Mystic Experience")* unterscheidet zwischen dem "aktiven Modus" und dem "rezeptiven Modus". Der aktive Modus ist in unserer heutigen Welt dominant und wird zur Manipulation der Umwelt eingesetzt. Er basiert auf einer scharfen Wahrnehmung von Vergangenheit und Zukunft und auf einer Erfahrung des Selbst als persönlich und abgesondert. - Im Gegensatz dazu wird beim rezeptiven Modus die Umwelt aufgenommen, und die lebendige Gegenwart gewinnt an Bedeutung. Die Welt wird befriedigender und einheitlicher erfahren, während die Grenzen zwischen dem Selbst und der Welt undeutlicher werden. Die monastischen Glaubensgemeinschaften bereiten ihre Anfänger auf mystische Erfahrungen vor, indem sie die rezeptive Wahrnehmung auf verschiedenste Art und Weise fördern. Bei den meisten Menschen unserer Zeit wird diese Art von Wahrnehmung überwiegend auf Geschlechtsverkehr bezogen, soweit dieser wirklich lustvoll ist. Soweit Deikmann.

Auch an dieser Stelle einige persönliche Bemerkungen. Ich möchte gerne beschreiben, *was bei einer tiefen ruhigen Kontemplation über die Wunder der unberührten Wälder, Berge oder Meere geschieht.* Wenn die rezeptive Wahrnehmung in vollständiger Weise

Wirkung zeigen soll, so müssen wir ganz in die Schönheit der Natur eintauchen und uns ihr voll und ganz hingeben. Es ist dann möglich, auf überwältigende Art und Weise eine freudige, berauschende Zufriedenheit zu erleben, sich seiner selbst auf einzigartige Weise bewußt und doch völlig aufgelöst. Hingabe macht Spaß und ist gesund. Ohne das Ego und den aktiven Modus ist das Überleben in unserer Zeit jedoch schwer. Aber jede Nacht, wenn wir einschlafen und wenn das Wachbewußtsein schwindet, setzt sich eine andere Art von Bewußtsein in Form von verschlüsselten Traumbotschaften durch, die liebevoll entziffert werden müssen. Deshalb müssen auch das Ego und der aktive Modus jeden Morgen aufs neue, frisch wie eine Knospe, aus den verzauberten Tiefen des Selbst auferstehen.

Im vollkommenen rezeptiven Modus stirbt das Ego jedoch für eine Weile, um das wahre Selbst als tiefen und anhaltenden Frieden an die Oberfläche treten zu lassen. Eine sexuelle Verbindung bringt Erfüllung, weil sie einem "kleinen Tod" ähnlich ist. Bäche und Flüsse können nicht warten, sich in den Ozean zu ergießen - egal, ob es sich dabei um fließendes Wasser oder fließende Liebe handelt. Der Tod als Erfahrung völliger und endgültiger Hingabe am Ende des Lebens muß in der Tat süß sein. Schlaf, Sexualität und mystische Meditation können jeweils auf eigene Weise Lernschritte sein, die uns weiterbringen. Die Tiefen des freundlichen Unbewußten sind mindestens ebenso verzaubert und dunkel wie das alles umfassende Große Mysterium.

Reisewege in die eigene innere Welt

Zwei Studien von *Roland Fischer* (ebenfalls aus der Woods-Sammlung) sind an dieser Stelle nützlich. Fischer setzt wissenschaftliche Methoden der Messung von Gehirnwellen ein, um obige Ausführungen auf eine wissenschaftlichere Art darzustellen. Auch bei ihm geht es um das "Ich" (das normale Ego) und das "Selbst", um Kreativität, Entspannung, Meditation und mystische Zustände. - Ich möchte seine Ansichten in Form eines Kommentars zu einem Diagramm aus seinem Material (siehe folgende Seite) erläutern, in dem verschiedene Bewußtseinszustände dargestellt werden. In seinem Artikel "A Cartography of Ecstatic and Meditative States" bietet er sich als Reiseleiter für eine Reise in die innere Welt an. Der Artikel ist eine recht schwierige, wissenschaftliche Darstellung. Seine zweite Studie *("Ich kann mich nicht erinnern, was ich gestern abend gesagt habe, aber es muß gut gewesen sein")* ist populärer und behandelt ähnliche Aspekte.

Die nachstehenden Erklärungen geben mein Verständnis des Inhalts der Fischer-Studien wieder. Der Mittelpunkt seines Diagramms ist ein innerer Halbkreis, der auf einer Basis ruht, die wie eine sehr lang gezogene liegende Acht aussieht (d.h. ∞)

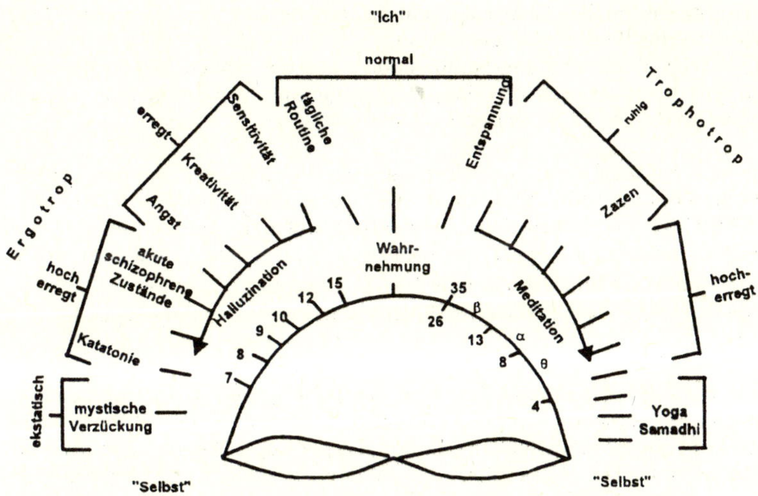

Auf dem Außenrand des Halbkreises gegen den Uhrzeigersinn befinden sich kleiner werdende Zahlen: 35, 20, 15, usw. bis 7. Diese Zahlen stellen die progressive Minderung der Amplituden der Gehirnwellen dar, wie sie von einem EEG-Gerät gemessen werden (die eigentlichen Zahlen wurden von Goldstein und anderen mit einem Spezialintegrator ermittelt).

Auf der Innenseite des Halbkreises im Uhrzeigersinn befinden sich ebenfalls kleiner werdende Zahlen: 26, 13, 8, 4. Diese stellen die progressive Minderung der Frequenz der Gehirnwellen in Zyklen pro Sekunde (Hertz) dar. Die griechischen Buchstaben gegenüber diesen Zahlen erinnern uns daran, daß Wellen mit einer Frequenz über 13 Hertz als Beta-Wellen, über 12 Hertz als Alpha-Wellen und zwischen 4 und 7 Hertz als Theta-Wellen bezeichnet werden.

Stellen wir uns nun vor, daß sich in der Mitte des Halbkreises (oder im Mittelpunkt der liegenden Acht) der Zeiger einer Uhr befindet, der sich über den Halbkreis bewegt. In der 12.00 Uhr Position zeigt der kleine Zeiger auf 20 und weiter oben auf *Wahrnehmung-Normal-Ich*. In der 9.00 Uhr Position zeigt der kleine Zeiger auf den äußerst linken Bereich der liegenden Acht (in Richtung *Selbst-mystische Verzückung-Ekstase)*.. In der 15.00 Uhr Position zeigt er wieder auf *"Selbst"*, jedoch auf *Yoga Samadhi* (also letztendlich der Zustand reiner Bewußtheit ohne Gedanken).

Der Bereich zwischen ca. 11.30 Uhr und 12.30 Uhr stellt normale alltägliche Aktivitäten und Wahrnehmungen dar.
Die Einnahme von bestimmten Drogen, beispielsweise Mescalin und LSD, führt zu einer Verlagerung der Gehirnaktivitäten in den Bereich *Wahrnehmung-Halluzination* (der linke Pfeil zeigt gegen den Uhrzeigersinn).
Drogen wie Alkohol und Beruhigungsmittel führen jedoch zu einer Verlagerung der normalen Gehirnaktivität in den Bereich *Wahrnehmung-Meditation* (rechts, Pfeil im Uhrzeigersinn).
Der Weg Wahrnehmung-Halluzination auf der linken Seite endet in *mystischer Verzückung;* der Weg Wahrnehmung-Meditation auf der rechten Seite führt zum *Yoga Samadhi.*

In beiden Fällen wird das "Selbst" auf eine Weise wahrgenommen, bei der die Wahrnehmung des "Ego" und des Getrenntseins ausgeschaltet ist. Das "Selbst" auf der linken Seite ist identisch mit dem "Selbst" auf der rechten Seite. *Samadhi verschmilzt mit ekstatischer Verzückung und umgekehrt.* Im Diagramm wird dies durch eine Wellenbewegung (~) dargestellt, die durch Überlagerung zweier unterschiedlicher Kurven (~ + ~) die liegende Acht ergibt.

Die Bewußtseinszustände links von der Mitte (gegen den Uhrzeigersinn) bedeuten zunehmende Erregung ("Ergotrop"); rechts von der Mitte (im Uhrzeigersinn) entsteht zunehmende Ruhe ("Trophotrop"). Es gibt also zwei Reiserouten in die Tiefen des Selbst. Am Ende eines jeden Weges ergeben sich Ekstase und *Samadhi* aufgrund des fließenden Übergangs in einer dynamischen Wechselwirkung. In Indien wird beispielsweise häufig der Weg der freudvollen Anbetung *(Bhakti)* oder der Weg des tiefen Erkennens *(Gnana)* gewählt.

Die sorgfältige Betrachtung des Diagramms könnte zu weiteren persönlichen Einsichten führen. Beispielsweise wird klar, warum unter Fachleuten die Verbindung zwischen Drogen und Mystik oder zwischen Kreativität und "Verrücktheit" oder zwischen Mystik und Schizophrenie so intensiv diskutiert wird. Auch wird klar, daß das Zazen der Zen-Buddhisten im Vergleich zum Samadhi der Yogis ein anderes Bewußtsein des JETZT bedeuten muß. Und schließlich, warum Ferien in Wäldern und die tief empfundene Freude an Sexualität und Gebet im Gehirn als Erfüllung registriert werden können.

Das Wort 'Kontinuum' sollte nicht so verstanden werden, als müsse man auf dem Weg vom "Ich" zum "Selbst" notwendigerweise Schritt für Schritt die einzelnen Stufen durchleben. Fischer sagt dazu: "Während ein kreativer Mensch frei zwischen den 'normalen' und kreativen Zuständen wechselt, ist der chronisch Schizophrene in einer 'Computer-Schleife' gefangen. Und ein talentierter Mystiker muß natürlich nicht alle Schritte durchlaufen, bevor er die Ekstase erreicht."

Wissenschaftliche Daten dürfen nicht mit einer Interpretation dieser Daten verwechselt werden. Die Subjektivität eines Wissenschaftlers zeigt sich nicht nur durch die Art und Weise, wie Daten interpretiert werden, sondern auch durch seine Wahl, was dargestellt und wie es dargestellt wird. Eine Bereitschaft, diese Unterscheidungen zu treffen, sollte auch die Bereitschaft enthalten, die eigene Voreingenommenheit zu erkennen, so berechtigt sie auch sein mag. Dies gilt sowohl für Wissenschaftler, die naturalistische oder reduktionistische Interpretationen liefern als auch für Gläubige, die theistische oder übernatürliche Interpretationen liefern. Alle Interpretationen harter Fakten sind zwangsläufig tendentiös. - Ich selbst entscheide mich oft ganz bewußt für eine Interpretation von Fakten, die in Richtung einer verzauberten Dunkelheit geht, die uns durchdringt und einhüllt. Ich rechtfertige diese Interpretation, weil sie für mich Sinn ergibt und weil ich weiß, daß sie zu großer persönlicher Freude und Erfüllung führt. Darüber hinaus gibt es den sozial relevanten Vorteil, die wunderbaren, vernetzten Hierarchien innerhalb von Körper-Geist-Seele eines jeden Menschen zu erkennen. Einzeln oder gemeinsam, die Menschen sind in dem "Einen" verbunden, das so überaus ehrfurchtgebietend und anziehend ist. Können wir wirklich bezweifeln, daß wir "ehrfurchtsvoll und wundervoll" sind ?

KAPITEL 10

DIE WIEDERENTDECKUNG DES WEIBLICHEN

"Das Wirken dieser Frauen (indischer Dichter-Mystikerinnen) und die Legenden, die sie umgeben, zeugen nicht nur von deren Kreativität, sondern auch von der freudigen Erforschung ihrer eigenen inneren Wahrheit, selbst wenn dies für die meisten von ihnen eine radikale Abkehr von der ihnen zugedachten gesellschaftlich festgelegten Rolle der Frau bedeutet."

- Madhu Kishwar -

"Weiblicher Heroismus ist das, was jetzt von uns gefordert wird - von allen, Männern und Frauen."

- Robert A. Johnson -

In diesem Kapitel sollen bestimmte Aussagen bewertet werden, wie beispielsweise:

- In unserer Zeit geht es primär um die Befreiung "des Weiblichen" in Männern und Frauen aus dem hinderlichen Einfluß einer patriarchalischen Kultur ...

- Die Mystikerinnen der hinduistischen und christlichen Kultur waren bereits vor vielen Jahrhunderten echte Pioniere bei der Befreiung ihrer eigenen Weiblichkeit...

- Religiöse und psychologische Eigenarten betreffen bei dieser primären Aufgabe weniger biologische Aspekte als die geschlechtsspezifische Rollenverteilung in der Gesellschaft.

Der Schoß der Mutter ist unsere erste Heimat; das Schlagen ihres Herzens liefert das erste Gefühl für Geborgenheit und Sicherheit; die Weichheit und Wärme ihrer Brust läßt uns das erste Mal noch unbewußt erleben, was es heißt, genährt und erhalten zu werden. Dies ist für uns selbstverständlich, und wir vergessen, daß eine Mutter darüber hinaus ein weibliches Wesen ist - mit ähnlichen Bedürfnissen, Trieben und Sehnsüchten wie ein Mann.

Selbstverständlich gibt es Unterschiede. Die Menschlichkeit einer Frau ist verbunden mit dem Mondzyklus, der Quelle des Lebens und den *"scheuen Waldgeistern"* (ein von Robert M. Stein entliehener Ausdruck). Ihr Wesen ist anmutig und von fließender Grazie; sie ist erfüllt von der Ebbe und Flut geheimnisvoller Sehnsüchte. Man vergißt dabei oft die ungeheure Muskelkraft, die eine Frau bei der Geburt einsetzt, um ihr Kind durch die Enge des Geburtkanals zur Welt zu bringen, oder die enormen Energiereserven, die ihr für ihre Familie zur Verfügung stehen. Die unglaubliche Kraft ihrer Hingabe beweist, daß auch durch Nachgeben und Loslassen Siege davongetragen werden können. Sie ist der Erde näher und wird wie diese unterschätzt. - Sie wird das "schwächere Geschlecht" genannt - sicherlich ein Paradoxon. Ritterlichkeit ist nur ein angemessener Tribut männlichen Respekts vor dem polaren Magnetismus, der von diesem völlig andersartigen Wesen ausgestrahlt wird und einer Verehrung würdig ist. Die patriarchalische Weltanschauung, die die meisten Gesellschaftssysteme seit drei- bis fünftausend Jahren beherrscht, muß in unserer Zeit neu bewertet werden. Dies ist ein Gebot der Wahrheit und der Gesundheit, wie auch des gesunden Menschenverstandes.

Die Mystikerinnen vergangener Jahrhunderte hatten im großen und ganzen ein Selbstbild, das dem der Feministinnen unserer 90er Jahre entspricht. Damals lebten göttlich inspirierte Frauen, die von ihrer inneren Quelle genährt wurden - eine Situation, die man heute am besten mit Hilfe der Erklärungen von Jung oder seiner Nachfolger verständlich machen kann. Auf jeden Fall wird diese Denkweise (wie sie zum Beispiel in dem Buch "To be a Woman" von *Connie Zweig* geschildert wird) selbst diejenigen ansprechen, die vor der kraftvollen Rhetorik der Feministinnen in den 60er und 70er Jahren zurückschreckten.

Der männliche Anteil des weiblichen Unbewußten wurde von *C.G. Jung* als "Animus" bezeichnet und der weibliche Anteil des männlichen Unbewußten als "Anima". Wenn eine Frau ihre positive Animus-Vorstellung (Held) auf einen Mann projiziert, und wenn ein Mann seine positive Anima-Vorstellung (Traumfrau) auf eine Frau projiziert, dann verlieben sich die beiden, heiraten auf traditionelle Weise und führen ein Leben nach stereotypen geschlechtsspezifischen Rollen. Es gibt natürlich katastrophale Konsequenzen, wenn die Projektionen einmal wie Seifenblasen zerplatzen und der negative Animus (Verräter) oder die negative Anima (Hexe) hervorbrechen.

Jung erforschte leidenschaftlich die Tiefen der Psyche; furchtlos und zuversichtlich suchte er neue Wege zur Bewertung und Einordnung menschlicher Erfahrungen. Jedoch sind innere Erfahrungen für einen bestimmten Menschen in jeder Hinsicht leicht beeinflußbar, und ihre undefinierbaren Reichtümer können grenzenlos auf die verschiedensten Stimulationen persönlicher oder kultureller Art reagieren. Jungs Ansichten über Sexualität, Rollenverhalten und Ehe sind auch heute noch von großem Interesse, wenn auch seine Eingebungen, obwohl im wesentlichen korrekt, ständig verfeinert werden müssen, damit sie dem Reichtum sich entwickelnder menschlicher Erfahrungen standhalten können. - Man könnte sich beispielsweise fragen, ob Jung deutlich genug zwischen **geschlechtlichen Unterschieden** (Mann - Frau) und dem **unterschiedlichen Rollenverhalten** (männlich - weiblich) differenzierte. Denn einmal handelt es sich um biologische Aspekte, die eher mit Chromosomen, Hormonen und Gehirnmustern zu tun haben; und andererseits handelt es sich um persönliche oder kulturelle Aspekte, bei denen Erwartungen, Rollenverhalten und Bewußtseinsformen einen stärkeren Einfluß ausüben. Forschungsergebnisse der letzten Zeit haben durch Erkenntnisse der Wechselwirkungen von Gehirnmustern und kulturellen Verhaltensmustern erwiesen, daß diese Probleme einer Unterscheidung noch viel komplizierter sind.

Post-Jungianer weisen ferner darauf hin, daß Jung selbst wohl kaum eine patriarchalische Perspektive vermeiden konnte, da sie ein fester Bestandteil seiner kulturellen Konditionierung war. Selbst heute kann man berechtigterweise daran zweifeln, ob Unterschiede im Rollenverhalten wirklich angeboren sind, und wenn doch, in welchem Umfang. Eine Mutter, die mehrere Kinder allein aufzieht, wird häufig "männliche" Qualitäten entwickeln, die sie kaum für möglich gehalten hätte. Hormone sorgen jedoch bereits im Foetus für die Unterscheidung zwischen weiblich und männlich und haben wahrscheinlich einen Einfluß auf die unterschiedliche Ausprägung des Gehirns.

Das Weibliche und Männliche zum Einklang bringen

Begriffe wie "weiblich" und "männlich", lassen sich am besten durch die Zitate einiger Autoren beschreiben, die in der Sammlung von *Connie Zweig* "To be a woman" enthalten sind:

> "Im Gegensatz zur männlichen Art und Weise, die ein Ziel bestimmt und sich geradewegs auf dem kürzesten Wege darauf zubewegt, zieht das Weibliche den Weg dem Ergebnis vor, geht dabei verschlungene Pfade und genießt das Vergnügen der Reise."
>
> \- Marion Woodmann -

> "Das Männliche trennt, unterscheidet, kontrolliert, erobert, harrt aus, überwindet, strebt und schafft; das Weibliche empfängt, erlaubt, gibt nach, nimmt auf, löst, vereinigt, verbindet und gebärt."
>
> \- Sukie Colgrave -

> "Zwar haben wir nur einige der Grundqualitäten des Weiblichen angesprochen - das Materielle; das Erotische; die kühne, pragma-

tische Vernunft; den unergründlichen Geist des Waldes - das, was sie alle gemeinsam haben ist: die Nähe zur Erde und das Einbezogensein in all das, was lebt; das Bedürfnis zu nähren, Wachstum zu fördern; das Bedürfnis nach Nähe, nach Vereinigung mit dem anderen oder mit der Natur. In den allermeisten Fällen scheint das Weibliche sich frei und behaglich zu bewegen, wenn es sich mit Erde und Natur verbunden fühlt. Das Männliche hingegen strebt danach, Distanz zur Erde zu suchen, um Freiheit für den reinen Geist im Reich der abstrakten Ideen und universalen Prinzipien zu finden."

- Robert M. Stein -

Weiblich und männlich sind ursprünglich geschlechtsspezifische Metaphern für die in **allen Menschen innewohnenden Polaritäten;** jeder kann diese in seiner eigenen Psyche wahrnehmen. Diese "Grundwahrheit" gelebter menschlicher Erfahrung ist eine absolute Tatsache: eine Wirklichkeit, die niemals vergessen oder wegrationalisiert werden kann. Sowohl das Weibliche als auch das Männliche existiert **gleichzeitig** in jeder Frau und jedem Mann. In der Terminologie von Jung werden sie als "Archetypen" bezeichnet.

Volle menschliche Integration bedeutet, daß Frauen ihre fundamentale Weiblichkeit bewahren und in fruchtbarem Einklang mit dem "Männlichen" bringen und Männer ihre fundamentale Männlichkeit in dauerhafte Beziehung mit den fruchtbaren Tiefen des "Weiblichen" bringen. Die unbewußte Polarität kann bewußt eingesetzt werden, *um Ganzheitlichkeit und Gesundheit zu fördern.* Um dies zu erreichen, müssen ein fokussiertes Bewußtsein und eine kreative Vorstellungskraft eingesetzt werden. Im 21. Jahrhundert benötigen wir Menschen mit diesen neuen Qualitäten. Wenn Bewußtsein und Unbewußtes zusammentreffen, entstehen neue Formen der Ordnung aus dem anscheinenden Chaos.

Die verschiedentlich vorgenommenen Versuche, diese Polaritäten verständlich zu machen, bieten brauchbare Einsichten in die Reichtümer einer sich verformenden Dunkelheit. Jeder Ansatz bringt ein Bruchstück aus den unergründlichen Tiefen zu Tage - jeweils mit unterschiedlicher Ausstrahlungskraft: Anima - Animus; Yin - Yang; Shakti - Shiva; Dionysos - Apollo; Eros - Logos; rechte Gehirnhälfte - linke Gehirnhälfte, analog - digital. Einige der Gegensatzpaare haben keinerlei Bezug zu einem Geschlecht! Konzepte sind wertvoll; sie erlangen jedoch erst dann ihren wahren Wert, wenn man die nicht mit dem Verstand faßbare Essenz der Konzepte entdeckt.

"Wie willst du wissen, ob nicht jeder Vogel,
Der den Luftweg durchschneidet,
Eine ungeheure Welt des Entzückens ist,
Verschlossen deinen fünf Sinnen?"

- William Blake -

"Die Menschen ertragen nicht sehr viel Wirklichkeit."

- T.S.Eliot -

Wenn Konzepte versagen, kann die Dichtung oder besser noch die Musik helfen. Besonders hilfreich ist es, eins zu werden mit dem Vogel, wie es die Mystiker tun. Konzepte, Wissenschaft, Dichtung, Musik und Mystik haben alle ihren Platz in einem erfüllten Leben. Der Sinn für das Wunderbare und das Mysterium bleiben stets erhalten.

In ihrem Aufsatz "The Personal and Cultural Emergence of Yang-Femininity" drückt es *Genia Paul Haddon* (ebenfalls aus dem Buch von C. Zweig) folgendermaßen aus:

> "Sich gegenseitig ausschließende Gegensätze, von unterschiedlichen Bewußtseinsebenen betrachtet, sind in dem Moment nicht mehr gegensätzlich, wenn sie von Bewußtseinsebenen betrachtet werden, die gleichzeitig in mehreren Kontexten verwurzelt sind. Das Ego und das Unbewußte können so dargestellt werden, daß sie sich gegenseitig, hin und her, Geburtshilfe bei der Förderung der Selbst-Transzendenz leisten. Obwohl dies im patriarchalen Zeitalter sehr ungewöhnlich war, ist diese Art des Bewußtseins von den großen Mystikern aller Religionen erreicht worden... Im Zeitalter der Moderne wird solches multivalente Bewußtsein wahrscheinlich selbstverständlich werden."

Der Mutterleib - Symbol mystischen Geistes

Die Metapher der "Hebamme" ist die Verbindung zum "Chaos" im Mutterleib - einer seltsam kleinen Welt, die sich nicht durch Konzepte erfassen läßt und aus der die meisten Menschen doch ziemlich organisiert hervorgegangen sind. Der Mutterleib ist die Metapher eines Milieus, in dem Platz für Vater, Mutter und Kind ist; für die ferne Vergangenheit, die sich entwickelnde Gegenwart und die schwangere Zukunft. Die Flüssigkeiten in Plazenta und Uterus sind ohne Frage "verschwommen". In dieser glücklichen Verwirrung gibt es sicherlich auch noch Platz für hilfreiche Konzepte wie Genetik, Biochemie, Embryologie, Gynäkologie usw. Aber alle Konzepte, einzeln oder gemeinsam, können die erstaunliche Wirklichkeit nicht erschöpfen.

Sollten sich nicht Dichtung und Musik einmal mehr dem Mutterleib widmen? Dem eigentlichen Nest, dem alle Dichter, Musiker, Wissenschaftler und Mystiker entschlüpft sind und das sie von Anbeginn an nährte? Es gibt ja auch viele Liebeslieder und Lobgesänge für die Mütter. Der schwangere Leib symbolisiert das Königreich des Weiblichen und reflektiert die völlig reale und dennoch geheimnisvolle Welt, in der die Mystik lebt. - Das semitisch-arabische Wort für Gebärmutter ist "rahim" und bedeutet zugleich "barmherzig". - Das Universum gebiert unablässlich unsere lebendige Erde, die selbst der Mutterleib des mystischen Geistes ist, aus dem immerzu neue Formen einer göttlich inspirierten Menschheit geboren werden. So wird durch die reifesten Vertreter der Menschheit ein Zyklus überschwenglichen Lebens zur Erfüllung gebracht, der mit Gott begann, der Mutter und Vater und Geliebte/r ist.

An dieser Stelle soll*Piere Teilhard de Chardin,* der - was wenig bekannt ist - ein außergewöhnliches Verhältnis zu Frauen hatte, mit seiner "Hymne an das Ewig-Weibliche" zu Wort kommen:

> "Gott hat mich als Anfang und Ursprung der Vielfalt erdacht und gemacht,
> Als die Kraft, die verdichtet und den Dingen Mitte und Heimat ist.
> Ich bin das einigende Antlitz aller Seienden,
> Der Duft, der sie anzieht und herbeilockt,
> Sie in Freiheit und Leidenschaft mitreißt auf dem Weg ihrer Einigung...
> Durch mich gerät alles in Bewegung, wird alles in Ordnung gebracht
> Ich bin die Anmut, die in die Welt eingesenkt ist...
>
> Ich bin das Wesenhaft Weibliche.
> Im Anfang war ich wie eine Woge der Kraft, ein Hauch der Liebe
> Für die noch schwachen Strebungen wechselseitiger Polaritäten...
>
> Durch die schöpferische Verflochtenheit meines Wesens mit der Natur
> Wirke ich als ihr Lebensprinzip, bin ich die Seele der Welt.
> In Wahrheit, ich bin der allgegenwärtige Charme des Universums,
> Ich bin das vielgesichtige Lächeln der Schöpfung.
> Ich bin der Zugang zum universalen Herzen der Welt,
> Die Tür zur Erde - die Initiation - ich selbst bin ihr Herz.
> Wer mich ergreift, der... wird vom Universum ergriffen."

(ins Deutsche übertragen von Hans Urs von Balttasar, Johannes Verlag, Einsiedeln 1968)

Oben wurde vorgeschlagen, das patriarchalische Weltbild einer Neubewertung zu unterziehen. Das Patriarchat hatte für die Menschheit zahlreiche Vorteile gebracht. Jedoch müssen auch die Nachteile erkannt und ausgeglichen werden, damit alle Menschen ganzheitlich Erfüllung finden können.

In "Jung and the Post-Jungians" bietet *Andrew Samuels* einige Gedanken zu einem tieferen Verständnis des Patriarchats:

> "Zum Wesen des Patriarchats gehört es, alle Dinge an ihrem Platz zu haben. Es wird charakterisiert durch die Attribute: Ordnung, vielleicht sogar Rangordnung, auf jeden Fall Disziplin. Selbst die Art und Weise, wie wir unsere Sprache gebrauchen, ist hierdurch geprägt; denn wir denken selten an ein Element, ohne zugleich an sein Gegenteil zu denken. Das Patriarchat schätzt die 'diffuse Bewußtheit' nicht...; es sucht nicht die 'Weisheit im Wandel'...; es verachtet ein Gefühl 'elementaren Seins'...; 'mondähnliche Träumereien' werden nicht gut geheißen. Sie sind der Anima zugeordnet."

Die meisten Menschen leben heute in einer kulturellen Umgebung, in der das Patriarchat und das "Männliche" dominieren und in der die Anima in beängstigender Weise unterbewertet wird. Matriarchalische Gesellschaften gibt es nur noch als isolierte, kulturelle Enklaven, die oft als primitiv gelten. Der Ausdruck "primitiv" stimmt in gewisser Weise. In der fernen Vergangenheit, in einer Zeit, in der das Weibliche stärker im Vordergrund stand, waren Fruchtbarkeit, der stets wiederkehrende Zyklus der Jahreszeiten, der Kult der Muttergöttin und ähnliche Dinge wichtige kulturelle Aspekte. Nicht alles aus der fernen Vergangenheit sollte einfach abgelehnt werden. Die moderne Gesellschaft verdankt viel den Prinzipien von Ordnung und Organisation und klarem Denken - Eigenschaften, die dem patriarchalischen Weltbild zugeordnet werden. Dabei ist jedoch die Harmonie, die Ausgewogenheit zwischen dem "Männlichen" und dem "Weiblichen" verlorengegangen. Das Ergebnis davon ist eine Vernachlässigung von Natur, Umwelt, Ritualen, Instinkten, Gefühlen, Körperenergien und herzlichen Beziehungen. Der Geist wurde vom Körper getrennt; der Verstand von der Seele; das Bewußte vom Unbewußten, und die elementaren menschlichen Bedürfnisse von den starren Leistungszwängen.

Das Große Mysterium ist überzeugend: Nichts kann getrennt von allem anderen existieren.

Wenn *G. P. Haddon* von "Emergent Age" ("Sich entwickelndes Zeitalter") spricht, so tritt sie für ein umfassenderes Weltbild ein, in dem die männliche und weibliche Rolle ebenbürtig und mit gleicher Bedeutung betrachtet werden.

> "Die Überzeugung, daß das Patriarchat völlig abgelehnt werden müsse, bevor man sich in ein neues Zeitalter bewegen kann, ist an sich schon wieder ein Ausdruck einer patriarchalischen Entweder-oder-Mentalität".

Sie wird in ihrer Meinung von anderen bekannten Schriftstellern, Männern und Frauen, unterstützt, die erkannt haben, daß in einer neuen, auf partnerschaftlichen Beziehungen beruhenden Gesellschaft eher eine Sowohl-als-auch-Mentalität vorzuziehen ist. Das heißt, daß beide Geschlechter ihr bisheriges geschlechtsspezifisches Bewußtsein und Rollenverhalten neu bewerten müssen.

Edward Whitmont fordert beispielsweise eine radikale Veränderung des männlichen Wertesystems in beiden Geschlechtern:

> "Das heroische Streben nach Dominanz, Eroberung und Macht, die 'Oben-Unten-Ordnung' der Dinge, die Regeln von Autorität und Rang, von Recht und Unrecht, von meinem Weg und deinem Weg, werden gegen die Fähigkeit, simultane, anscheinend sich gegenseitig ausschließende Gegensätze auszuhalten, ausgewechselt werden müssen. Wir müssen lernen, verschiedene Schattierungen und ein Spektrum von Farben mehr zu schätzen als Schwarz-Weiß-Systeme; uns der anders verflochtenen Polyphonie tiefer zu freuen als einer einzigen, dominanten Melodie, zu der der Rest des Ensembles nur noch harmonisierende Klänge hinzufügt."

Whitmont schlägt vor, das traditionelle *Bild des Helden durch eine Tradition der Göttin zu ergänzen,* damit die "neue Weiblichkeit als Priesterin der Fülle des Lebens hervortreten könne". - Diese Sichtweisen können auf verschiedene Weise ausgedrückt werden. Der eine oder andere mag die Einstellung von *Robert A. Johnson* vorziehen, die er in einem kleinen Buch voller Weisheiten ("Femininity lost and regained", deutsch: "Verlorene und wiedererlangte Weiblichkeit") näher erläutert:

> "**Weiblicher Heldenmut** ist das, was heute von uns gefordert wird; von allen, Männern und Frauen... Wir können nicht länger der erobernde (männliche) Held sein, der sein Territorium, seine Prinzipien, seine Frau, seine Rechte verteidigt. Wir müssen zu dem **umarmenden Helden** werden, der den angemessenen Platz für jede Beziehung im Leben findet, der nährt und schützt und versorgt, so daß Wachstum möglich wird... in einer Umgebung **voller Liebe und Ganzheitlichkeit**. Dieser Heroismus erfordert alle nur erdenkliche Fähigkeit und Intelligenz, alle Kräfte und allen Mut eines Herois-

mus, mit dem wir alle vertraut sind. Vielleicht erfordert dies sogar noch mehr. Denn es ist weniger aufsehenerregend, weniger dem Ego dienend, weniger unmittelbar unsere Naturinstinkte befriedigend."

Johnson weist darauf hin, daß das neue Heldentum der Liebe und Ganzheit eine Lehrzeit erfordert, die ebenso schwierig sei, wie die der großen kriegerischen Helden der Vergangenheit. Um ein solches Heldentum zu erlangen, seien vergleichbare Fähigkeiten und eine ähnliche Kreativität erforderlich.

Die "feministischen" Schriften dieser zeitgenössischen Frauen und Männer rufen alle dazu auf, das Heldentum (und selbst die Transzendenz) zu feiern, das frei hervortreten kann, wenn die gefangenen Potentiale der latenten Gegensätze befreit werden. Wenn wir in einem nachpatriarchalischen Zeitalter des Matriarchats leben würden, würde man unter Umständen von der Aktivierung der Männlichkeit des Menschen sprechen.
Der elektrische Strom fließt erst dann, wenn zwei gegensätzliche Pole ausreichend in Verbindung stehen.

Schriftsteller und Therapeuten, die den Weg der Tiefenpsychologie gewählt haben, sind dabei zu ähnlichen Erkenntnissen gelangt wie sie die Intuition der MystikerInnen ermöglicht, für die der bevorzugte Weg der einer **"Tiefenspiritualität"** ist und war. Beide Gruppen zeigen uns, was wir wirklich sind und was wir sein können. Beide sind davon überzeugt, daß es sich lohnt, ein volleres Leben anzustreben und daß dies auch möglich ist - wie schwierig und hinderlich auch die vorherrschende kulturelle Umgebung sein mag.

Die Psychologen der Schule Jungs sind von der Tendenz her eher säkular, weniger religiös, und zuversichtlich, Veränderungen ohne Hilfe von außen ("Gott") zu erreichen. Die MystikerInnen vertreten in allen drei Fällen eine andere Meinung. Welche Gruppe hat recht? Hier eine Entweder-oder-Frage zu stellen oder eine Alternative zu wählen, wäre wieder patriarchalisch! - Eine alles umfassende Möglichkeit (Sowohl-als-auch) wäre es, zu vermeiden, Gott als getrennt vom Leben in welcher Form auch immer zu sehen.

Gerard Manley Hopkins erklärt es folgendermaßen:

> "Die Welt ist erfüllt von der Erhabenheit Gottes.
> Sie will blinken wie das Glitzern einer geschüttelten Folie.
> Sickernd wie gepreßtes Öl
> Sammelt sie sich in Fülle...

> Frische wohnt innig tief in den Dingen...
> Denn Gottes Geist brütet über der gebeugten Welt
> Mit warmer Brust und mit ach! so strahlenden Flügeln."

Das "Heldentum der Liebe und Gesundheit" zeigt sich durch **Hände**, die arbeiten und liebkosen; durch einen **Intellekt**, der sowohl die Ordnung als auch das Chaos liebt; durch **Herzen** voller Großmut und durch **Seelen,** *die ganz in die Welt eintauchen, um sie wissen und sie transzendieren.* - Wenn das säkular ist, dann soll es so sein! Wenn es religiös ist, warum klagen? Die Menschheit muß alles ertragen können, was zur Wirklichkeit gehört.

Mystikerinnen als Vorkämpfer "neuer Weiblichkeit"

Um die Mystikerinnen vergangener Zeiten als die Vorkämpferinnen einer "neuen Weiblichkeit" ausreichend zu würdigen, müßte viel gesagt werden. Ihr Ringen fand in einer völlig anderen Umwelt statt, die noch stärker patriarchalisch geprägt war als unsere. Wieviel stärker wäre ihr Einfluß gewesen, wenn sie über unsere heutigen modernen Kommunikationsmittel verfügt hätten? Es ist ganz und gar nicht meine Absicht, die mutigen Errungenschaften der Feministinnen unserer Tage zu schmälern, jedoch soll deutlich gemacht werden, daß schon vor Jahrhunderten diese "Schwesternschaft" vorweggenommen wurde.

Es ist an dieser Stelle nur möglich, in aller Kürze über das Leben einiger früher christlicher und hinduistischer Mystikerinnen zu berichten, wobei der Schwerpunkt im wesentlichen bei der zweiten Gruppe liegen wird, da es über sie weit weniger verfügbare Literatur gibt. In beiden Gruppen treten die interessantesten Vertreterinnen unter den Frauen auf, die den Weg der Hingabe zum Göttlichen wählten. Das bedeutet für die Hindu-Mystikerinnen im wesentlichen der Pfad des *Bhakti** (mystische Haltung der Hingabe).

Von beiden Gruppen wurde jedoch die *innere Befreiung* nicht bewußt gesucht (im Gegensatz zu modernen Feministinnen); sie geschah vielmehr *spontan.* Die Auswirkungen auf den zwischenmenschlichen Bereich waren in der Regel so, daß die Mystikerinnen ein hohes Selbstwertgefühl und Selbstvertrauen besaßen sowie eine erhöhte Kreativität ausstrahlten, voller Mut wichtige Entscheidungen trafen und sich durch gesellschaftliche Konventionen nicht einschränken ließen. Denn Gott ist alles in allem, und nichts und niemand kommt dazwischen. Nur wenige wagten es!

Der Respekt für das mystische Geschenk führte in der Vergangenheit weder im Hinduismus noch im Christentum dazu, den Status von Frauen in der Gesellschaft zu verändern oder allen Frauen dieselben Grundrechte einzuräumen, wie sie Männern zustanden. Die Zeit war noch nicht reif, und die moderne Feministin war noch nicht geboren. Säkularismus wird erst seit relativ kurzer Zeit akzeptiert. Vor dieser Zeit entstanden viele Reformbewegungen aus religiöser Inspiration.

In den *Bhakti*-Kulten wurde die Gottheit von den jeweiligen Anhängern (*Bhaktas**) entweder als ES ohne irgendwelche Attribute (*Nirguna**) oder häufiger als eine persönliche Gottheit (ER oder SIE) mit Attributen wie Liebe oder Ärger (*Saguna**) betrachtet. Neben Krishna gehörten (und gehören) Devi, Durga, Shiva und Vishnu zu den beliebtesten männlichen und weiblichen Gottheiten. Indien ist und bleibt das Land, in dem alle Versuche einer strikten intellektuellen Kategorisierung zum Scheitern verurteilt sind. Die Wirklichkeit ist für Kategorien zu komplex. In den *Bhagavata Purana** werden selbst dem *Nirguna Brahman** persönliche Attribute gewährt; es erscheint sogar in der Form von Krishna unter den Menschen. Wenn Göttinnen als Gefährtinnen eines übergeordneten männlichen Gottes auftreten (z.B. Lakshmi oder Parvati), so verhalten sie sich stets als vorbildliche Gattinnen und Mütter.

> "In den Traditionen Südindiens hat jedoch jedes Dorf eine eigene, andersartige Göttin. Es sind jungfräuliche Göttinnen, die ihre Gatten herausfordern, sie töten, ja selbst verzehren. In diesen Kulturen ist das Männliche oft von untergeordneter Bedeutung."
>
> - A. K. Ramanujan -

Indien muß sich selbst heute noch in einer "säkularen Demokratie" mit den unterschiedlichen Methoden auseinandersetzen, wie landesweit mit der weiblichen Energie umgegangen wird. Positiv ist, daß das Geheimnisvolle der weiblichen Energie anerkannt und in personifizierter Form verehrt wird. Vielleicht hatte deshalb Indien bereits lange vor anderen Ländern mit einer weit stärkeren praktisch motivierten Lobby für Frauenrechte eine berühmte Premierministerin. Negativ ist, daß die Unterdrückung der Frauen weit verbreitet ist und oft sogar von den Frauen selbst stillschweigend hingenommen wird. Die sogenannten Aussteuer-Tode sind hierfür das schlimmste Beispiel; es kann passieren, daß die junge Ehefrau tatsächlich ermordet wird, falls die im Ehevertrag vereinbarte Aussteuer nicht gezahlt werden kann. Die gerade entstehende feministische Bewegung Indiens muß erst noch ins Rollen kommen. Wie können Frauen dazu bewegt werden, sich für ihre Rechte einzusetzen, wenn ihr unmittelbares Bedürfnis Wasser ist?

Die *Bhakti* -Bewegung wurde sehr populär, weil sie es einer Gruppe tief religiöser Menschen gestattete, mit Hilfe von Sanskrit, der Gelehrtensprache Indiens, über die gesetzlichen, durch eine männliche Priesterkaste (Brahmanen) auferlegten Bestimmungen hinauszugehen. Für die meisten Menschen konnte Sanskrit nur eine "Vatersprache" sein.

Bhakti-Dichtung in indischen Muttersprachen

Die Vorstellungswelt des *Bhakti* beschäftigte sich jedoch mit einem Gott, der menschlich handelte, der die Menschen liebte und für sie sorgte, und der wie ein ganz normaler Mensch auf sie einging. A. K. Ramanujan erklärte, daß nur die *regionalen Muttersprachen* für die Kommunikation mit einer solchen Gottheit geeignet seien. Als sich diese Muttersprachen aus den verschiedenen Dialekten herauskristallisierten, verbreitete sich auch die *Bhakti-* Bewegung - zunächst im Süden, durch die Provinz Tamil (etwa im sechsten Jahrhundert), und später gelangte sie mit Hilfe der sich dort entwickelnden eigenen Sprachen auch in andere Provinzen. - Mit der Zeit erlangten die weiter entwickelten Muttersprachen eine Art literarische Tradition, wie sie auch heute noch in Kannada, Marathi und Gujarati, usw. besteht. Die weiblichen Bhaktas spielten verständlicherweise eine wesentliche Rolle bei der Entwicklung dieser Sprachen. **Lal Ded,** die berühmte mystische Dichterin aus dem Kashmir, wird sogar als *"Mutter der Muttersprache"* gewürdigt.

Gegenwärtig bleibt ein beträchtlicher Anteil bhaktischer Dichtung in literarischer Form unerschlossen, wird aber durch Lieder, die die einfachen Leute in den Dörfern Indiens singen, erhalten. Das anscheinende Chaos indischer Religiösität, immer noch spürbar und lebendig in Millionen von Menschenherzen, spiegelt das immense und wenig erschlossene Potential des menschlichen Unbewußten wider. Die Mystikerinnen Indiens hatten die Funktion von Priesterinnen dieser schwangeren Innerlichkeit. Dies gilt ebenfalls für diejenigen männlichen Mystiker, die verstehen lernten, daß nur das "Weibliche" in ihnen Ansprüche auf dieses fruchtbare Reich stellen kann.

Bhakti- Dichtung betont die Leere von menschlicher Macht, Autorität und Wohlstand, von Privilegien und Rängen, und vergleicht sie mit den *Bhakta* -Erfahrungen bei einer ekstatischen Begegnung mit der angebeteten Gottheit. Der Anspruch auf irgendeine Art von statusbezogener Überlegenheit kann sogar ein Hindernis für Gläubige sein. Wichtig ist nur die Tiefe der gegenseitigen Beziehung zu Gott und die Gemeinschaft mit Menschen, die ebenso empfinden. Alle sind gleich; Kasten haben keine Bedeutung; die Frau ist dem Mann vollkommen ebenbürtig. Sufis werden für ihre Nähe zur Gottheit genauso geschätzt wie Hindus - hierin liegt auch der gegenseitige Einfluß der muslimischen Sufis und der hinduistischen *Bhaktas* begründet, insbesondere in Teilen Nordindiens.

Den Brahmanen muß zugute gehalten werden, daß sie die *Bhaktas* nicht aktiv wegen ihrer unorthodoxen Lehren und Praktiken verfolgten. Im Gegenteil: Sie wählten den Dialog und die Diskussion, was gelegentlich dazu führte, daß sie sich selbst der populären Bewegung anschlossen. Die Macht der Priesterkaste blieb jedoch erhalten - die *Bhaktas* hatten kein Interesse daran. Auch veränderte sich nicht der Status der Mehrheit, die den konventionellen Weg von Ehe und Mutterschaft wählte. - Die orthodoxen Vorschriften ermöglichten es den männlichen Anhängern der *Bhakti-* Bewegung, Vater und Familienoberhaupt zu sein; sie machten es den weiblichen Anhängern jedoch beinahe unmöglich, ein Leben als Ehefrau und Mutter zu führen. Auch gab es in den offiziellen Strukturen keine Vorkehrungen für die Versorgung einer weiblichen *Bhakta,* wenn sie zu einer religiösen Gemeinschaft gleichgesinnter Frauen gehörte oder eine anerkannte Einsiedlerin war, die sich nur dem Gebet widmete. In dieser Hinsicht hatten es ihre christlichen Kolleginnen wesentlich einfacher! - Man kann sich leicht vorstellen, welch eine innere Stärke für einen solchen Lebensstil erforderlich ist. Die hinduistische Gläubige wählte aus eigenem freien Willen eine höchst unsichere Existenz, in der sie fast vollkommen von ihrem Gott abhängig war. Nahrung wurde erbettelt und Unterkunft dort angenommen, wo sie angeboten wurde. Sie verzichtete auf ein Zuhause und auf jegliche Unterstützung durch einen Ehemann und Kinder und widersetzte sich stur allen gesellschaftlichen Konventionen, die einen männlichen *Bhakta* tolerierten, eine weibliche jedoch nicht. -Man kann daher in bezug auf die *Bhakta-* Frauen durchaus von Heldinnen sprechen - und eine erfolgreiche Mystikerin wurde tatsächlich von vielen verehrt. Es bleibt offen, in welchem Umfang ihr Heldentum tatsächlich aus Liebe und Ganzheit bestand. In diesem Zusammenhang sind die Artikel aus "Women Bhakta Poets", der Ausgabe zum zehnten Geburtstag der Zeitschrift "Manushi" (einem führenden Journal der indischen Frauenbewegung), von großer Bedeutung.

Wenn diese heiligen Frauen zur menschlichen Ehe gezwungen wurden, verweigerten sie sich ihren Ehegatten mit der Begründung, daß sie bereits mit ihrem Gott verheiratet seien. Wenn sie Witwen wurden, verhielten sie sich weiterhin, als seien sie noch verheiratet - sie rasierten sich nicht den Kopf als vorgeschriebenes Zeichen der Witwenschaft. Die

Liebe zu ihrem Gott wurde auf sehr handfeste, menschliche Weise bekundet. Gelegentlich ist die Dichtung zu erotisch, um sie öffentlich zu zitieren. Die männlichen *Bhaktas* gebrauchten eher Metaphern und Symbole, um die Vereinigung mit ihrem göttlichen Herrn zu beschreiben, selbst dann, wenn sie sich ihm gegenüber weiblich fühlten. Interessanterweise wird die Frau in der hinduistischen *Bhakti-* Tradition gewöhnlich als Behinderung des Mannes in dessen spiritueller Entwicklung angesehen. Die Sufis sehen hier die Dinge anders: Die Liebe zu einer Frau ist bei ihnen durchaus vereinbar mit der Liebe zu Gott.

Innere Befreiung von gesellschaftlichen Konventionen

Eine authentische innere Befreiung bewahrt individuelle Unterschiede. Jede *Bhakta* zeigt persönliche Eigenarten in ihrer Einstellung zu ihrer Weiblichkeit und Sexualität. *Uma Chakravarty* hat dargestellt, daß es bei den Mystikerinnenn der Tamilen des sechsten bis neunten Jahrhunderts trotz gewisser Unterschiede im wesentlichen zwei Hauptgruppen gibt. Die Sexualität konnte verleugnet und transzendiert (wie bei Avvaiyar und Karaikalammaiyar) oder vollkommen akzeptiert und auf Gott gerichtet werden (Andal: *"Meine schwellenden Brüste weihe ich dem Herrn, der die meeresduftende Muschel trägt"). - Akka Mahadevi,* eine Kannada-Mystikerin des 12. bis 13. Jahrhunderts, zeigte die radikalste Haltung. Sie wird gewöhnlich mit langem, glänzendem, sie voll bedeckendem Haar als einziger Kleidung dargestellt. So lief sie selbst als schöne, junge Frau herum. Sie wollte auf diese Weise ihre Verachtung für gesellschaftliche Konventionen zum Ausdruck bringen, insbesondere wehrte sie sich gegen die Vorstellung eines verletzbaren und schwachen weiblichen Körpers.

Hier sind einige bruchstückhafte Eindrücke ihrer Gefühlswelt:

> "So ist mein HERR, weiß wie Jasmin,
> das ist mein Ehemann.
> Nimm diese Ehemänner hinweg, die sterben und
> vergehen und nähre damit dein Kaminfeuer."
>
> "Für den Hunger
> da gibt es den Reis der Stadt in der Bettlerschüssel,
> Für den Durst,
> da gibt es Becken, Ströme, Brunnen,
> Für den Schlaf,
> da gibt es die Tempelruinen,
> Für die Seelengemeinschaft
> habe ich dich, oh HERR, weiß wie Jasmin."

"ER hat mein Herz erworben,
meinen Körper erobert,
mein Vergnügen als Tribut beansprucht,
übernahm alles
von mir.
Ich bin die Frau voll der Liebe
für meinen HERRN, weiß wie Jasmin."

- Frei übertragen nach A.K. Ramanujans englischer Übersetzung -

Der offene Umgang mit Sexualität und Erotik ist in der indischen klassischen Literatur nicht ungewöhnlich; jedoch ist dies sicher nicht die bevorzugte Art und Weise, wie weibliche *Bhaktas* ihrer Verehrung Ausdruck gaben. Einige von ihnen, besonders im Norden des Landes, haben eine *"Nirguna Bhakti"*-Tradition und fühlen sich wohler mit einer weniger sinnlichen Ausdrucksweise - zum Beispiel Gangasati, Sati Toral und Sati Loyal aus Kathiawad und Kutch. Lal Ded aus dem Kashmir verwendet überhaupt keine erotischen Bilder.

Vermutlich die berühmteste aller weiblichen *Bhaktas* ist **Mirabai**, deren spirituelle Lieder (Bhajans) sehr bekannt sind und geschätzt werden. Sie haben in den letzten 450 Jahren die Herzen von Millionen Indern berührt. Legenden von "Mira" gibt es im Überfluß in einem Land, in dem Leben und Legende unzertrennlich miteinander verwoben sind. Die Wirkungskraft ihrer Dichtung macht Legenden unvermeidlich.

Mirabai wurde etwa 1498 in die reiche Kriegerkaste Rajasthans geboren. Diese Fürstenklasse der Rajputs war stolz auf die Kriegskunst ihrer Männer und die eheliche Treue ihrer Frauen. Das Verhalten einer Rajput-Prinzessin unterlag strengen Normen. Wer gegen diese gesellschaftlichen Konventionen verstieß, entehrte damit Ehemann und Familie. Mirabais Problem war es, daß sie sich seit frühester Kindheit als Braut des Gottes Krishna betrachtete. Für ihre Sippe war es unsinnig und närrisch, Reichtum und Ehre zu verleugnen, die ihr durch Geburt und Ehe zustanden. Verschiedene Lieder sprechen von Gift, das man ihr reichte - und das von Krishna in Nektar verwandelt wurde.

Mirabai verkehrte ungezwungen mit den Anhängern von Krishna, und zwar unabhängig von deren gesellschaftlichen Status oder Kaste. Sie sang und tanzte völlig furchtlos bei den Versammlungen der Anhänger auf öffentlichen Plätzen und in Tempeln. Da sie die Verhaltensvorschriften für eine Rajput-Prinzessin mit Füßen trat, wird ihre Bekanntheit bis zum heutigen Tag in gewissen Kreisen mit Verlegenheit betrachtet. - In Mirabais Dichtung wird der unerschöpflichen Sehnsucht nach dem verehrten Giridhara (Krishna) und dem unverwechselbaren

Akzent ihrer völligen Hingabe Ausdruck gegeben, und zwar in Form von zahlreichen Gleichnissen aus der Welt der Symbole und Legenden ihres Volkes. Die Verse fließen leicht und sind angefüllt mit üppigen Bildern aus den sinnlichen Wahrnehmungen des täglichen Lebens: Berge, Flüsse, Bäume, Vögel, Blumen, Kleider, Juwelen, usw. - Die besten Sänger Indiens stehen miteinander im Wettbewerb, wer die Mira Bhajans am besten singen kann. Englische Übersetzungen der Gedichte sind jederzeit verfügbar, und diese ermöglichen es, daß auch Nichtinder ein wenig den Originalgeschmack kosten können. Aber es ist schwer, große Dichtung zu vertonen und sie auf Musik zu übertragen: die neuen Kadenzen erlauben es nicht, daß die Musik ihnen eine angemessene Form gibt.

Der kurze Überblick über die *Bhakta-* Dichterinnen wäre nicht vollständig ohne Nennung der *Varkari-* Bewegung (eine Pilgerbewegung aus der Provinz Maharashtra). Die Varkari-Tradition konzentriert sich auf eine liebenswerte Gottheit, Vitthal aus Pandharpur, in der sich einige der schönsten Merkmale von Göttern und Göttinen (darunter Krishna und Shiva) vereinigen. - Auch heute noch bringt die Anziehungskraft des Vitthal große Scharen von Menschen - Männer und Frauen, Hindus und Buddhisten - nach Pandharpur.

> "Vitthal wird oft als Göttin Vithai angerufen. Vitthals Sehnsucht nach seinen Anhängern wird häufig als größer empfunden, als die Sehnsucht seiner Anhänger nach ihm."
>
> \- Ruth Vanita -

Die bekanntesten heiligen Dichterinnen der Varkari sind Muktabai, Janabai und Bahinabai. *Muktabai* und ihre Brüder gelten als Mitbegründer dieser Tradition, deren Ursprünge bis ins späte 13. und frühe 14. Jahrhundert zurückgehen. Die Dichtung von Janabai spricht über ihr Leben als Waise und niedrige Magd, die gleichzeitig ein Liebling des Vitthal ist. Die Dichtung von *Bahinabai,* die ihre Verse in den Sprachen Marathi und Hindi verfaßte, behandelt Probleme, die ihr durch einen uneinfühlsamen Gatten entstanden: Sie scheint eine der wenigen *Bhakta-* Dichterinnen zu sein, die einer unglücklichen Ehe nicht einfach ein Ende setzten. Jedoch war es aufgrund der großen Beliebtheit der *Varkari-* Tradition in allen Klassen der Gesellschaft möglich, daß Mann und Frau glücklich als *Bhaktas* im selben Haushalt nebeneinander leben konnten. In diesem Fall hatte die Frau die Möglichkeit, ganz sie selbst zu sein.

Die meisten Menschen, die ich in Indien kennengelernt habe, sind anscheinend ohne die Erfahrung echter Intimität und Nähe niemals richtig sie selbst gewesen. Männer sind sich dessen vielfach weniger bewußt als Frauen - und dennoch kann kaum jemand dieses Bedürfnis verdrängen, es sei denn auf Kosten beträchtlicher persönlicher Einschränkungen. In einer guten Ehe wird diese Nähe ganz selbstverständlich gehegt und gepflegt.

Die Erfahrungen der soeben behandelten hinduistischen Mystikerinnen und der christlichen, über die wir noch sprechen werden, lassen vermuten, daß von Wärme und Schönheit geprägte Mann-Frau-Beziehungen nicht die einzige Möglichkeit sind, diese Intimität zu erlangen. - Die Freude der Hingabe, ergreift alle Sinne, so daß zahlreiche Ebenen menschlichen Seins zutiefst berührt werden. Tausende von Anhängern des Vitthal scheinen diese Art von Intimität für sich selbst erfahren zu haben. Dennoch können viele sich kaum vorstellen, daß Gott an dieser Art von Beziehung Interesse haben könnte: Er hat Besseres zu tun. Erfahrungen gehen über Glauben und Nichtglauben hinaus.

Herausragende christliche Mystikerinnen

Die heilige **Theresa von Avila** (1515 - 1582), die große spanische Mystikerin, konnte mit ihrem Gott auf sehr direkte Weise sprechen:

> "Laß' mich jetzt in Ruhe; ich muß Deine Arbeit tun!" ...
> "Es ist kein Wunder, daß Du so wenige Freunde hast,
> wenn man sieht, wie Du mit denen umgehst, die Dich lieben!"

Theresa reformierte den Karmeliter-Orden von Grund auf - oft gegen Widerstände ihres eigenen Ordens, insbesondere der Männer. Nur Theresa hatte die mystische Größe und genug gesunden Menschenverstand für die Aussage: "Der Gegenstand einer mystischen Hochzeit ist die Arbeit". Ihre schwierige Aufgabe der Neustrukturierung und Geldbeschaffung für neue Projekte entlockten ihr die scherzhafte Beobachtung:

> "Es gibt nur wenig, was du mit Gottes Hilfe nicht erreichen kannst. Aber mit Geld und Gottes Hilfe ist alles möglich!"

Ihr verinnerlichtes und intuitives Wesen zeigt sich in ihren bemerkenswerten Schriften. Ihre psychologischen Beschreibungen der einzelnen Schritte, mit denen Gott einen für ihn bereiten menschlichen Geist annimmt, sind bisher einmalig.
Ihre tiefe Mystik kommt in einem ihrer Gedichte zum Ausdruck, in dem sie Gott sprechen läßt:

"O Seele, suche dich in Mir,
und Seele, suche Mich in dir...
In meines Herzens Tiefe trage
ich dein Porträt, so echt gemalt;
sähst du, wie es vor Leben strahlt,
verstummte jede bange Frage.
Und wenn dein Sehnen Mich nicht findet,
dann such' nicht dort und such' nicht hier;
gedenk, was dich imTiefsten bindet,
und, Seele, such' Mich in dir"

Deutlich konnte sie auch sagen:

"Zum Sünder wird der Mensch, der sich selbst nicht liebt!"

Die heilige **Hildegard von Bingen** (1098 - 1179) lebte etwa vierhundert Jahre vor Theresa und übt nach wie vor einen starken Einfluß aus. Sie wußte, daß es "für alles, was der Mensch tut, ein Echo in der Schöpfung, im Kosmos gibt". So ist sie denn auch in unserer Zeit für einige Menschen die Schutzheilige einer "ökologischen Spiritualität" und einer "weltweiten religiösen Ökumene" geworden. Die Aufzeichnungen ihrer visionären Erfahrungen (besonders "Scivias") stehen in vielen Sprachen zur Verfügung. *Evelyn Underhill* hat Leben und Wirken der heiligen Hildegard in folgende Worte gefaßt:

"Mit ihrer abnormalen psychischen Natur, ihrer schwachen körperlichen Gesundheit, aber der immensen intellektuellen Kraft sind Hildegards Persönlichkeit und Betätigungsfelder für jede Epoche eine aufsehenerregende Leistung. Sie gründete zwei Klöster, schrieb eine lange physikalische Abhandlung in neun Büchern, einschließlich eines kompletten Führers über die Natur und die Heilkräfte der Kräuter; sie war eine geschickte Medizinerin, hatte großes Interesse an der Politik, verurteilte streng die kirchliche Laxheit und Korruption und korrespondierte mit den bedeutensten Männern ihrer Zeit, die sie oft rügte. Sie war dazu noch Musikerin und Dichterin; es werden ihr über sechzig Hymnen zugeschrieben."

Aus ihrer mystischen Erfahrung kann Hildegard bezeugen:

"Gott ist das feurige Leben..., das über die Schönheit der Felder hin flammt,
in den Wassern leuchtet und in der Sonne, im Mond und in den Sternen brennt...
in aller Wirklichkeit verborgen als die feurige Kraft.

> Er hat sich diese Spiegelwesen bereitet, auf daß sie im Lobgesang mitklingen -
> denn Gottes Stimme ist wie Donnerschlag, mit der ER das gesamte Weltall im lebendigen Tönen aller Kreatur in Bewegung hält."

Das Wissen und die Kraft von Hildegard wurde auf ihre Nachfolgerinnen übertragen; dazu gehören im 13. Jahrhundert drei bekanntere Nonnen aus dem Kloster Helfta (**Gertrud** und zwei Nonnen mit dem Namen **Mechthild**). Auch diese drei Frauen zeichneten sich durch Visionen mit großer bildhaften Schönheit aus. Blumen und Vögel verzauberten ihre Visionen des Himmels; Gebete zu Gott erhoben sich wie singende Lerchen; die fantastischen Kleider der Heiligen waren aus wertvollem Material und mit Juwelen verziert. Wem wird nicht klar, daß dies nur weibliche Mystikerinnen sein können? Wer könnte daran zweifeln, daß Mirabai in ihnen echte Schwestern im Herrn gesehen hätte?

Eine der heldenhaftesten Personen des 14. Jahrhunderts war die heilige **Katharina von Siena** (1347 - 1380). Sie lebte nur 33 Jahre, hatte jedoch bereits mit 19 Jahren die höchsten mystischen Fähigkeiten erlangt. Die dramatische Vision ihrer "mystischen Hochzeit mit Christus" ereignete sich im Jahr 1366.
Katharina lebte in einer Zeit, in der die offizielle Kirche mit ihrem Klerus und den Bischöfen in schreckliche Korruption verwickelt war. Ihr eigenes Leben war jedoch erfüllt von ständigem Gebet, Arbeit für die Armen und Betreuung von Tausenden von Menschen, die tief von ihr beeinflußt ihre "spirituelle Familie" bildeten. In den letzten zehn Jahren ihres Lebens widmete sie sich ebenfalls politischen Aktivitäten. Evelyn Underhill vertritt in bezug auf den Besuch des in Avignon im Exil lebenden Papstes die folgende Meinung: *"Es kann wenig Zweifel daran bestehen, daß ihr Einfluß für die Rückkehr von Gregor XI nach Rom entscheidend war."*

Wie kurz auch immer die Darstellung christlicher Mystikerinnen sein mag, **Juliana von Norwich** (geboren 1342 oder 1343; sie verstarb etwa 70 Jahre später) gehört dazu. Als Erwachsene entschied sie sich für ein Leben als Einsiedlerin, in ihrer eigenen, kleinen Zelle lebend, so daß sie sich ganz dem Gebet widmen konnte. Ihre Unterkunft war an die Kirchenmauer gebaut. Ein kleines Fenster zur Straße erlaubte ihr, mit Menschen zu reden, die spirituelle Führung suchten. Heute, mehr als 600 Jahre später, hat ihr vor kurzem wiederentdecktes Buch "The Revelations of Divine Love" großes Interesse bei den unterschiedlichsten Menschen geweckt.

Es gibt verschiedene Aspekte von Juliana, die dieses plötzliche Ansteigen der Popularität erklären können. Sie ist die erste Frau, von der bekannt ist, daß sie ein Buch in englischer Sprache über spirituelle Themen geschrieben hat. Zu jener Zeit entwickelte sich in Ost-Anglia eine Muttersprache aus dem linguistischen Nebeneinander von Angelsächsisch, Latein, Französisch, Dänisch und Flämisch. Ohne eine gemeinsame Muttersprache hätten die Engländer kaum Beschreibungen des täglichen Lebens oder innige Gefühle ausdrücken können. Dies könnte der Grund sein, warum Julianas Theologie so vertraut wirkt. Ihr Gott ist liebevoll, gnädig und gütig - er ist "einer von uns". Sie spricht von Christus als unsere Mutter und vertritt den ruhigen absoluten Glauben, der auch von T.S. Eliot verewigt wurde: *"Und jedwedes Ding wird gut sein."* Aufgrund ihrer Humanität und ihres Universalismus ist Juliana Dichterin und Visionärin unserer Zeit. Die besten MystikerInnen transzendieren (wie ihr Gott, mit dem sie vereint sind) Raum und Zeit sowie die Sprache, mit der sie sich ausdrücken. Transzendenz findet im "Hier und Jetzt" statt.

> "Es gibt eine andere Welt, aber es ist diese hier."
>
> \- Paul Eluard -

Es gibt Autoren, die über MystikerInnen schreiben, um zu zeigen, wer die Besseren sind oder die über Frauen schreiben, um zu zeigen, wer überlegener ist. Wäre es nicht viel kreativer, der Tiefe und Vielfalt "des Mysteriums" genaue und aufmerksame Beachtung zu schenken? Wenn es einen "Gott" gibt, dann kann er nur durch das übersprudelnde Leben erfahren werden, das voller Erregung in alle möglichen Nischen und Spalten fließt, und uns nur staunen läßt, was noch alles geschehen wird

KAPITEL 11

EIN LEBEN FÜR DIE SCHÖNHEIT:

TAGORE, PENROSE, BEETHOVEN

"Das Ziel aller Erziehung ist es, uns die Liebe zur Schönheit zu lehren."

- Plato -

"Schönheit ist ein Zustand."

- Coomaraswamy -

"Schönheit ist Wahrheit, wahre Schönheit - das ist alles, was ihr auf der Erde wißt und zu wissen braucht."

- Keats -

Der Begriff "schön" wird in unserem Sprachgebrauch gewöhnlich benutzt, um Häuser, Gesichter, Sonnenuntergänge, Speisen, Gemälde, Kleider, Musik, Formen, Gedichte, Blumen, Landschaften oder das Wetter zu beschreiben - und darüber hinaus viele Arten von Erfahrungen und Errungenschaften. Was man wirklich damit meint, kann besser mit lieblich, aufregend, modisch, eindrucksvoll, farbenfroh, ungewöhnlich usw. ausgedrückt werden.

Die Menschheit kann nicht ohne Schönheit leben. Alle Dinge, die uns über die äußere oder die innere Welt erreichen, strahlen ständig Schönheit aus. Man kann sich wohl entscheiden, ihr keine Beachtung zu schenken. Wenn wir aber unsere Wahrnehmungen bewußt schärfen und wir für ihren Ruf offen sind, wird alles was existiert unüberhörbar sein. Es wird ein fantastisches Festmahl vor uns ausgebreitet, das unsere fünf Sinne, unser Herz und unsere Seele, Geist und Körper betört. - Was in uns dafür zu wecken ist, darüber schreibt der Benediktiner *David Steindl-Rast* in seinem ganzheitlich-spirituellen Meditationsbuch "Die Achtsamkeit des Herzens" (Goldmann-Verlag):

> "In einer ganz frühen christlichen Hymne heißt es: 'Wach auf!...' Das bedeutet zwar mehr, als daß unsere Sinne wach werden müssen, setzt es aber zumindest unbedingt voraus. Wie soll unser Herz hellhörig sein (und das Schöne 'gut sehen' können), solange unsere Sinne abgestumpft bleiben?... Geh aus! Schau an! Siehe! Ein Fest ist uns bereitet... Alles, was der arglose Blick rundum sieht, vom mikroskopisch Kleinen bis zum entferntesten Stern, ist ein Festsaal, in dem die Geschenke für uns bereit liegen... Wie können Gä-

ste ihre Dankbarkeit schlichter zeigen als durch herzliche Freude? Kinder tun das ganz von selbst. Nur wir Erwachsene zieren uns".

Dieses Kapitel setzt sich mit der Idee auseinander, daß Schönheit überall und in allen Dingen ist, selbst in gewöhnlichen oder schmerzhaften Dingen. Der Geist ist immanent, und nichts kann dieser Tatsache entfliehen. Die Erkenntnisse von Künstlern, Philosophen, Mathematikern, Physikern und Mystikern werden dabei zu Rate gezogen.

Auf diesem Hintergrund werde ich nun die besondere Aufmerksamkeit auf drei Männer richten: einen großen *Dichter*, Rabindranath Tagore; einen hervorragenden *Physiker*, Roger Penrose; und einen unsterblichen *Musiker*, Ludwig van Beethoven. Alle drei waren in der Lage, uns die Botschaft der Schönheit auf sehr verschiedene Art und Weise zu vermitteln.

Die Erfahrung von Schönheit ist heilend und offenbarend. Schönheit fördert die Dynamik, die eigenen Grenzen zu überschreiten; man wird auf verführerische Weise in eine Welt hineingezogen, in der kleinliche Angelegenheiten sich in den strahlenden Charme der echten Wirklichkeit verwandeln. Menschen verfügen über eingebaute Stimmgabeln, die dazu gedacht sind, in Resonanz mit den melodischen Rhythmen unseres symphonischen Universums zu schwingen. Jedoch hat sich die Dämpfung der Wahrnehmungsfähigkeit solcher Antennen im späten 20. Jahrhundert offensichtlich zu einer Wachstumsindustrie entwickelt. - Millionen von Menschen scheinen heute dabei glücklich zu sein, Bücher und Programme zu kaufen, die uns versichern, daß das zufällige Spiel mit dem galaktischen Würfel uns entstehen ließ, uns, die wir aufrecht, verwirrt und als ziemlich späte Ankömmlinge auf einer kaum abgekühlten Erde leben - die wir sowieso wieder in die Luft sprengen werden, wenn uns nur genügend Macht und Kraft gegeben wird.

Auch wenn es einigen Unternehmungslustigen gelingen sollte, rechtzeitig einige freundliche Nachbarsterne zu erreichen, dürfte die Zukunft der Menschheit dennoch nicht besonders ermutigend sein. Irgendwann, so wird uns versichert, wird das ganze Universum entweder viel zu kalt, um noch eine heiße Tasse Tee genießen zu können, oder viel zu heiß, um sie noch schnell vor der Verdunstung trinken zu können. Aber wenn schon - es verbleibt jetzt immer noch die aufregende Aussicht, eine ungewisse Lebenszeit in der Gesellschaft eines bereitwilligen Partners mit den entsprechenden Pheromonen* zu verspielen.

Denken Sie an die schelmischen Zeilen von *Robert Frost:*

> "Einige sagen, die Welt wird enden in Feuer,
> andere sagen in Eis.
> So wie ich meine Bedürfnisse kenne,
> halte ich es mit denen, die das Feuer vorziehen."

Aber Spaß beiseite! Es kann nicht geleugnet werden, daß das oben beschriebene "wissenschaftliche" Szenario tatsächlich die Wahrheit und nichts als die Wahrheit sein könnte. Aber dann müßte man sich noch mit der schwierigen Frage der unendlich kleinen Wahrscheinlichkeiten auseinandersetzen, die dieses Szenario begünstigen - Wahrscheinlichkeiten, die im wahrsten Sinne des Wortes jenseits jeder Vorstellung liegen. Es scheint, daß für einige Menschen von heute ganz tief im Innern eine radikale Verzweiflung ein durchaus befriedigender - und als Form heroischen Mutes sogar ein attraktiver Zustand sein kann. Man kann nicht mit Menschen diskutieren, die trotz der unmöglichen Wahrscheinlichkeiten düstere Szenarien bevorzugen. Man braucht Geduld, um auf den Augenblick zu warten, in dem die Wahrheit so überwältigend ist, daß es sinnlos erscheint, sich dagegen zu wehren - und wenn es geschieht, ist jedes Argument überflüssig.

Antoine de Saint Exupery hat es so ausgedrückt:
"Die Wahrheit ist nicht das, was bewiesen werden kann, sondern das, was unausweichlich ist." - Und wenn Wahrheit die Aura der Schönheit annimmt, ist es noch schwieriger, ihr zu widerstehen.

Wir leben in einer Zeit, in der es schwierig geworden ist, mit Sicherheit zu spüren, was eigentlich "wahr" ist. Wir haben das Recht auf eine "nachdenkliche Unsicherheit" geerbt. Niels Bohr drückt es als Vertreter dieses Jahrhunderts mit den Worten aus: *"Eine große Wahrheit ist eine Wahrheit, deren Gegenteil ebenfalls eine große Wahrheit ist."* Je tiefer die Wahrheit, desto größer ist die Rolle des Paradoxen bei ihrer Entschlüsselung. Für die meisten Menschen ist der Weg der Schönheit weniger problematisch. Schönheit berührt uns viel stärker als Wahrheit, und ihre Wirkung ist direkter und verblüffender.

Wahrheit lächelt in der Schönheit seiner Gedichte

Rabindranath Tagore (1861 - 1941) betrachtete Schönheit als das *"Lächeln der Wahrheit, wenn sie ihr Gesicht vor einen perfekten Spiegel hält"*. Er hatte den Vorteil, in einer Kultur verwurzelt zu sein, deren ästhetische und kulturelle Traditionen weit mehr als 2000 Jahre zurückgehen. Es gab die verschiedenen Upanishaden (etwa 800 bis 400 vor

Christus), in denen die Erkenntnisse zahlreicher indischer Weisen bewahrt wurden. Diese Seher hatten sich voll und ganz einer unaufhörlichen Suche nach der Wahrheit der menschlichen Existenz verpflichtet - einer Wahrheit, die einen fernen, geheimnisvollen Gott betrifft, der eng mit einem verlockenden Universum verbunden ist. Tagore liebte diese alten Schriften und besonders die Isa Upanishaden.

Der gleiche Gott, der alle Aspekte des Kosmos durchdringt und harmonisiert, wurde für Tagore zu einem persönlichen "Gott des Lebens" *(Jiban-Debata*)*, der *Wahrheit, Schönheit und Freude* in die ganze Skala seiner eigenen, facettenreichen, menschlichen Kreativität brachte. Der durch den *Jiban-Debata* gebotene Rahmen ermöglichte Tagore, sich ehrlich und aufrichtig mit den Gegensätzlichkeiten unserer Existenz auseinanderzusetzen. Er konnte in liebevoller Art und Weise die Schönheit der Natur beschreiben, ohne dabei zu vergessen, daß diese Schönheit losgelöst und unabhängig von der Menschheit existiert. Er konnte sich am Spiel kleiner Kinder erfreuen und in ihnen die Verspieltheit des Universums erkennen - und dennoch konnte er auch fühlen, daß das Leben oft sinnlos erschien. Für Tagore war Gott sehr nah und gleichzeitig sehr fern... In der Tat lächelt uns die Wahrheit in der Schönheit seiner Gedichte und Lieder wie in einem perfekten Spiegel an. Das Lächeln, das sich in seinen seltsamen späten Gemälden widerspiegelt, gleicht eher einem schelmischen Schmunzeln. Er begann erst 1928 mit der Malerei, gegen Ende eines langen Lebens. In seinen Gemälden, wie auch in einigen seiner späten Gedichten, wird eine andere Seite des Künstlers sichtbar. William Radice, einer der besten Tagore-Übersetzer, meint, die Gemälde seien für viele Menschen "aufgrund ihrer offensichtlich schelmischen Natur und ihres Schwelgens im Seltsamen, Grotesken und Sinnlosen" ein Rätsel.

Für den deutschen Sprachraum sind zahlreiche Bücher von Tagore übersetzt und veröffentlicht. Die zwei folgenden Gesänge stammen aus dem Schlußsatz des "Gitanjali". Sie sind ein gutes Beispiel für die vollkommene Leichtigkeit, mit der verschiedenste Existenzebenen durchdrungen und transzendiert werden.
Sie erhellen ebenso auf brillante Weise die Aussage eines Mönchs des 17. Jahrhunderts: "
Der Mensch, der stirbt, bevor er stirbt, stirbt nicht, wenn er stirbt."

CANTUS 100:

"Ich tauche hinab in alle Tiefen des Meeres
Der Formen und hoffe, die vollkommene Perle zu gewinnen,
Des Formlosen Perle.

Kein Segeln mehr von Hafen zu Hafenstadt
Mit diesem wetterharten Boot.
Lang ist schon die Zeit vorüber,
Wo ich es liebte, auf den Wogen
Auf und ab gejagt zu werden

Und jetzt bin ich darauf begierig,
Hineinzusterben in das Todeslose.

In abgrundloser Tiefe, wo die Musik
Tonloser Saiten schwillt, da ist die Halle,
Wohin ich meines Lebens Harfe tragen werde.

Ich werde sie zur Melodie > Für immer < stimmen,
Und wenn sie schluchzend ihren letzten Laut verhaucht,
Leg' ich die so verstummte nieder zu den Füßen
Des Schweigenden."

CANTUS 103:

"In einem einzigen Gruß an Dich, mein Gott, laß alle
Meine Sinne sich entfalten und diese Welt zu Deinen
Füßen streifen!

Gleich der Regenwolke, die mit der Last von unergossenen
Schauern tief überm Boden hängt, laß alle meine Sinne,
Mein ganzes Denken sich verneigen vor Deiner Tür
In einem einzigen Gruß an Dich!

Laß aller meiner Lieder verschiedene Weisen zu einem einzigen
Strome sich vereinen und zu dem Meer des Schweigens fließen
In einem einzigen Gruß an Dich!

Gleich einer Schar von Kranichen, die heimwehkrank zu ihren
Nestern im Gebirge Tag und Nacht nach Hause fliegen,
Laß mein ganzes Leben seine Reise tun zum ewigen Heim
In einem einzigen Gruß an Dich!"

Eine herrliche Ambivalenz wird spürbar, die gefühlvoll zwischen Freude und Trauer, zwischen Sehnsucht nach Erfüllung und der Traurigkeit des Abschieds balanciert. Ist dies die Synthese von Gegensätzen, die Koinzidenz der Gegensätze, der Schritt des Geistes darüber hinaus, oder ist es nur das Werk eines vom Leben berauschten Mystikers und Dichters, der dem Gesang seines Herzens Ausdruck verleiht? Brauchen wir denn überhaupt eine Antwort? Jeder, der um der Schönheit willen lebt, wird den Rhythmus eines ähnlich seltsamen Liedes hören, welches aus einer unmeßbaren, bittersüßen Tiefe emporsteigt. Dank der

Freundlichkeit seines *Jiban-Debata* war Tagore eher zur Hingabe und Selbstaufgabe fähig und hatte ein größeres poetisches Talent und einen transparenteren Geist.

In Tagore wird ein faszinierendes Merkmal spürbar, das zum innersten Wesen der menschlichen Natur gehört. Er war so vollkommen durchdrungen von den Vögeln, Blumen, Landschaften, Sprachen und Mythologien seiner Heimat Bengalen, daß er in sich selbst einen geheimen Ort erreichte, an dem er eine besondere *Nähe zur gesamten Menschheit* erlebte.

Wenn man sich seine umfangreiche und musikalische Produktion betrachtet (er komponierte etwa 2000 Lieder), wundert man sich, wie er überhaupt Zeit fand, die Herzen universell zu berühren. Er reiste unablässig, meist zur See und zu Land: nach England und in die USA, in ein Dutzend europäische Länder, nach Rußland, Ägypten, in den Iran und Irak; in den Osten nach China, Japan und Vietnam. Indem er ganz tief an die Wurzeln seiner eigenen bedingten Menschlichkeit gelangte, entdeckte er überall gegenwärtige unbedingte *Schönheit und Menschlichkeit.*

Die Welt von Tagore, dem universellen Menschen, bringt uns die Schönheit eines tropischen Regenwaldes nahe. Die Rhythmen des Lebens werden sorglos in einer Vielfalt und Überfülle herumgewirbelt, daß Tod und Vergänglichkeit sich schweigend in die Fülle einreihen.

In starkem Kontrast dazu entspricht die Welt der größten Mathematiker und Physiker eher der unendlichen Majestät der höchsten Gipfel des Himalaya oder der Alpen.

Die geheimnisvoll schöne Wahrheit der Mathematik

Ein erfolgreiches Leben kann niemals in einigen kurzen Kommentaren ausreichend gewürdigt werden. Dies ist ganz sicher der Fall bei Tagore. Das gleiche gilt für **Roger Penrose**, der zur Zeit einen Rouse Ball Professorenstuhl für Mathematik an der Universität Oxford bekleidet und gefeierter Autor des Buches *"Computerdenken. Des Kaisers neue Kleider"* ist. Dieses Buch wird zu den *"innovativsten und aufregendsten wissenschaftlichen Büchern der letzten 40 Jahre"* (New York Times Book Review) gezählt und ist *"vielleicht die engagierteste und kreativste Abhandlung über moderne Physik, die jemals geschrieben wurde"* (Sunday Times).

Penrose war es, der seinen Freund und Kollegen Stephen Hawking als ersten für die Raum-Zeit-Singularität im Zentrum eines Schwarzen Lochs* interessierte, ein Konzept, das Hawking später auf das gesamte Universum erweiterte. Penrose ist auf vielen Gebieten extrem kreativ und vielseitig. John Wheeler betrachtet ihn als einen "Meister", der es versteht, *"die großartige Kraft der Mathematik zu nutzen, um in alle Dinge zu gelangen".*

In seinem Vorwort zu "Computerdenken. Des Kaisers neue Kleider", einem Buch, das im wesentlichen den Unterschied zwischen einem menschlichen Gehirn und einem Computer aufzeigt, lobt *Martin Gardner* den Mut von Penrose zu einem robusten Realismus:

> "Nicht nur das Universum ist da draußen; auch die mathematische Wahrheit hat ihre eigene geheimnisvolle Unabhängigkeit und Zeitlosigkeit. Wie Newton und Einstein verfügt Penrose über eine tiefe Demut und Ehrfurcht sowohl vor der physikalischen Welt als auch dem platonischen Reich der reinen Mathematik".

Und später schreibt er in demselben Vorwort:

> "Die Errungenschaften von Penrose in Mathematik und Physik... entspringen einer lebenslangen Wahrnehmung des Wunders in bezug auf das Mysterium und die Schönheit des Seins".

Die Verwendung von Sätzen wie *"das platonische Reich"*, *"eine lebenslange Wahrnehmung des Wunders"* und *"das Mysterium und die Schönheit des Seins"* zeigen deutlich, daß Penrose sicherlich in der Denkweise griechischer Philosophien anzusiedeln ist, die uns zum ersten Mal vor über 2000 Jahren unterbreitet wurden. Diese Konzepte verbinden unsere materielle Welt mit ihren ständigen Veränderungen mit einer anderen Welt unveränderlicher Schönheit und Harmonie. Als Anhänger Platos befindet sich Penrose in der Gesellschaft bemerkenswerter Theoretiker, die überwiegend verantwortlich für die Revolution in der Physik des 20. Jahrhunderts waren. Die lange Entwicklungslinie, die bis zu den frühen Griechen zurückreicht, muß hier kurz aufgezeigt werden - nicht zuletzt deswegen, weil sie in letzter Zeit im populären Denken verschwunden zu sein scheint!

Beginnen wir mit den *Pythagoreern.* Die alte Schule des Pythagoras (6. Jahrhundert v. Chr.) entdeckte, daß herrliche Harmonien erzeugt werden konnten, wenn schwingende Saiten unter gleicher Spannung zum Klingen gebracht wurden. Die Harmonie war abhängig von der Länge der Saiten, die in einem einfachen, numerischen Verhältnis zueinander standen. Diese großartige Entdeckung enthüllte, daß *Mathematik, Musik und Schönheit eng miteinander verknüpft* sind. Die frühe Astronomie wurde mit "der Musik der Sphären" verknüpft. Numerische Zahlenverhältnisse wurden beim Studium der Planeten wichtig.

Plato (428 - 347 v. Chr.) übernahm die Denkweise der Pythagoreer; er erweiterte dieses Denken jedoch zu seiner Theorie der "Ideen". Jahrhunderte später regten diese Erkenntnisse griechischer Philosophen Kepler und Galilei dazu an, mathematische Gesetzmäßigkeiten zu erforschen, die die Beobachtungen in der Welt der sich verändernden Materie mit der über die materielle Welt hinausgehenden, unveränderlichen Wirklichkeiten verbinden. Die "Ideen" Platos sind perfekte Formen, wohingegen die Dinge der materiellen Welt lediglich unvollständige Schattenbilder sind. Plato betrachtete das Schöne und Gute als zentrale "Idee". Wenn die Menschen die Fähigkeit besitzen, "vor dem Schönen zu erschaudern", dann nur deswegen, weil die Schönheit dieser Welt sie an das erinnert, was ihren Seelen eingepflanzt wurde, und zwar lange vor ihrer Existenz auf dieser Erde. **Das Erkennen von Schönheit ist somit Erinnerung!**

Die unsichtbare göttliche Schönheit wird durch die Schönheit, die sich unseren Augen zeigt, sichtbar gemacht. Die vergängliche, mangelhafte Schönheit der materiellen Welt steht in einer Beziehung zur ewigen, vollkommenen Schönheit der Form. Die schattenhafte Schönheit unserer materiellen Wirklichkeiten besitzt eine mathematische Darstellung - diese Erkenntnis liefert uns einen goldenen Weg...

Galieo Galilei entdeckte seine Gesetze der Schwerkraft, weil er wie Pythagoras und Plato nach mathematischen Formen suchte, die all seinen sorgfältigen experimentellen Beobachtungen entsprechen würden. Dies gilt in noch stärkerem Maße für *Johannes Kepler,* der seine drei berühmten Gesetze der Planetenbewegung entdeckte, weil er (nach einem Zitat von Heisenberg)

"die Bahnen der Planeten um die Sonne mit den Schwingungen eines Fadens verglich, und von einem harmonischen Zusammenschwingen der verschiedenen planetaren Umlaufbahnen sprach, also von einer Harmonie der Sphären".

Kepler war so begeistert, mehr oder weniger zufällig auf eine so zentrale und schöne Erkenntnis gestoßen zu sein, daß er in einen Freudenschrei ausbrach: *"Ich danke Dir, Herrgott und Schöpfer, daß Du es mir ermöglichst, die Schönheit Deiner Schöpfung zu erkennen."*

Es wäre falsch und sehr unfair, Penrose einige Details des oben erläuterten Platonismus zuzuschreiben, besonders im Hinblick auf diejenigen Aspekte, die in besonderer Weise religiös sind. Penrose bekennt sich zum Platonismus, aber als ausgezeichneter Mathematiker ist er eher an den tiefen platonischen Realitäten interessiert, also beispielsweise an komplexen Zahlen und der Mandelbrot-Menge.

Die Mandelbrot-Menge, über die wir bereits gesprochen haben, ist eine mathematische Struktur, deren endlose Einzelheiten auf einem Computer in aufeinanderfolgenden Ebenen immer stärkerer Vergrößerungen sichtbar gemacht werden können. Aber wie Penrose sagt:

> "... können die gesamten Details der komplizierten Struktur einer Mandelbrot-Menge weder von uns vollständig verstanden werden, noch ist es möglich, sie durch einen Computer vollkommen sichtbar zu machen. Es scheint, als sei diese Struktur nicht nur Teil unseres Geistes, sondern als habe sie eine eigene Wirklichkeit ... wie der Mount Everest, so ist auch die Mandelbrot-Menge einfach da!

Mit anderen Worten, sie wurde eher entdeckt als erfunden.

Die Essenz der Argumentation von Penrose hinsichtlich der Einzigartigkeit des menschlichen Geistes im Vergleich mit dem Computer wurde von *John Horgan* wie folgt zusammengefaßt:

> "Die Grenzen der Errechenbarkeit stehen in Verbindung mit dem Gödelschen Theorem, nach dem jedes mathematische System immer selbstverständliche Wahrheiten enthält, die durch die ursprünglichen Axiome des Systems nicht bewiesen werden können. Der menschliche Geist kann diese Wahrheiten verstehen, aber ein regelgebundener Computer kann das nicht."

(Scientific American, November 1989).

In einem Interview, das in Beshara (Frühjahr/Sommer 1990) gegeben wurde, wird Penrose wie folgt zitiert:

> "Wahrheit und Schönheit gehen Hand in Hand, und obwohl ich möglicherweise nicht fühle, daß sie völlig identisch sind, würde ich sicherlich sagen: wenn man auch **ohne Schönheit wahre Dinge tun** kann, so sind es doch **langweilige Wahrheiten**. Dies steht natürlich in Beziehung zur Frage der Errechenbarkeit; denn wenn eine Sache einmal errechenbar geworden ist, wird auf gewisse Weise für den Mathematiker die Schönheit zu diesem Zeitpunkt verwässert" (Betonung von mir).

"Mit den Augen eines Kindes" - das ist die Überschrift des letzten Kapitels im Buch von Penrose. Er ist davon überzeugt,

> "daß der bewußte Geist nicht wie ein Computer funktionieren kann, auch wenn ein Großteil dessen, was mit geistiger Tätigkeit zusammenhängt, vielleicht so funktioniert... Etwas derart Offensichtliches vermag jedes Kind einzusehen...".

Wunderbar!

Auch in dem alten Märchen mußte erst ein Kind erkennen, daß der Kaiser keine Kleider trug. Durch die Wahl des Titels "The Emperor's New Mind" ("Des Kaisers neue Kleider") versetzte Penrose den obersten Verfechtern der künstlichen Intelligenz, die den menschlichen Geist auf ein komplexes Gewirr elektrischer Schaltungen reduzieren wollen, einen köstlichen Seitenhieb. Wer an weiterer Forschung zu diesem Thema Interesse hat, sollte sich mit zwei kürzlich erschienenen Büchern beschäftigen: "Philosophie des menschlichen Bewußtseins" von *Daniel Dennett* und "Bright Bir, Brilliant Fire" von *Gerald Edelman*. Schon aus den Titeln läßt sich viel erkennen!

> Die subjektive Natur des menschlichen Bewußtseins kann nicht allein durch irgendeine Art objektiver Beschreibung erklärt werden. Edelman, ein Nobel-Preisträger, empfindet, daß das Problem objektive Beschreibung versus subjektive Erfahrung die Krise überhaupt in der modernen Wissenschaft ist.

Für einen Wissenschaftler besteht wirklich keine Notwendigkeit, einen körperlosen Geist vorauszusetzen, der als Kontrollinstanz einer Körper-Maschine funktioniert. *John Cornwell* vom Jesus College in Cambridge meint:

> "Selbst ein begrenztes und nur annäherndes Verständnis der heutigen Neurophysiologie eröffnet neue Blickwinkel auf die Unendlichkeit, das Geheimnis der faszinierend einfachen Schönheit des menschlichen Gehirns."

Und weiter:

> "Die Sicht Edelmans bestätigt, daß Individuen trotz einer starken Begrenzung aufgrund ihrer persönlichen Biographie und ihres Erbguts eine außergewöhnliche schöpferische Freiheit genießen können"

(The Tablet, 24. Oktober 1992).

In der gleichen Ausgabe von "The Tablet" zitiert Cornwell die Aussage eines klinischen Neurologen, *Oliver Sacks,* anläßlich eines Symposiums in Cambridge:

> "Etwa zehn Jahre lang bedrückte mich die menschliche Natur... dann stieß ich auf die Arbeiten des Neurowissenschaftlers Gerald Edelman, die mir einen Blick für neue Perspektiven hinsichtlich der Beziehung zwischen Gehirn und Natur ermöglichte... und plötzlich war ich voller Freude; zum ersten Mal seit Jahren war ich wirklich froh, am Leben zu sein".

Sacks bestätigte ebenfalls in einem anderen Artikel, daß Edelman ihm half zu verstehen, wie die Beschaffenheit des Nervensystems es jedem individuellen Bewußtsein ermöglicht, sich seiner Situation anzupassen und sich weiter zu entwickeln - "so daß Erfahrung, freier Wille, Sensibilität, moralisches Empfinden und all das, was man Persönlichkeit oder Seele nennen würde, in das Nervensystem eingeprägt ist." Evolutionsbiologie muß auch auf das Gehirn jedes einzelnen Menschen angewendet werden.

In vollendeter Musik wird "Form zum Inhalt"

Nach Tagore und Penrose wenden wir uns jetzt der Welt der Musik, und hier insbesondere BEETHOVEN zu. Ein wirklich gutes Musikstück und wirklich gute Mathematik sind beide in der Lage, das Gefühl zu erzeugen: "Ja, natürlich! Wie wahr, und wie schön!" Die beste Musik ergibt sich aus der Entdeckung von Schönheit im Geist des Komponisten und im Herzen des Zuhörers. Sie war ein vages Potential, das darauf wartete, von einem geeigneten Meister und einem einfühlsamen Zuhörer entschleiert zu werden.

Vor einigen Jahren hatte ich eines dieser tief persönlichen, begnadeten Gespräche mit dem berühmten indischen *Sitar** -Spieler Ravi Shankar. Der Meister sagte nur: "Jedes *Raga** ist unendlich". Es dauerte lange, bis ich die Schönheit und Wahrheit dieser einfachen Worte wahrnehmen konnte. Die anscheinend so steife Struktur eines *Raga* ist der flexiblen Formel der Mandelbrot-Menge so ähnlich! Es hat dieselbe unerschöpfliche selbstähnliche Schönheit, die in jeder "Verstärkung" von Musiker und Instrument unabhängig ist. Ein indischer Musiker kann jedoch niemals die Aufführung eines bestimmten Raga wiederholen - denn eine Aufführung hängt jedes Mal von der Beschaffenheit seines Gehirns, von seinen Erfahrungen als Kind, von seinen gestrigen Erfahrungen und von seinen Erfahrungen der letzten Minuten ab.

Die beste Art sich auf die klassische Musik Indiens einzulassen wäre also, sehr aufmerksam zuzuhören und zunächst in die Augen des Künstlers und dann in seine Seele zu blicken, so daß man die wunderbare Erfahrung macht, völlig zu ertrinken und zu sterben und gleichzeitig völlig lebendig zu sein. Man kann diesen Zustand nicht allzu lange ertragen, besonders, wenn man von der Stimme eines Bhimsen Joshi oder M.S. Subbulakshmi erfüllt ist. Wenn Schönheit sowohl zum Künstler als auch zum Zuhörer spricht, ist der Schmerz ihrer Abwesenheit schon nach kurzer Zeit kaum auszuhalten...

> In der klassischen Musik des Westens muß zunächst die Partitur komponiert werden; auf diese Weise ergeben sich andere Wege, Wahrheit und Schönheit zu entdecken. Mozart sagte einst: "Gott spricht zu mir und ich schreibe." Penrose zitiert in seinem Buch Mozart, wie dieser seine Kompositionen als vollständig integrierte Werke "sah": "Dann ergreift mein Verstand im Augenblick ein wunderschönes Gemälde oder einen schönen Jüngling. Die Teile kommen nicht nacheinander zu mir, die verschiedenen Stücke werden nicht im einzelnen erarbeitet, wie es dann später noch geschieht; nein, in meiner Vorstellung kann ich sie in ihrer Gesamtheit hören".

Dies ist natürlich eine musikalische Bewußtheit, die mit einem Computer absolut nichts gemeinsam hat.

Es wird behauptet: *"Die Menschen werden nicht glauben, daß Mozarts Musik kraftvoll sein kann, weil sie so wunderschön ist."* (Edward Fitz-Gerald). Seine Musik besitzt die ästhetische Fülle und unvergleichliche Grazie, die seine leidenschaftliche Natur fast vollständig verbergen. Die Leidenschaft ist jedoch tatsächlich vorhanden, und springt völlig unerwartet wie ein junger, verspielter Delphin aus den Tiefen einer sanft gekräuselten Wasseroberfläche hervor - bis schon bald die Sonne wieder ihre Fülle über trügerischem Wasser verbreitet. So gibt es auch Augenblicke, in denen die Flosse eines jagenden Haies für eine Weile drohend die Wellen durchschneidet. Mozart hatte leichten Zugriff auf sein Talent und mußte nicht leiden wie Beethoven. Burnett James sagt in seinem Buch "Beethoven and Human Destiny: "Die Kunst Mozarts basiert auf Ordnung, die Kunst Beethovens auf Chaos."

Die Bedeutung der Musik von **Ludwig van Beethoven** (1770 - 1827) läßt sich am besten mit seinen eigenen Worten zum Ausdruck bringen:

> Jeder, der meine Musik versteht, wird von diesem Augenblick an vom Elend der Welt befreit sein."

Das Wesen der Musik an sich ist es, zum Ausdruck zu bringen, was über Worte hinausgeht - ein Punkt, der auch von T.S. Eliot erkannt wurde. Das menschliche Muster der Entwicklung, wie es sich in der Musik von Beethoven offenbart, ist für mich das klarste und eindrucksvollste Beispiel für den Reinigungsprozeß, wie er von einem Mystiker im höchsten Leid gefordert wird. - Das unsterbliche Vermächtnis von Beethoven an die Menschheit ist ein musikalischer Pfad glühender, die Seele suchender Lieblichkeit - unerschöpfliche Muster der Selbstentwicklung, die sich über aufeinander folgende Ebenen der Verstärkung erstrecken. Der Schmerz, dessen Intensität sich immer stärker kreisförmig verengt, wird schließlich in eine intensive, alles erfüllende Freude verwandelt: in die Freude einer ätherischen Schönheit und eines überweltlichen Friedens - *Saccidananda,* *die tiefe Ruhe eines verwundeten Herzens. Mit Beethovens Worten:

> "Wir begrenzten Geschöpfe mit einem grenzenlosen Geist sind geboren, um zu leiden und uns zu freuen. Man könnte fast sagen, daß einige Auserwählte ihre Freude über den Schmerz erfahren."

Die Tatsache, daß diese Worte 1818 geschrieben wurden, hat große Bedeutung.

In den letzten neun bis zehn Jahren seines Lebens gab sich Beethoven als freier, dynamischer menschlicher Geist einer Entwicklung hin, die einem Quantensprung glich. Die von ihm in diesen letzten Jahren komponierte Musik spiegelt dies wider. Die Musik seiner *"dritten Periode"* (1818 - 1827) transzendiert das Selbst vollständig. Doch ist dies ein wenig bekannter und geschätzter Beethoven, möglicherweise, weil die Musik auf seltsame Art diagnostisch wirkt. Die Musik der dritten Periode übersteigt das eigene Urteilsvermögen - vielmehr wird man von ihr beurteilt, und wenn die Zeit gekommen ist, gibt man sich ihr ruhig hin, ohne Möglichkeit, Widerstand zu leisten.

Es sind die Meisterstücke seiner *"zweiten Periode"* (etwa 1802 - 1813), für die Beethoven besonders bekannt ist und geliebt wird. Dazu gehören beispielsweise die dritte, fünfte und siebte Sinfonie, das Violinkonzert und das vierte und fünfte Klavierkonzert sowie einige der bekannteren Klaviersonaten (wie "Waldstein" und die "Appassionata"). Dem herausragenden Erfolg dieser künstlerischen Schaffenszeit folgten - wiederum sehr bedeutungsvoll - relativ unproduktive fünf Jahre. - Der Ausspruch eines reifen Geistes "Nichts ist so deprimierend wie der Erfolg" und seine Umkehrung "Nichts ist erfolgreicher als die Depression" stimmt wohl. Eine sorgfältige Untersuchung der menschlichen

Situation am Anfang und Ende der zweiten Periode läßt darauf schließen, daß Beethoven mit beiden Seiten dieser Münze vertraut war.

Man weiß, daß Beethoven im Alter von etwa 30 Jahren erkannte, daß er taub wurde. 1802 produzierte er ein herzzerreißendes musikalisches Dokument ("Das Heiligenstädter Testament"), in dem er der Tiefe seiner Verzweiflung Ausdruck gab. Er durchbrach diese Verzweiflung mit der dritten Sinfonie, der Eroica, der eine Reihe Meisterstücke folgten, bis sich die Dynamik in den fünf Jahren zwischen 1812 und 1817/18 offensichtlich verlor. Die Geschehnisse dieser Zeit spiegeln sich in der Hammerklavier-Sonate wider, die für mich das schrecklichste Zeugnis innerer Qual ist, die wohl jemand je erfahren mußte.

Man sollte sich einmal vorstellen, daß die Musik seiner zweiten Schaffensperiode, für die er am meisten geliebt und geschätzt wird, und die Millionen von Menschen auf der ganzen Welt Freude und Mut geschenkt hat, eine Musik ist, die er selbst kaum jemals oder gar nicht gehört hat! Darüber hinaus schnitt die Taubheit ihn von zwischenmenschlichen Beziehungen, von menschlichem Trost und Unterstützung ab, die er bisher gebraucht und genossen hatte.

In dieser *zweiten* Schaffensperiode transzendierte und besiegte Beethoven seine Taubheit. Niemand kann die Größe seiner Leistung bestreiten. Dennoch, es ging weiter: denn zweifellos ist seine beste Musik nach der Hammerklavier-Sonate entstanden. Erst in der dritten Periode konnte Beethoven zeigen, daß er in der Zeit von 1812 - 1817 erfolgreich eine **mystische Reinigung** durchlebt hatte. Es gelang ihm schließlich, sein eigenes talentiertes Ego und seinen erstaunlichen Individualismus zu überwinden und zu transzendieren, die seine zweite Periode erst ermöglichten!

Niemand kann Gott in seiner Großzügigkeit übertreffen. Die Belohnung für Beethoven, die wir mit ihm teilen dürfen, ist Musik, von der die Menschheit niemals zuvor hätte träumen können. Ich meine hier insbesondere die letzten beiden Klaviersonaten (Op. 110 und Op. 111) sowie die Gruppe der drei Streichquartette (Op. 130, Op. 131, Op. 132). In der zweiten Periode läßt sich noch zwischen Form und Inhalt, zwischen apollonischen und dionysischen Tendenzen unterscheiden. In der dritten Periode ist alles durchdrungen von innerem Frieden und einer gesegneten Einheit: **Form ist Inhalt** und man kann die befreiende Luft atmen, die jenseits von Unterscheidungen und Polaritäten liegt. - Beethoven kehrt darüber hinaus in der *dritten Periode* zu der vorharmonischen Freiheit der melodischen Linie zurück, die noch immer den Ruhm der indischen Tradition ausmacht. Gleichzeitig kehrt er bei den wesentlichen Punkten der letzten Quartette und Sonaten zu einem kunstvollen Einsatz der Fuge zurück, die in der indischen Tradition nicht benutzt wird.

Wer in seiner eigenen kulturellen Tradition (welcher Art auch immer) verwurzelt ist, kann diese immer durch andere Möglichkeiten menschlichen Seins bereichern. In Beethovens Schriften wurde eine lange Textstelle aus den Upanishaden gefunden. Und über seinem Schreibtisch hingen in großen Buchstaben und schön gerahmt die folgenden Worte einer geweihten Inschrift der ägyptischen Göttin Isis:

> ICH BIN DAS, WAS IST.
> ICH BIN ALLES WAS IST, WAS WAR UND WAS SEIN WIRD.

Als Beethoven am Nachmittag des 26. März 1827 kurz nach fünf Uhr im Sterben lag, blitzte es einmal, gefolgt von einem gewaltigen Donner. Anselm Huttenbrenner, ein Zeuge, hinterließ den folgenden Bericht:

> "Nach diesem unerwarteten Naturphänomen, das mich sehr erschreckte, öffnete Beethoven seine Augen, hob die rechte Hand, ballte sie zur Faust und schaute einige Sekunden auf, mit einem sehr ernsten und drohenden Gesichtsausdruck... Als er die gehobene Hand wieder sinken ließ, schlossen sich seine Augen..."

* * *

Künstler haben schon immer viele Stunden der Beobachtung ganz gewöhnlicher Dinge gewidmet: Georgia O'Keefe betrachtete Tierknochen, Wassily Kandinsky *Zigarettenstummel,* Leonardo die *Hälse alter Frauen,* Monet beobachtete das *Sonnenlicht,* das im Rauch einer puffenden Lokomotive spielte. William Blake sagte: *"Ich kann solange auf einen Astknoten in einem Stück Holz schauen, bis ich Angst davor habe."* Die übrige Menschheit bemerkt wenig, möglicherweise weil Disziplin und Einfühlungsvermögen erforderlich sind, um die ehrfurchtgebietende und faszinierende Schönheit in gewöhnlichen Dingen wirklich zu SEHEN.

Seit den Tagen von Plato haben sich Menschen damit auseinandergesetzt, **was Schönheit an sich ist** und wie sich ein dafür entwickelter Sinn manifestiert. Könnte man nun am Ende dieses Kapitels über Schönheit nicht genauso gut sagen: "GOTT IST SCHÖNHEIT"?

Oder wäre es vorzuziehen, wie *Augustinus von Hippo* aufzuschreien:

> "So spät habe ich gelernt, Dich zu lieben,
> Du voller Schönheit, so alt und so neu;
> so spät habe ich gelernt, Dich zu lieben.
> Warst Du nicht immer in mir und ich war im Außen?
> Warst Du nicht immer bei mir und ich war nicht bei Dir?"

Oder sollte man stattdessen eine unpersönliche Einstellung vertreten, wie es beispielsweise in der *Advaita*-Tradition üblich ist? Hier die Worte von *Ananda Coomaraswami:*

> "So wie die Liebe die erfahrene Realität eines Liebenden
> und die Wahrheit die erfahrene Realität eines Philosophen ist,
> so ist Schönheit die erfahrene Realität eines Künstlers:
> und dies sind die drei Phasen des Absoluten."

Die Wahl hängt, so glaube ich, davon ab, was dem einzelnen am besten hilft, ein Leben mit mehr Schönheit zu leben.

KAPITEL 12

TIEFEN, IN DENEN MAN SICH VERLIEREN KANN

"Du Wanderer, es gibt keine Straßen, nur Windspuren auf dem Meer."

\- Antonio Machado -

"Wie wunderbar, daß wir dem Paradoxen begegnet sind.
Jetzt haben wir einige Hoffnung, Fortschritte machen zu können."

\- Niels Bohr -

Was ist das Göttliche? Es scheint nicht ganz einfach zu sein, darauf eine befriedigende Antwort zu finden. In diesem Kapitel wird nach einer Antwort gesucht, indem das Göttliche jenseits "der Koinzidenz der Gegensätze" (Nikolaus von Kues) und diesseits "der großen Kette des Seins" (Ken Wilber) vermutet wird. Einige abschließende Überlegungen werden sich mit dem Bösen und einem machtlosen Gott auseinandersetzen.

Um die Frage nach dem Göttlichen zu beantworten, würden Mystiker auf ihre eigene innere Erfahrung zurückgreifen. Wenn man sich bei der Bewertung ihrer Antworten auf die **tatsächlichen Erfahrungen** (also den Dateninhalt) konzentriert und über die unterschiedlichen Ausdrucksformen (die sprachliche Interpretation) hinwegsieht, so würde man erstaunliche Übereinstimmungen feststellen. Auf der Grundlage ähnlicher Erfahrungen würde ein christlicher Mystiker möglicherweise eine größere Nähe zu einem islamischen Sufi oder einem hinduistischen Bhakta verspüren, als zu seinen eigenen Glaubensbrüdern und -schwestern: **Tiefen,** in denen man sich verlieren kann... **Liebe**, der man sich hingibt... **Schönheit,** von der man hingerissen ist. - Diejenigen, deren "drittes Auge" aufgrund mangelnden Gebrauchs trübe geworden ist, mögen gewillt sein, die Hälfte des Weges mitzugehen: Tiefen, in denen man schwimmen oder etwas erforschen kann... Liebe, die man schätzen oder kraftvoll verteidigen kann... Schönheit, die man besitzen oder aus der Ferne bewundern kann.

Für den Mystiker wäre der **Ozean** ein kraftvolles Gleichnis für das unfaßbare Göttliche: **er trägt die Schiffe und läßt sie sinken..** Dynamik auf der Oberfläche und Ruhe in der Tiefe; verspielte Sanftheit und überwältigende Gewalt. "Mysterium tremendum et fascinonsum" (Rudolf Otto) - ein Geheimnis, das zugleich Angst erzeugt und faszinierend ist.

Ein Vers aus den Upanishaden lehrt uns dies:

> "Das bewegt sich, und Das bewegt sich nicht.
> Das ist weit entfernt, und dasselbe ist nah.
> Das ist in allem; Das ist außerhalb von allem."
> (Zitat aus Sri Chinmoy "Veden, Upanishaden, Bhagavadgita")

Gott muß als der gesehen werden, der zugleich immanent und transzendent ist, auf intimste Weise nah und doch unerreichbar fern, zutiefst persönlich und doch leidenschaftslos unpersönlich. Gott wird sichtbar, um seine Unsichtbarkeit zu betonen; er ist uns nah, um seine Ferne deutlich zu machen. Er besteht auf Leid, um Liebe zu beweisen. Ein Vater, der die Kreuzigung seines Sohnes zuläßt.

Maurice Maeterlinck gibt den folgenden Kommentar zu den höheren Bewußtseinszuständen von Mystikern:

> "Hier stehen wir plötzlich an den Grenzen des menschlichen Denkens und weit jenseits des geistigen Polarkreises... Es handelt sich hier um die exakteste aller Wissenschaften. Es handelt sich darum, die schroffesten und und ungastlichsten Vorgebirge des göttlichen 'Erkenne Dich selbst' zu umschiffen, und die Mitternachtssonne herrscht über die wogende See, wo die Psychologie des Menschen mit der Psychologie Gottes sich mischt."
> (dt. Zitat aus E. Underhill "Mystik", Seite 440)

Die treffenden Worte des Sufi-Dichters *Jalaludin Rumi* (1207 - 1273) beschreiben die Erfahrungen vieler Menschen:

"Through every way I try
His whim to satisfy
His every answering word
Is a pointed sword.

"Auf allen Wegen versuche ich
Seinen Willen zu erfüllen.
Jede seiner Antworten
ist ein spitzes Schwert.

See how the blood drips
From his finger-tips
Why does He find it good
To wash in my blood?"

Sieh' nur wie das Blut
von seinen Fingerspitzen tropft.
Warum findet Er es gut,
sich in meinem Blut zu waschen?"

Aber derselbe Rumi hat auch dies zu sagen:

"He that is my soul's repose
Round my heart encircling goes
Round my heart and soul of bliss
He encircling is.

"Er, die Ruhe meiner Seele,
legt sich umfassend um mein Herz.
Meine Seele und mein Herz voll Entzücken - umschließt er ganz.

Laughing from my earthly bed
Like a tree I lift my head
For the Found of living mirth
Washes round my earth."

Von meinem irdischen Lager lache ich,
wie ein Baum erhebe ich mein Haupt;
denn die Quelle aller Lebensfreude
umspült mein trockenes Land."

Offensichtlich kann der innere Zustand eines Mystikers genauso paradox wie die göttliche Wirklichkeit sein; d.h. Widersprüche blühen nebeneinander und werden ruhig als gelebte Erfahrung zugelassen. Es gibt Logik in der Mystik, aber Rudolf Otto nennt sie "Wunderlogik".

Hier sind Worte von *Chuang Tzu* (Dschuang Dsi) genau die richtigen:

"Darum heißt es: Wer sich zur Bejahung bekennt
und nichts von Verwirrung weiß,
der hat noch nicht die Gesetze des Himmels und der Erde
und die Verhältnisse der Welt durchschaut."

Man mag sich an die früher zitierten Worte von *T.S. Eliot* erinnern:

"Ein Zustand vollendeter Einfalt...
Und alles wird gut sein,...
Jederlei Ding wird gut sein und...
Und eins werden Feuer und Rose.

Jenseits der Gegensätze öffnet sich das Tor

Nikolaus von Kues, ein Genie des 15. Jahrhunderts, ebenso begabt als Staatsmann wie als Kardinal, Mathematiker und Mystiker, verbindet Mathematik und Mystik in seiner folgenden Aussage:*Das Gefüge der Welt hat seine Mitte überall und die Peripherie ist nirgendwo...."*
Die erstaunliche Brillianz des Nikolaus von Kues in unterschiedlichen Bereichen vermittelt seinen ungewöhnlichen Lehren über die "docta ignorantia" (die gelehrte Unwissenheit) eine hohe Glaubwürdigkeit. Er

lehrte, daß die *"Koinzidenz der Gegensätze"* die Mauer sei, die Gottes Paradies umgibt. Das Tor dieser Mauer wird vom

> "stolzen Geist der Vernunft bewacht; und solange diese nicht überwunden ist, wird sich das Tor nicht öffnen. Gott kann also nur jenseits des Zusammenfließens (coincidence) der Gegensätze gesehen werden, und nirgendwo auf der Seite davor."

Seine Wahrnehmung drückt der Cusaner in einem Gebet aus:

> "Du, Herr, stehst und bewegst Dich zur gleichen Zeit, zur gleichen Zeit ruhst Du und schreitest voran... und zwar da, wo Du stehst und voranschreitest, und doch zur gleichen Zeit nicht stehst und voranschreitest... Ich erkenne somit, wie notwendig es für mich ist, die Dunkelheit zu betreten und - jenseits aller Vernunft - die Koinzidenz der Gegensätze zuzulassen und dort nach Wahrheit zu suchen, wo mir das Unmögliche begegnet".

Man wird bemerken, daß im ersten Satz die über 2000 Jahre alten Isa Upanishaden *("Das bewegt sich und Das bewegt sich nicht."...)* widerklingen. Die Bewußtheit eines Mystikers geht über die Zeit hinaus. Es wird heute viel über die Ähnlichkeiten gesprochen, die in den Aussagen von Mystikern und Quantenphysikern über die Wunder unserer Existenz zu finden sind. *Philip Oppenheimer* sagte in einem BBC-Vortrag über Elektronen:

> "Wir neigen dazu, auf scheinbar einfachste Fragen entweder keine Antwort zu geben oder eine Antwort, die auf den ersten Blick eher an einen fremden Katechismus erinnert als an gradlinige Aussagen der physikalischen Wissenschaft. Wenn wir z.B. fragen, ob die Position des Elektrons dieselbe bleibt, müssen wir 'nein' sagen; wenn wir fragen, ob die Position des Elektrons sich mit der Zeit verändert, müssen wir 'nein' sagen; wenn wir fragen, ob das Elektron im Ruhezustand ist, müssen wir 'nein' sagen; wenn wir fragen, ob es in Bewegung ist, müssen wir 'nein' sagen;... Buddha hat auf Fragen z.B. nach dem Zustand des Selbst nach dem Tod des Menschen solche Antworten gegeben; aber das sind keine geläufigen Antworten in der Tradition der Wissenschaft des siebzehnten und achtzehnten Jahrhunderts."

Die Ähnlichkeiten in den Aussagen der Physiker des 20. Jahrhunderts und der alten Mystiker (beispielsweise Buddha oder Nikolaus von Kues) sind so verblüffend, daß grundlegende Unterschiede schnell übersehen werden können. Eine gewisse Vertrautheit mit den redegewandten modernen Befürwortern der *"großen Kette des Seins"*, einer grundlegenden Voraussetzung der *"alle Zeitalter umfassenden Philo-*

sophie", ist erforderlich. Andernfalls werden die grundsätzlichen Unterschiede nicht mit ausreichender Klarheit deutlich, und man wäre den Meinungen populärer Büchern ausgeliefert, die Mystik mit der neuen Physik verwechseln. Dennoch können die in diesen Büchern enthaltenen, verbindenden Einsichten aus meiner Sicht provokativ und inspirierend sein, sobald die Verwirrung einmal beseitigt ist. - Eine vollkommene Klarheit ist jedoch nicht möglich, da der menschliche Geist letztendlich die absolute Wirklichkeit nicht ausreichend erfassen kann. Jeder Versuch, die Beziehung zwischen dieser absoluten Wirklichkeit und unserer Wirklichkeit, oder das Wesen dieser absoluten Wirklichkeit und unser Verständnis darüber auszudrücken, wird zwangsläufig unbefriedigend und in gewissem Sinne sogar falsch sein - es sei denn, **man sieht in diesem Versuch einen Hinweis auf ein Geheimnis, das jenseits unseres Gesichtskreises liegt.** Dies darf niemals vergessen werden.

Göttlicher Geist zugleich immanent und transzendent

Es folgt an dieser Stelle eine kurze Zusammenfassung von **Ken Wilber** (mit Diagramm) zur *"großen Kette des Seins"*. Besser vielleicht als jeder andere englischsprachige Autor unserer Zeit hat Wilber dazu beigetragen, den Laien in die alle Zeitalter umfassende Philosophie einzuführen. Zwei seiner Bücher sind besonders empfehlenswert: "The Holographic Paradigm" (Shambala, 1982) (dtsch.: "Das Holgraphische Weltbild", O.W. Barth 1987) und "Quantum Questions" (Shambala, 1984). Hier handelt es sich um Aufsätze verschiedener Autoren, die Wilber einschließlich eigener Beiträge herausgegeben hat.

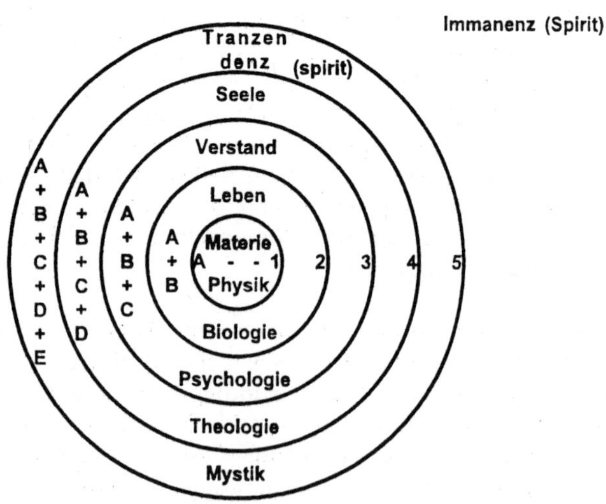

Der fundamentale Widerspruch in der Wirklichkeit ist, daß Immanenz und Transzendenz gleichzeitig existieren. In der Abbildung wird dies durch **Spirit** (großes S = Immanenz) und **spirit** (kleines s = Transzendenz) dargestellt. Die konzentrischen Keise umfassen die verschiedenen Ebenen unserer Existenz: "Die große Kette des Seins".

Die fünf Ebenen sind von innen nach außen mit 1 bis 5 numeriert (in der 3:00 Uhr-Position) und entsprechen den Bereichen Materie, Leben, Verstand, Seele und Transzendenz (spirit) *(senkrecht vom Zentrum nach oben; 12:00 Uhr)*. - Die dazu gehörigen Studien sind senkrecht vom Zentrum nach unten eingetragen - Physik, Biologie, Psychologie, Theologie und Mystik (6:00 Uhr).

In der 9:00 Uhr-Position stehen die Buchstaben, A, B, C, D und E, die die Fähigkeiten jeder Ebene darstellen. Wenn man sich vom Zentrum bis zum äußersten Kreis bewegt, wird **jede neue Ebene transzendiert, beinhaltet aber ihre vorherige Ebene.** Biologie setzt also die Gesetze der Physik voraus, aber nicht umgekehrt. Mit anderen Worten: Dies ist die Hierarchie der Kette des Seins. Der transzendente Geist (spirit) steht am höchsten Punkt und die Materie am niedrigsten Punkt. Der Verstand beispielsweise kann nicht vollkommen auf der Grundlage von Biologie und Physik erklärt werden.

Hier einige Zitate der klaren Gedanken von Wilber:

"Wenn Materie (Ebene 1) die Eigenschaften A besitzt, dann läßt sich biologisches Leben (Ebene 2) durch die Eigenschaften A+B darstellen, wobei B alle Eigenschaften und Fähigkeiten umfaßt, die ein lebender Organismus besitzt (beispielsweise Nahrungsverzehr, Metabolismus, Sexualität, motorische Funktionen, usw.), die jedoch in unbelebter Materie nicht vorhanden sind."

"Verstand (Ebene 3) wäre dann A+B+C, wobei C die Eigenschaften und Fähigkeiten darstellt, die in psychologischen Systemen, jedoch nicht in biologischen oder materiellen Systemen vorhanden sind (beispielsweise Ideen, Konzepte, Werte, Einsichten, usw.)."

"Entsprechend wäre der Bereich der Seele A+B+C+D, und der spirituelle Bereich wäre A+B+C+D+E. Wenn wir also davon sprechen, die Spiritualität zu erforschen, so sprechen wir von all den Funktionen, Eigenschaften und Fähigkeiten (durch E dargestellt), die nur in dem spirituellen Bereich vorhanden sind (beispielsweise Jnana, Samadhi, Nirguna Brahman, usw.) und sonst nirgendwo."

Betrachtet man die Bewegung vom äußersten Kreis zum innersten Kreis, dann stellen sich Seele, Verstand, Leben und Materie als die sich progressiv verdichtende Entfaltung eines transzendenten Geistes dar. Die umgekehrte Richtung ist der Weg, den das sich entwickelnde menschliche Bewußtsein nimmt, wenn es durch eine Reihe immer feinstofflicher werdender Ebenen zum transzendenten Geist zurückkehrt.

> "Im Reich der Seele kommuniziert die Seele mit Gott;
> im Reich des Geistes (spirit) vereinigen sich Gott und Seele zur Gottheit oder zum absoluten Geist (absolute Spirit)".
>
> - Ken Wilber -

Wenn man stattdessen von **immanentem Geist** (Spirit) spricht, ist die Situation völlig anders. Immanenter Geist liegt in der Abbildung außerhalb der konzentrischen Kreise der Seinskette. Immanenter Geist ist der eigentliche Grund, die eigentliche Wirklichkeit (das Tathata der Buddhisten) aller Dinge auf allen möglichen und tatsächlichen Ebenen. Geist ist in allen Dingen gleichermaßen immanent: Vier Dinge enthalten daher genausoviel Geist wie viertausend Dinge. "Gott plus Welt" = "Gott"!

Auf der transzendenten Seite des Paradoxons besitzen jedoch drei Katzen mehr Ganzheit als drei Steine, da sie höher in der Hierarchie stehen. Die Katzen sind zwar der Ebene des **transzendenten (spirit)**, nicht aber der Ebene des **immanenten (Spirit)** Geistes näher als die Steine. - Als unterste Dimension mit relativ weitem Abstand von der höchsten ist die Physik weit entfernt vom transzendenten Geist (spirit). Aber immanenter Geist (Spirit) ist die Grundlage der Physik, wie er auch Grundlage alles anderen ist. Als gemeinsame Grundlage ist immanenter Geist aufs Engste mit der Physik und mit "Allem-was-ist" verbunden.

Wenn folglich nur *Transzendenz* betont wird, wird man erkennen, daß Religion, Mystik und transzendenter Geist wenig mit den Wissenschaften zu tun haben, die sich mit der materiellen Welt beschäftigen. Wenn allein *Immanenz* betont wird, wird Wissenschaft zu einer "Unterabteilung der Religion".

> Um Verwirrung zu vermeiden, müssen entweder beide Seiten des Paradoxons gleich betont werden oder man muß sich zumindest darüber im Klaren sein, über welche Seite man spricht.

Ein anderer, damit eng verbundener Aspekt wird ebenfalls von Wilber stark hervorgehoben: Jede der fünf Ebenen kann gleichermaßen erforscht und die Ergebnisse bestätigt werden. Mit seinen Worten:

> "Mathematik ist für alle Mathematiker mit gleicher Bildung normales Wissen;
> ebenso ist kontemplatives Wissen für alle kontemplativen Menschen mit gleicher Reife normales Wissen."

Wer das spezifische Wissen einer bestimmten Ebene bestätigen will, muß sich zunächst in den Methoden und Techniken dieser spezifischen Ebene schulen. Wer beispielsweise darauf besteht, intuitives Wissen durch die praktischen, analytischen Verfahren wissenschaftlicher Experimente bestätigen zu wollen, verwechselt zwei vollkommen verschiedene Wissensebenen. Das wäre ein kategorischer Fehler.

Darüber hinaus läßt sich **das Geschehen auf der Ebene des transzendenten Geistes (spirit)** ausgehend von der Ebene des Verstandes **nur durch paradoxe Beschreibungen erläutern.** Aus diesem Grund sind *alle Aussagen über Gott zwangsläufig paradox*, selbst wenn Mystiker versuchen, mit ihrem Verstand Erklärungen anzubieten.

Absoluter Grund und zugleich persönlich ansprechbar

Ich möchte die obigen Ideen und Erklärungen von Ken Wilber an dieser Stelle sofort aufgreifen und einige persönliche Gedanken anschließen.

Erstens: Polares Denken und polare Ausdrucksformen sind auf der Ebene des täglichen Lebens unvermeidlich: Licht und Dunkelheit, gut und böse, Leben und Tod, männlich und weiblich, usw. Man muß bereit sein, polare Gegensätze und selbst die *"Koinzidenz der Gegensätze"* hinter sich zu lassen, um etwas von der freudvollen Einheit der mystischen Welt - in der sich alle Gegensätze und Widersprüche auflösen - erleben zu können.

Zweitens: Die gesamte dichterische Tradition der sogenannten Naturmystik gewinnt eine neue Schwingungsqualität, wenn man die in der "großen Kette des Seins" enthaltenen Perspektiven akzeptiert. Man stelle sich vor, was Quantenphysik und ein mystischer Charakter hierzu beitragen könnten:

> "Da für das unerforschte Herz von Dir
> Alle Dinge durch unsterbliche Kraft,
> Nah und fern verborgen
> Miteinander verbunden sind,
>
> Daß Du nicht eine Blume bewegen kannst,
> Ohne einen Stern zu beunruhigen..."
>
> \- Francis Thompson -

Oder:

> "Blume in der geborstenen Mauer,
> Ich pflücke dich aus den Mauerritzen,
> Mitsamt den Wurzeln halte ich dich in der Hand,

Kleine Blume - doch wenn ich verstehen könnte,
Was du mitsamt den Wurzeln und alles in allem bist,
Wüßte ich, was Gott und Mensch ist."

- Alfred Tennyson -

Einige Jahrhunderte zuvor bot *Meister Eckhart* ein ähnliches Bild:

"Das Intimste, was man in Gott erkennt
- zum Beispiel, wenn man verstehen könnte,
wie eine Blume ihr Sein in Gott hat
- würde größer sein als die ganze Welt."

Drittens: Die Ebene 5 des Wilber-Diagramms ist das Reich des *Nirguna Brahman**, d.h. einer Gottheit ohne Eigenschaften, unpersönlich und absolut. Die Ebene 4 dürfte dann das Reich eines Gottes mit Eigenschaften (Saguna*) sein, persönlich und in Beziehung lebend. Vor diesem Hintergrund könnte man vielleicht sogar die Entsprechung zwischen Meister Eckharts *Unterscheidung von Gott und Gottheit* und dem *Saguna/Nirguna* der indischen Philosophie untersuchen.

Ich beabsichtige keinen oberflächlichen Synkretismus*. Die Menschheit lebt heute in einer dynamischen Zeit mit allen Möglichkeiten für Wachstum und Unheil. Ein tiefer Respekt vor den Werten des Anderen und anderen unterschiedlichen Einstellungen zum Leben sind eine dringende Notwendigkeit geworden. Ein respektvoller Pluralismus bedeutet nicht, zu sagen: "Es ist eigentlich egal, was die Menschen glauben" oder "Wir sagen ja eigentlich alle dasselbe". Man muß vermeiden, sich in irgendeiner Weise überlegen zu fühlen oder überlegen zu erscheinen. *Wir müssen viel voneinander lernen.*

Hindus gehen von einer großen Anzahl persönlicher Götter *(Saguna*)* aus, die von frommen Gläubigen ausgewählt werden, ohne daß diese Götter je mit dem Absoluten (Nirguna) der Philosophen verwechselt werden. Auf dem Weg der Hingabe *(Bhakti marga)* übt sich der gottergebene Mystiker im ekstatischen Gebet zu einem von ihm verehrten persönlichen Gott. Auf dem Weg der Erkenntnis *(Gnana marga*)* übt sich der gottergebene Mystiker in tiefer Meditation über das unpersönliche Absolute. Wie bereits in einem früheren Kapitel erklärt wurde, ist ein fließender Wechsel zwischen den Grenzzuständen des Bewußtseins möglich, und zwar unabhängig davon, ob sie durch Ekstase oder Meditation erreicht werden.

Buddhisten werden häufig als Atheisten bezeichnet. Sie sind davon überzeugt, daß im Angesicht des Absoluten alle menschlichen Ausdrucksformen unzureichend sind. Es werden Formulierungen mit doppelter Verneinung bevorzugt, zum Beispiel: "Nicht zwei; nicht eins". Ob dies den Buddhisten zum Atheisten macht, ist eine Streitfrage. Und was soll man von der buddhistischen Sichtweise halten, bei der ein barmherziger Buddha sein *"Nirvana"* aufgibt, um den Menschen dabei zu helfen, dem Schmerz und der Wiedergeburt zu entrinnen? Ein persönlicher Buddha hilft bei praktischen Problemen; der theoretische Buddha bleibt dennoch erhalten.

Um Wilber nochmals zu zitieren, ist der immanente Geist *"weder einer noch viele, weder unendlich noch endlich, weder das Ganze noch ein Teil"*. Die Buddhisten haben mit ihrer Lehre der sunyata (Nichtqualifizierbarkeit) Recht. Darüber hinaus sagen viele große Mystiker anderer religiöser (beispielsweise christlicher, islamischer oder hinduistischer) Traditionen, daß es genau dieses unbeschreibbare, unverständliche Absolute ist, was sie erfahren. - Probleme tauchen jedoch auf, wenn man diese buddhistischen Ideen verbindet mit der Idee eines Gottes, der Interesse an den Menschen hat und durch eine oder mehrere Heilige, die er berührt, Forderungen stellt. Dies ist beispielsweise die historische Situation unter Juden, Christen und Muslimen. Die *Christen* gehen am allerweitesten der persönlichen Linie entlang, indem für sie Jesus als der inkarnierter Gott gilt, der zweiten Person der göttlichen Dreieinigkeit von Vater, Sohn und Geist: Gott ist tatsächlich EINS, aber DIESELBE göttliche NATUR ist in allen DREI PERSONEN gegenwärtig.

Gott verbirgt sich in den Tiefen des menschlichen Selbst

Das Problem, das Persönliche und Absolute miteinander zu versöhnen, ist nicht völlig unüberwindbar. Etwas Versöhnung scheint in der Lehre des seligen *Jan van Ruysbroeck* (1293 - 1381) stattzufinden. Er war ein bekannter flämischer Mystiker, der von den Christen als "doctor ecstaticus" verehrt wurde. Ruysbroecks Lehre läßt sich ebenfalls zu Wilbers Diagram in Beziehung setzen. Jedoch kann kein noch so hohes Maß an Spekulation die Unfaßbarkeit des Geistes (sowohl immanent als auch transzendent) auflösen, welche jenseits von Sprache und Ideen liegt.

> Vielleicht müßte die christliche Welt nichts weiter tun, als die durchgehende Kreislinie zwischen Ebene 4 und 5 (im Wilber-Diagramm) in eine gepunktete Linie umzufunktionieren. Dies würde auf die Tatsache einer dynamischen Wechselwirkung zwischen Gott und Gottheit, persönlichem und absoluten Gott, Trinität in der Einheit und Einheit in der Trinität hinweisen.

Saguna-Mystik verläuft ähnlich parallel zur Nirguna-Mystik. Mystische Zustände werden nicht ständig erlebt und sind - zumindest in diesem Leben - nie identisch.

Um *Ruysbroeck* gerecht zu werden, muß man ihn in seinen eigenen Worten hören:

> "Unserer Vernunft gemäß (gibt es) eine Unterscheidung und Differenzierung zwischen Gott und Gottheit, zwischen Handeln und Ruhe. Die fruchtbare Natur der Personen, Dreifaltigkeit und Einheit in Dreieinigkeit, wirkt immer in lebendiger Differenzierung. Aber gemäß seiner Natur ist das 'Einfache Sein' Gottes eine 'Immerwährende Ruhe' Gottes und allen Geschaffenen."
>
> "(Im immerwährenden JETZT) können wir nicht mehr von Vater, Sohn und Heiligem Geist oder einem Geschöpf sprechen, sondern nur von dem einen Sein, welches die reine 'Substanz' der 'Göttlichen Personen' ist. Darin sind wir alle vor unserer Schöpfung. Da ist die Gottheit in einfacher Essenz ohne Aktivität, Immerwährende Ruhe, Absolute Finsternis, das Namenlose Sein, die 'Superessenz'von allem Geschaffenen."
>
> "Durch die Immerwährende Geburt sind alle Geschöpfe in Ewigkeit gekommen, bevor sie mit der Zeit geschaffen wurden. Deshalb hat Gott sie in Sich selbst gesehen und gekannt, ebenso wie in der Unterscheidung, in lebendigen Gedanken und in ihrem Anderssein, aber nicht als etwas völlig anderes; denn alles was in Gott ist, ist Gott."
>
> (eigene Übertragung aus Happold "Mystcism")

Das letzte Zitat erinnert an Platos Ideen und setzt für jeden von uns eine ewige Existenz ohne Anfang und Ende voraus...

An anderer Stelle beschreibt Ruysbroeck ganz klar "*die Natur Gottes als ewigen Fluß vom unveränderlichen Einen über die Aktivität der Dreieinigkeit zurück zum Einen"* (Happold). Jeder von uns, dem Tod und der Vergänglichkeit ausgesetzt, fließt mit in dem ewigen Strom des Unveränderlichen. Das Paradoxe und die Koinzidenz der Gegensätze durchdringen beide, die göttliche und die menschliche Natur. *In den Tiefen des multidimensionalen Selbst des Menschen verbirgt sich das Göttliche.*

Die Mystiker lehren uns, wer wir sind, wie wir leben können und warum beide, Gott und Universum, jedem Menschen als permanente Heimat gehören. Zeit und Raum, Geburt und Tod sind mehr oder weniger kurzfristige Erscheinungen im ewigen Fluß.

Wir haben schon immer existiert, und wir werden immer existieren. Mit einer geheimnisvollen Verbindung zu "Dem", das jenseits von Gedanken und Beschreibungen liegt, erblühen wir durch unsere Träume und unsere Musik, die jenseits von Worten liegen - und durch unsere Gedichte und Lieder, deren Worte niemals die Sehnsucht stillen können ...

Jeder, der wirklich an die mystische Erfahrung glaubt, kann sich an diesen Strom grenzenloser elektrischer Energie anschließen, die unbeweglich in strahlende Sternengärten fließt, in wunderliche Muster auf Schmetterlingsflügeln und in die unendliche Sehnsucht des menschlichen Herzens. Der echte Mystiker ist immer ein kreativer Künstler, wobei das Feld künstlerischer Betätigung zur freien Auswahl steht.

Böses und Leidvolles gleich geheimnisvoll wie Güte und Liebe

So tief auch die Dunkelheit und die Fähigkeit zum Bösen sein mag, es bleibt doch die zwingende Suche nach einer Bedeutung. *Alexander Solschenizyn* schreibt:

> "Wenn nur alles so einfach wäre! Wenn nur böse Menschen irgendwo heimtückisch böse Taten begehen würden, und es nur nötig wäre, sie von dem Rest von uns zu trennen und sie zu vernichten. Aber die Trennungslinie zwischen Gut und Böse geht durch das Herz eines jeden Menschen. Und wer ist schon bereit, ein Stück seines eigenen Herzens zu vernichten?"

Der Menschheit fällt es viel leichter, unvermeidbare Unglücksfälle zu akzeptieren, die im Zusammenhang mit ihrer zerstörerischen Wirkung auf Leben und Eigentum negativ gesehen werden: Erdbeben, Vulkanausbrüche, Wirbelstürme, usw. Bei ihnen handelt es sich um Naturkatastrophen. Andere könnten kontrolliert werden, sobald sie auftreten: Epidemien, die Zerstörung der Wälder, die Erosion des Bodens, Luft- und Wasserverschmutzung, Dürren, die Ausbreitung der Wüsten, usw. Einige dieser Probleme ließen sich durch menschlichen Einsatz noch immer umkehren.

Viel schwieriger ist es jedoch, das *Böse mit einem menschlichen Antlitz* zu sehen: das Böse, das aus dem menschlichen Herzen heraussickert wie Dreck. Folter, Völkermord, Vergewaltigung, Drogenhandel, Mord, organisiertes Verbrechen, die weit verbreitete Unterdrückung der Schwachen und Hilflosen... hört dieses Böse, das doch eigentlich vermeidbar wäre, niemals auf? In begrenztem Umfang können diese vermeidbaren Erscheinungen als Probleme betrachtet werden, die sich durch den überzeugten, koordinierten Einsatz motivierter Einzelpersonen oder gesellschaftspolitischer Institutionen mildern lassen. Es wäre unethisch, sich nicht so weit wie möglich anzustrengen.

Dennoch, blickt man in die Augen von Menschen, die sich ganz dem Bösen ausgeliefert haben, läßt sich in ihnen die geheimnisvolle Gegenwart einer überwältigenden Kraft erkennen, die ebenso fasziniert wie abstößt. Einige Religionen haben diese Kraft als "Satan" personifiziert oder räumen ihr einen Status als "das Prinzip des Bösen" ein, welches "dem Prinzip des Guten" gleichrangig als absoluter Gegensatz gegenübersteht.

Die überhandnehmende Präsenz des Bösen und des Leides ist ein Mysterium und nicht nur ein Problem...

Gott hätte eine andere Welt erschaffen können - er hat es jedoch nicht getan. Sicherlich muß unsere spezifische Welt für Gott vermeidbar gewesen sein, auch wenn die Menschen für das vorhandene Leid überwiegend selbst verantwortlich sind. Wenn Gott Gott ist, dann ist er wirklich nicht verpflichtet, irgendeine Welt zu erschaffen.

Die durchdringende Gegenwart schrecklicher Schmerzen und unglaublicher Bosheit hat dazu geführt, daß einige Kulturen ein unpersönliches Gesetz von Karma und Wiedergeburt voraussetzen. Andere meinen, daß unsere ganze Welt nur eine Illusion sei, die vom Selbst transzendiert werden müsse. Und wieder andere haben ihren Glauben an einen machtvollen und gleichzeitig liebevollen Gott verloren. - Für alle Probleme können intellektuelle Antworten gesucht werden. Geheimnisse müssen jedoch ganz erfahren werden, bevor sie ihren Sinn enthüllen. *Die Tiefe des Geheimnisses nimmt eher zu, wenn man Menschen begegnet, die unverdient großes Leid erleben* und große Schwierigkeiten haben, dies als sinnvoll zu empfinden. Sicherlich können nur wenige wie *Aurobindo* empfinden, *"daß es einen Zustand gibt, in dem Schmerz nur eine stärkere Form von Entzücken ist."* Dennoch, es gibt sie, Menschen, die ihren Schmerz transformieren können.

Die Gegenwart von Güte, Selbstlosigkeit und Liebe ist ein genauso großes Mysterium. Es gibt keine befriedigenden intellektuellen Antworten, warum der Mensch, der sich doch aus dem Tierreich entwickelt hat, nicht dem Gesetz des Dschungels folgt - oder warum es überhaupt eine Welt, geschweige denn einen Dschungel gibt. **Das Paradoxe ist in dieser Welt genauso ungezügelt wie das Leid.**

Ohne einen besonderen Anspruch erheben zu wollen, möchte ich meine Meinung als Christ anbieten. Der Widerspruch eines liebenden Gottes, der so viel Böses zuläßt, muß in eine dynamische Wechselwirkung mit dem Widerspruch gebracht werden, daß es einen *machtlosen Gott* gibt, der unsere Schmerzen auf sich nimmt und gekreuzigt wird. Indem er sein Leben aufgab, gewann er es neu und vertieft zurück. Dasselbe göttliche Leben wird all denen angeboten, die wie Er ein Leben der Liebe, der Nächstenliebe sowie der Hingabe (selbst bis zum Tod) führen.

Es ist nicht überraschend, daß viele diese christlichen Ansichten nicht anerkennen können oder sogar für vermessen halten - selbst einigen guten Freunden mag es so ergehen. Dennoch überrascht es, daß es aufgrund dieser christlichen Ansichten im Laufe der Jahrhunderte vielen Menschen gelungen ist, sich ruhig und gelassen dem Großen Mysterium hinzugeben und sich gleichzeitig freudvoll mit liebevollem Einfühlungsvermögen all denen zuzuwenden, die voller Schmerzen leiden

Das Gegenteil von Liebe ist nicht Haß sondern Macht - eine Erkenntnis, die ich C.G. Jung verdanke. Für mich erscheint es stimmig, einen Gott der Liebe zu haben, der hilflos wie ein Kind und machtlos wie der Gekreuzigte sein kann. Ich kann dies letztlich selbst nicht ganz verstehen, aber ich fühle mich mit den Erfahrungen, die ich aufgrund dieser Ansicht mache, recht wohl.

Wir leben in einer Welt, in der ausgedehnte wilde Landstriche die Schönheit eines wahrhaft prächtigen Gartens nicht zerstören. Leid und Schönheit leben nebeneinander. Das Feuer und die Rose sind eins.

KAPITEL 13

WEGE ZUR FREUDE IN STILLEN TIEFEN

"Wenn einer sich selbst erst einmal in der Begeisterung der Liebe verloren hat, hat der Partner nicht mehr Bedeutung als das Portal eines Tempels, durch das man hindurch zum Altar gegangen ist".

- Joseph Campbell -

"Der Sinn und das Empfinden für vollkommene Harmonie mit dem Universum, für völlige Harmonie mit einem anderen Menschen und für die vollendete Harmonie mit sich selbst sind aufs engste miteinander verbunden; ich glaube in der Tat, daß es sich dabei im wesentlichen um dieselben Phänomene handelt".

- Antony Storr -

Nichts vermag Erfahrung zu ersetzen. So ist der Leser stets verschiedenen Erkenntnissen ausgesetzt, die auf den Erfahrungen von recht bemerkenswerten Menschen beruhen - wie in diesem Buch von Naturwissenschaftlern, Musikern und Mystikern. *Fruchtbare Einsichten* - Keime, die darauf warten, sich in neuen Zusammenhängen zu entfalten. Einsichten, die von einem unterschiedlichen, aber freundlich-gesinnten Bewußtsein aufgenommen, assimiliert, wiederbelebt und aufs neue erfahren werden müssen. - Die meisten von uns bewundern aufrichtig, was großartige Menschen über ihre Erfahrungen zu berichten haben; und doch scheinen sie zu denken, daß es eine zu große Hoffnung sei, etwas Ähnliches zu erfahren. Das ist ein tragischer, wenngleich häufiger Irrtum. Es wird zunehmend deutlich, daß jedes menschliche Wesen das Potential in sich hat, sein Bewußtsein auf außergewöhnliche Weise auszudehnen, zu erweitern, zu vertiefen und zu erhöhen - ohne Grenzen!

"Über-etwas-hinaus-zu-gehen" ist tief in unserer eigentlichen Natur verankert. Rastlos versuchen wir immer wieder, jede Situation, in der wir uns befinden, zu verbessern. Vor allem trifft dies auf den Weg grenzenloser Freude zu, von dem Mystiker sprechen und dem dieses Kapitel im besonderen gewidmet ist. Tatsache ist, daß die verzauberte Dunkelheit - sprudelnd mit einer Freude jenseits aller Beschreibung - schrittweise erfahren werden kann, wenn jemand die internen Blockaden beseitigt und die selbstgesetzten Grenzen umgeht. Selbst dann, wenn unsere wilde Jagd nach Liebe und Schönheit einmal erfolgreich war, so bleiben wir letztlich doch unbefriedigt, ja manchmal frustiert. Nichts als die grenzenlose Freude, für die wir geschaffen sind, vermag uns dauernden Frieden zu schenken.

"Die 'natürliche' Freude am Sein in jedem Menschenleben ist die erste Morgenröte der göttlichen Erleuchtung" (P. Teilhard de Chardin).

Die immense innere Freude ist nur ein kleiner Teil von dem ungeheuer reichen Ausströmen der Freude, die das gesamte Universum mit Gesang erfüllt - ob in der Stille von den Sternen oder in beredten Worten von den Dichtern gesungen. Es erscheint merkwürdig, daß die meisten von uns sich nur wenig um diese allumfassende und in unserer Reichweite liegende Freude kümmern. Es ist sehr hilfreich, daran zu glauben, daß es für jeden aufrichtig Suchenden möglich ist, solche Freude zu erfahren. Nicht alle, die bereit sind, sich darum zu bemühen, werden vielleicht die Fülle dieser tiefen Freude erfahren, aber schon ein geringes Maß dieser Freude ist erfüllender als alle Formen oberflächlich empfundener Vergnügen und Glückserfahrungen.

Wie können wir uns vor-bereiten?

Großartige Erfahrungen werden uns manchmal sehr unerwartet gewährt - wie eine unverhoffte und unverdiente Gabe. Es verschlägt uns dann den Atem, weil wir plötzlich gezwungen werden einzusehen, wie wertvoll und herrlich wir selbst tatsächlich sind. Das größte Hindernis, tiefe Freude erfahren zu können, ist ja unsere Unfähigkeit, zu akzeptieren, daß das reine göttliche Bewußtsein bereits in jedem Menschen vorhanden ist, sogar in den bösen, den unwissenden und abstoßenden. Das Mysterium wartet geduldig auf das Mitwirken von uns, um frei hervorscheinen zu dürfen.

Im großen und ganzen wird die entzückende Erfahrung der Freude nicht leicht gewährt, muß vielmehr ruhig und sorgfältig vorbereitet werden. Glücklicherweise können in unserer Welt die entsprechenden Wege dazu, die Wagnisse der Reise und die Fähigkeiten verlässlicher Führer (von denen es bisher zu wenige gibt) von jedem persönlich eingeschätzt werden - sogar durch die entsprechenden Seiten im Internet. Ein Ergebnis davon ist u.a., daß Wissenschaftler, die die Äußerungen von Mystikern verschiedener religiöser Traditionen untersucht haben, sowohl von den Ähnlichkeiten wie von den Gegensätzen fasziniert sind.

Beispielsweise haben über die letzten anderhalb Tausend Jahre hinweg die Weisen Indiens in den Upanishaden ihre Suche nach *"âtman"* * beschrieben. Sie haben diese Wirklichkeit in jedem Menschen in Tiefen gefunden, die intimer und tiefreichender sind als alles, was sich das normale menschliche Bewußtsein vorzustellen vermag. *"Âtman" kann nur erfahren werden.* Es ist nicht möglich, das in klarer, logischer Sprache zu erklären. Etwas zu erklären, bedeutet schließlich immer auch, es einzugrenzen. - Auf der anderen Seite zeigen uns Untersuchungen ähnlicher Begriffe in anderen Kontexten, daß das, was in christlichen Schriften als *"Geist"* und C.G. Jung als *"Selbst"* (eingezwängt zwischen Bewußtsein und Unterbewußtsein) bezeichnen, offensichtlich auf dieselbe Wirklichkeit wie "âtman" hinweisen. Dabei muß daran erinnert werden, daß Worte wie "âtman", "Geist" und "Selbst" sich auf eine Wirklichkeit beziehen, die jenseits einer präzisen logischen Bestimmung liegt. Es geht hier nicht um einen Wortvergleich im Verhältnis 1 : 1, sondern nur um eine Beziehung zwischen Bezeichnungen, die in verschiedenen Kontexten auftauchen, aber durchaus in dieselbe Richtung weisen. In der Tat handelt es sich um dieselbe Wirklichkeit, die in diesem Buch lieber mit den Worten *"Wahres Selbst"* (siehe Kapitel 4) oder *"Verzauberte Dunkelheit"* bezeichnet wird.

So schwierig auch für manche Leser diese Überlegungen sein mögen, sie sind notwendig, um eine Verbindung herzustellen zwischen der FREUDE und ÂTMAN in jedem von uns. In einer geheimnisvollen Weise - wieder jenseits aller logischen Beschreibbarkeit, entdeckt der Suchende in tiefer Meditation, daß "atman" eng verbunden ist mit "Paramâtman" (dem transzendenten, alles durchdringenden Selbst) sowie mit BRAHMAN (dem absoluten und letzten Grund hinter aller Existenz). Wie im Glossar vermerkt, ist Freude ein wesentliches Charakteristikum von "Brahman".

Sich Sehnen nach wahrer Freude

Die Konsequenzen sind unvermeidbar: Das einem jedem innewohnende "âtman" (oder Selbst oder Geist oder verzauberte Dunkelheit) garantiert jedem einzelnen einen möglichen *Zugang zur grenzenlosen Freude.* Es ist eine **Freude**, die alles in dem Raum auszufüllen vermag, was meinem Namen entspricht. Diese Freude strahlt von innen nach außen und ist zu unterscheiden vom **"Glücklich-sein"**, das sich von außen nach innen bewegt. - Es gibt viele schöne und bereichernde Formen menschlichen Glücks: im Feiern von Festen, bei Picknicks, in Ferien, beim Essen und Trinken, in Spiel und Spaß und vor allem in den Beziehungen zwischen Menschen. Diese Glückserfahrungen - einzelnen oder in Gemeinschaft - reichen jedoch auch nicht nur annähernd an die wahre *"Freude in stillen Tiefen"* die in diesem Kapitel beschrieben wird. Für die, welche diese Freude erfahren, ist kein Beweis notwendig; für die, welche sie nicht erfahren, ist kein

Beweis möglich. Was helfen würde, ist das Verlangen, das Sehnen, diese Freude zu erfahren - dazu der Wille, dabei auf kluge und bedächtige Weise vorzugehen und dafür offen zu sein, beschenkt und geleitet zu werdren.

... ohne Glückserfahrungen zu mißachten

Hier ergibt sich eine weitere Frage: Wird die Person, die einen wirklichen Zugang zu dieser Freude des einem jeden innewohnenden Geist - "âtman" oder "Verzauberte Dunkelheit - hat, immer noch fähig sein, auch ein ebenso großes Glück an so etwas wie Partys und gewöhnlichen menschlichen Beziehungen zu empfinden? Darauf ist ganz entschieden "JA" zu sagen, und sie vermag sogar noch *mehr* davon zu empfinden, weil die tiefe Freude eine "Dynamik" hat, die sie überfließen läßt in alle anderen Formen menschlichen Glücks. - Allerdings ist diese Person in der Tat mit einer subtilen Versuchung konfrontiert, der entschieden widerstanden werden muß: Wahre Feude ist in einem solch höherem Maße befriedigender, daß "Vergnügungen des gewöhnlichen Volkes" sehr wohl Gefühle von Überlegenheit oder von Langeweile hervorbringen können. Tatsächlich enthüllen diese überlegenden bezw. desinteressierten Gefühle eine Form von Hochmut (oder Maßlosigkeit), die der arroganten Haltung des Reichen ähneln, der außer den exquisitesten Delikatessen jede andere Nahrung für ungenießbar findet.

Hochmut für erhabene Zustände mystischen Bewußtseins findet sich bei Menschen, die meinen, daß sie diesen Zustand durch eigene Anstrengung erreicht haben - und nicht als Gabe göttlicher Gnade. Andererseits unterliegen Christen, die sich gut dabei fühlen, wenn sie sagen: "Herr, sei mir Sünder gnädig!", der gegensätzlichen Versuchung, sich dem vom Herrn zugedachten Geschenk *nicht* zu öffnen, das heißt sie leiden an falscher Demut. Daher ist es - ungeachtet des religiösen Hintergrundes oder der Ebene des spirituellen Bewußtseins - hilfreich, sich von jemanden begleiten zu lassen, der durch Erfahrung und Weisheit dazu geeignet ist. - Die Geschichte der Spiritualität und Mystik ist voller Beispiele von Personen, die - obwohl sie zu Lebzeiten nach außen hin einen großen Ruf der "Heiligkeit" hatten und von Christen als "Heilige", von Hindus als "Guru" oder von Muslimen als "Pir" verehrt wurden - in die Niederungen unmoralischen Verhaltens in bezug auf Geld, Sex oder Macht abgeruscht sind. Alle menschlichen Wesen, so "begnadet" oder "selbstverwirklicht" sie auch erscheinen mögen, bleiben offen für Verblendungen der schockierendsten Art.

In einem früheren Kapitel (7) fanden sich einige Betrachtungen über die mystische Idee der menschlichen Sexualität. Da die sexuelle Vereinigung von Mann und Frau allgemein als eine Hauptquelle menschlichen Glücks angesehen wird, scheinen dazu einige zusätzliche Ausführungen angebracht. Dabei möchte ich mit der ausdrücklichen Bestätigung beginnen, daß Geschlechtlichkeit und Geschlechtsleben einen zentralen Platz im menschlichen Leben einnehmen sollten, - ganz klar dazu geschaffen, Glücksempfinden zu erleben, was es auch oft tut. Schließlich: gäbe es keine Sexualität, könnte ich weder diese Worte schreiben, noch Sie sie lesen. - Als herrliche menschliche Interaktion, durch die selbst der Ärmste der Armen Genuß und Vergnügen erfahren kann, ist die Sexualität ein ausgesprochener Segen (die Bevölkerungsexplosion ist eine andere Sache). Darüber hinaus mag für viele in der unpersönlichen Welt der modernen Städte (ausgerichtet auf Wettbewerb, Ruhm und Erfolg) Sexualität oft die einzige Möglichkeit sein, sowohl um ihrer selbst willen geliebt zu werden als auch das Glück gewährt zu bekommen zu geben und zu nehmen.

Andererseits haben mich meine ausgedehnten Reisen und die Teilhabe am heutigen Leben (zusammen mit nachdenklichen Menschen in Indien, in den USA und in Deutschland) davon überzeugt, die Sexualität nicht mit dem Wert gleichzusetzen, den ihr die heutige Gesellschaft gibt. - Insbesondere muß der endlos diskutierte sexuelle *Orgasmus* ganz klar unterschieden werden von der unbeschreiblichen *Ekstase* des Geliebt- und Verliebtseins. Vergleicht man nämlich beides, scheint Ekstase mehr menschliches Glück hervorzubringen und uns mehr an der tieferen, andauernden und erfüllenden Freude des Geistes teilnehmen zu lassen. Ein Orgasmus von Menschen, die sich wirklich lieben, kann natürlich zu einer noch größeren Ekstase führen, aber die wunderbare Freude, in der Liebe zu sein, vermag auch ohne Orgasmus und sogar ungeachtet vom räumlichen Getrenntsein hier auf der Erde genossen zu werden.

Zu Beginn dieses Kapitels finden sich zwei Zitate, die im obigen Zusammenhang unsere Aufmerksamkeit verdienen. Das erste von Joseph Campbell, dem wir im Kapitel 3 bereits begegneten und dessen Worte von jedem Leser für sich anhand persönlicher Erfahrungen verifiziert werden können. Das zweite Zitat bedarf einer detaillierten Analyse. Es stammt von Anthony Storr, einem international anerkannten Psychiater und Autor ("Solitude", Ballantine, New York 1989).

Storr weist darauf hin, daß *"die gegenwärtige Betonung der intimen Beziehungen zwischen Menschen ein vergleichsweise junges Phänomen ist".* Aufgrund des Einflusses von S. Freud *"wurde allgemein angenommen, daß, wenn ein Mensch gesund und glücklich ist, er oder sie sich (auch) eines befriedigenden Sexuallebens erfreuen muß".* Ekstatische Gefühle getrennt vom körperlichen Sexualität tat Freud als regressive Illusionen ab, gleich ob es sich um *romantische Gefühle des Einsseins* mit dem oder der Geliebten handelt oder um *religiöse Gefühle,* eins zu sein mit dem Universum oder Teil zu sein von etwas Grenzenlosem, Uneingeschränkten - gleichsam "Ozeanischem".

Die folgenden Zitate aus Storrs "Solitude" gewähren wertvolle Erkenntnisse für die Überlegungen in diesem Kapitel:

> "Freud hatte Recht, als er eine Ähnlichkeit sah zwischen dem Gefühl von dem Einssein mit dem Universum und dem Gefühl der Einheit mit einem geliebten Menschen; er hatte aber Unrecht, als er eine solche Erfahrung lediglich als regressive Illusion abtat".

> "Das Empfinden vollkommener Harmonie mit dem Universum, völliger Harmonie mit einem anderen Menschen und vollendeter Harmonie innerhalb des eigenen Selbst sind aufs engste verbunden; ich glaube in der Tat, daß es sich bei ihnen im wesentlichen um dieselben Phänomene handelt".

> "Die Auslöser für diese Erfahrungen sind vielfältiger Art. Marghanita Laski nennt als die häufigsten: 'Natur, Kunst, Religon, sexuelle Liebe, Geburt, einsichtiges Wissen, kreative Arbeit, bestimmte Übungsformen".

Die einsichtige und professionelle Weisheit von Anthony Storrs Buch "Solitude" ist zu mannigfaltig, als daß sie kurz zusammengefaßt werden könnte. Für die begrenzten Perspektiven dieses Kapitels genügt es, daß er bestätigt: ekstatische Gefühle sind keine regressiven Illusionen, und Religion oder Kunst oder Geburt oder Gemeinschaft mit der Natur sind durchaus in der Lage, solche Gefühle hervorzubringen. Wir können daraus folgern, daß sexuelle Beziehungen nicht die einzige Quelle für Glück und Wohlbefinden gesunder Menschen sind - noch nicht einmal immer die wichtigsten. - Anders, und nicht ohne Hintergedanken ausgedrückt: Die gute Nachricht besteht darin, bestätigt bekommen zu haben (manche Leute wußten es wohl bereits), daß Menschen in Situationen, in denen Geschlechtsverkehr weder möglich noch erwünscht ist, ein glückliches und erfülltes Leben führen können. Ältere oder behinderte Menschen, Alleinstehende, zölibatär Lebende usw. können aufatmen!

Wandel von der fetten Raupe zum Schmetterling

Kommen wir nun zu einem dem damit verwandten Thema: Durch die Massenmedien - und in jüngster Zeit durch das Internet - sieht sich die Menschheit in einer nie dagewesenen Weise allen möglichen Arten von Eindrücken buchstäblich ausgesetzt. Wir erhalten Informationen von allen Teilen der Erde, von Ost und West, von Nord und Süd, aus Kunst und Wissenschaft, über Kultur und Politik, Erde und Weltraum, über die Religionen wie über atheistische Strömungen. Was bleibt von all den widersprechenden und oft manipulierten Informationen für unsere Aufmerksamkeit übrig, wenn wir alle diese Einflüssen geduldig ertragen?

Wir befinden uns am Ende eines erstaunlichen Zwanzigsten Jahrhunderts, an dem - wie Alvin Toffler ausführt - nicht nur die *Veränderungen,* sondern Veränderungen in ihrem ganzen Umfang*verarbeitet* werden müssen. So wie ich die jetzige Situation einschätze, ist die Menschheit im allgemeinen dabei, alle weltlichen und religiösen Experten und Führer entschieden abzulehnen, die das Leben auf die von ihnen jeweils bevorzugte Sichtweise verkürzen bezw. zurechtstutzen.

Darüberhinaus wird heutzutage die Qualität der Ideen oder Vorstellungen eines Menschen nach dem Leben beurteilt, das dieser Mensch tatsächlich führt und wie er sich wirklich gesund erhält - physisch, psychisch und spirituell; ebenso danach, ob er gewillt ist, die gesamte komplexe Fülle menschlichen Lebens zu akzeptieren. Aus diesem Grunde schätzen wir vielleicht heute mehr denn je den *Wert unserer Mystiker* und **die Freude und die Ganzheitlichkeit**, die sie uns vermitteln. - Jegliche Ablehnung von Wunder, Vielfalt, Freude, Herausforderung oder Tragödie unserer irdischen Existenz wird heute mit Mißtrauen betrachtet - und das mit Recht. Und Jesus bleibt populär, weil er sagte: "Ich bin gekommen, damit sie das Leben haben und es in Fülle haben" (Joh 10,10b) - und in einem anderen Zusammenhang: "Dies habe ich euch gesagt, damit meine Freude euch erfüllt und eure Freude vollkommen sei" (Joh 15,11).

Mag sein, daß wir auf dieser Erde fette, haarige Raupen sind, die sich nur schwierig vorwärts bewegen. Und doch offenbaren unsere Sehnsucht, unsere Mythen und Träume den geheimen Verdacht, daß wir im Grunde nur darauf warten, zu wirklichen Schmetterlingen zu werden.

Die Freiheit des Himmels ist nicht unsere Erfindung, und doch sind wir zum Fliegen bestimmt. Jeder, der uns herunterzieht, verdient nicht mehr unseren Respekt.

Durch Schmerz und Leid hindurch

Für sich allein genommen kann der offensichtliche Optimismus, der dieses Buch durchzieht, irreführend sein. Die Menschheit, der Autor dieses Buches eingeschlossen, muß erkennen, daß *die Erde sowohl von Freude als auch von Leid erfüllt ist.*

Dazu ein Zitat aus "Der Prophet" von Kalil Gibran:

> "Je tiefer sich das Leid in eure Existenz eingräbt, um so mehr Freude könnt ihr umfassen.
> Ist nicht der Becher, der euren Wein enthält, dasselbe Gefäß, das im Ofen des Töpfers gebrannt wurde?
> Und ist nicht die Laute, die euren Geist besänftigt, dasselbe Holz, das mit Messern ausgehöhlt wurde?
> Wenn ihr euch freut, schaut tief in eure Herzen, und ihr werdet finden, daß nur das, was euch Leid bereitet hat, euch auch Freude gibt."

Niemand, der in Indien lebt, kann auf den Wattewölkchen des Optimismus überleben, die in einem rosaroten Himmel dahinschweben. Zum Beispiel wurde meine Arbeit an diesem Kapitel über die "Freude" häufig durch die Notwendigkeit, der Gruppe "The Caring Hearts" Inspirationen zugeben, unterbrochen. Dieses ist eine Organisation von "sorgenfreien" Mittelschicht-Indern, die sich zu verschiedenen Glaubensrichtungen bekennen (Hindus, Moslems, Christen u.a.), und die sich aus freien Stücken dazu entschlossen haben, von verschiedenen kompetenten Profis dafür ausgebildet zu werden, Sterbende zu Hause zu besuchen und sich um sie zu kümmern. Der erste Kontakt der Gruppe mit Krebskranken in einem Krankenhaus in Bombay hat sie regelrecht aufgerüttelt. Und sie sind am Ball geblieben... Immer wieder trifft man bei den unerwartesten Gelegenheiten auf Helden.

Das bittere Wasser im Meer des menschlichen Leids muß in die lebendigen Tiefen des unermeßlichen Ozeans der Freude versenkt werden. Das Zusammenstoßen der Wasser verursacht Wellen der Betroffenheit und Strömungen des Mit-Leidens, die den Fluß des Lebens mit all seinen Tragödien und seinen Triumpfen möglich machen.

Einige abschließende Worte: Dieses Kapitel - geschrieben vorallem für die zweite deutsche Ausgabe des Buches - hat den Autor in die Lage versetzt, bestimmte Schlüssel-Gedanken aus anderen Kapiteln zusammenzufassen und in ihrer Einheit darzustellen. Zudem ist es dabei auch möglich geworden, zu versuchen, auf ein paar Fragen von Teilnehmer/innen unserer Kurse sowohl in Deutschland als in Indien Antworten zu geben. - Während unser Vierer-Team bei den Kursen zusammenwächst - unterstützt durch die Offenheit und Begeisterung der Teilnehmer/innen - haben sich die Vorträge und Gesprächskreise gewandelt und angepaßt. Für mich aber bleibt eines unverändert: **die bleibende Gegenwart Jesu**, dessen *menschliche, mystische Bewußtheit* das Leben seiner christlichen Anhänger als Leitbild bestimmt - selbst nach 2000 Jahren. So trifft beispielsweise das Zitat von Evelyn Underhill über die *lebendige, integrierte Menschlichkeit der großen Mystiker* (in eine der ersten Abschnitte des 9. Kapitels) vollkommen auf *Jesus* zu. Es ist mein Traum, daß die Leser jene Gegenwart ohne zu große Schwierigkeiten zwischen meinen unvollkommenen Worten entdecken.

Das letzte unvollkommene Wort in diesem Kapitel ist einer alten Sufi-Sage entnommen:

> "Zwei Liebende saßen am Ufer eines Flusses, der aus reiner Freude darüber, sich in den Ozean ergießen zu können, schnell dahinfloß. Da sprach er zu ihr: 'Du bist mir so nah, daß ich nicht sicher bin, ob ich dich oder Gott finde, wenn ich mein Innerstes suche und erforsche'. Sie antwortete darauf: 'Fahre fort mit der Suche, Geliebter, bis du zu einem riesig großen Gemach kommst, dessen Höhe, Breite, Länge und Tiefe grenzenlos scheinen. Wenn sich das ereignet, schau in die Ecke, und ich werde möglicherweise dort sitzen, um dich zu erwarten'".

SCHLUßBETRACHTUNG:

EINER WELTWEITEN SYMBIOSE ENTGEGEN

"Alle Existenz ist Koexistenz".

- Martin Heidegger -

"Die reichsten 20% der Weltbevölkerung erhalten 82,7% des gesamten Welteinkommens, während die ärmsten 20% nur 1,4% erhalten."

- U.N.D.P. Bericht 1992 -

Zu Beginn dieses Buches lud ich den Leser persönlich ein, an einer gemeinsamen Forschungsreise teilzunehmen. Am Ende des Buches möchte ich eine Art Standortanalyse vornehmen ...

Was sind *meine Wünsche* für den Leser? In erster Linie natürlich:

> die Fähigkeit zur **Entdeckung von Fingerabdrücken des Großen Mysteriums in seiner vielfältigen Dunklen Verzauberung** zu fördern.

Darüber hinaus hoffe ich, **drei Sinne** geschärft zu haben:

> den Sinn für Humor -
> den Sinn für Dramatik des menschlichen Lebens - und
> den Sinn für Neugierde: ein Spion im Universum zu sein.

In einem seiner Bücher ("What we may be") schreibt *Piero Ferrucci* über den **Humor:**

> "*Wahrer Humor* - im Gegensatz zum Klamauk oder zur Ironie - entspringt einer tiefen aber vergnügten Bewußtheit des Gegensatzes zwischen der Unermeßlichkeit und dem Geheimnis des Universums einerseits und dem Alltag, der Wichtigtuerei und der lauten Betriebsamkeit und Geschäftigkeit einer nicht erneuerten Menschheit andererseits - uns eingeschlossen.
>
> Mehr als das entzückende Geschenk des Humors können wir uns nicht erhoffen. *Es läßt unsere törichte Abwehr bröckeln, befreit uns aus dem engen Gefängnis des Egos, macht unsere Beziehungen reibungsloser und bringt einen allgemeinen Ton von Leichtigkeit in unser Denken und Handeln.*

In dem Lächeln bestimmter Buddhastatuen können wir eine spirituelle Dimension erfassen. Das ist nach Assaglioli eine Synthese aus Freude, Weisheit und Erbarmen."

In einem Gedicht von *Franz Werfel* , einem österreichischen Dichter, heißt es:

"Schöpfe du, trage du, halte
Tausend Gewässer des Lächelns in deiner Hand!
Lächeln, selige Feuchte ist ausgespannt
All übers Antlitz.
Lächeln ist keine Falte,
Lächeln ist Wesen vom Licht.
Durch die Räume bricht Licht...
Erst im Menschengesicht
Wird das Licht als Lächeln geboren".

Ohne Sinn für Humor könnte der **Sinn für Dramatik im menschlichen Leben** *zu überwältigend sein.*

Dazu haben wir zu bedenken, daß der Mensch

- ein unabhängiges Bewußtseinszentrum im Universum ist;

- daß er diese Erde nach fünfzehn Milliarden Jahren chemischer und biologischer Evolution betrat;

- daß er in einem relativ begrenzten Rahmen eingeschlossen ist, der bestimmt ist von: Materie, vom koordinierten Leben von Pflanzen und Tieren, von Verstand und Seele sowie vom transzendenten und immanenten Geist;

UND DENNOCH

- trotz der Einzigartigkeit von fünf Milliarden Menschen, ist jeder nur einer unter vielen;

- ist der Mensch zum Sterben "verurteilt"; hinterläßt aber vielleicht einige Nachkommen, durch die sein Leben weitergeht (ohne Ende?).

Aufgrund einer kunstvoll gestalteten *kosmotheandrischen Wirklichkeit,* die sich im Gefäß aus menschlichem Fleisch und Blut - kaum sichtbar, aber aktiv - verbirgt, habe ich den freien Willen, aus dem insgesamt verfügbaren Spektrum das Selbstbild zu wählen, mit dem ich gerne in Resonanz treten möchte. Sowohl Harmonie als auch Kontrapunkt sind erlaubt.

> Das Wort **"kosmotheandrisch"** ist der rote Faden, der dieses ganze Buch durchzieht. Das Wort verbindet drei griechische Wörter: COSMOS = Universum, THEOS = Gott, ANDROS = Mensch (Genetiv).
> **Der Mensch ist also ein "Mikrokosmos", in dem auch Gott enthalten ist.**

Darüber hinaus mag es auf Planeten, die andere, weit entfernte Sonnen umkreisen, mindestens eine Billion (10^{12}) anderer technischer Zivilisationen geben. Mit ihnen Kontakt aufzunehmen, könnte Millionen Jahre dauern, selbst mit Lichtgeschwindigkeit. - Deshalb ende ich dunkel verzaubert: Es gibt *Wissenschaftler*, die mich für unbedeutend halten; es gibt *Musiker*, die davon überzeugt sind, ich sei Teil von etwas, was jenseits von Materie, Raum und Zeit liege; und es gibt *Mystiker*, die der Meinung sind, ich sei so wertvoll wie das einzige geliebte Wesen in der Schöpfung!

Der dritte Sinn - **die Neugierde: ein Spion im Universum zu sein -** wird in einem kleinen Buch von *Virginia Stem Owens* ("And the Trees clap their Hands") wunderbar beschrieben. Auf der Grundlage eines Wortes von Shakespeare, das uns einlädt, "Gottes Spione" zu werden, ermutigt sie uns, das geheime Mysterium in den einfachsten Erfahrungen zu finden. - Unerkannt von anderen, sucht der Spion stets nach Hinweisen, um zu entschlüsseln, was wirklich vor sich geht. Hier ein Zitat von Virginia Stem Owens:

> "Mein Freund und ich sitzen im Café am Fenster. Wir beobachten mit einer Intensität, die ich versucht habe zu beschreiben, die Gesichter und wie die Schneeflocken auf dem Gehsteig schmelzen. Ich betrachte dies als Spionieren. Die ganze Welt hetzt vorüber und verschwendet keinen Gedanken daran, wie es um uns steht, während Teilchen des zentralen Mysteriums des Universums vom Gehsteig her glitzern, von den feuchten Oberflächen von Wasser und Augen aufleuchten, auf meine Haut treffen...
>
> Die Spuren, denen man nachgehen muß, sind oft gering und flüchtig. Das Weiten des Auges um einen Millimeter, ein schwa-

ches Zusammenziehen der Nasenlöcher, ein stilles Ausatmen, ein geringfügiges Heben der Stimme...".

Spione, wie sie von Owens beschrieben werden, verdienen keinesfalls die Klage, wie *T.S. Eliot* sie in "The Rock" formuliert:

> Wo blieb das Leben, das im Leben uns entglitt?
> Wo blieb die Weisheit, die uns in Beschlagenheit entglitt?
> Wo die Beschlagenheit, die uns in Nachrichten entglitt?"

Der Spion unserer Tage hat - wie schon Alanus de Insulis im 12. Jahrhundert - Freude daran, daß *"jedes Wesen dieser Welt für uns Buch, Bild und Spiegel"* ist.
In unserem Innern warten Wälder, Ozeane und Bergesgipfel jenseits jeder Beschreibung darauf, von uns entdeckt zu werden.

Thomas Merton, einer der besten Spione unserer Zeit, schreibt in "Springs of Contemplation":

> "Es ist eine tiefe Wahrheit:
> der Wunsch Gottes, sich in unserer eigenen Bewußtheit
> seiner Selbst bewußt zu werden."

Die Konsequenzen für Musik, Literatur und Kunst sind unvorstellbar ...

In einem Interview mit Timothy Ferris fragte der Astronom Allan Sandage: *"Aber es bleibt doch noch immer ein unglaubliches Geheimnis: Warum ist da überhaupt etwas anstelle von nichts?"*

Raimundo Panikkar ist dafür bekannt, prägnante Fragen, mit enormen Möglichkeiten zu stellen:

> "Würde Buddha jemandem zustimmen, der zwar nicht von **Gott** spricht, der aber sagt, daß die Welt bezw. das Bild genau der Pol ist, der für einen Dialog gebraucht wird und der schlicht **'Mensch'** genannt wird? Gibt es eine gegenseitige Befruchtung von Stille und Wort? Könnte es das **Lächeln** sein?"

Liebe als "universelles Mitgefühl"

An dieser Stelle möchte ich einige Hinweise auf die zentrale Rolle von Beziehungen geben. Um einige Begriffe zu klären: das Wort *Mensch* bezieht sich auf *Männer und auf Frauen* , während sich das Wort "ES" auf etwas bezieht, daß zu groß ist, um weiblich oder männlich (*sie* oder *er*) oder zu persönlich, um neutral (*es*) zu sein. Das Große Mysterium ist *ES.*

In diesem Buch wurde viel Wert auf die Feststellung gelegt, daß der Mensch verwandt ist mit dem materiellen Universum (und seinen Quarks und Sonnen), mit der symbiotischen Welt der lebenden Dinge, mit den riesigen Ausdehnungen von Raum und Zeit, die das Leben und den Menschen erst möglich machen, mit dem seltsamen Ausdrucksbereich zwischen Melodie, Rhythmus und Klang und mit dem göttlichen ES, das "Alles-was-ist" transzendiert und durchdringt.

Dieses Buch hätte auch gut **"Die verzauberte Dunkelheit der Beziehungen"** *heißen können* - denn welche erfüllende Beziehung hat nicht auch eine dunkle und geheimnisvolle Seite?

Eingeschlossen in seiner Einsamkeit ist der Mensch ausschließlich Individuum. *Durch Beziehung mit anderen, wird der Mensch zu einer Person. Dasselbe gilt für ES* und liefert möglicherweise Rückschlüsse darauf, warum wir und das Universum überhaupt existieren und warum so viele Menschen sich nach einem persönlichen Gott sehnen, warum die Christen von der Trinität sprechen und warum unsere tiefsten Sehnsüchte zwar ansatzweise, aber nie vollständig befriedigt werden, es sei denn, es ist die Vereinigung mit Ihm. Es ist tiefstgründigst paradox, zu sagen *"Gott ist die Liebe"; denn das Absolute* **ist** *Beziehung!*

Nachdem die frühen Stimmen des Ostens und die Mystiker des Westens (Franz von Assisi und Juliana von Norwich) bisher von den Christen vernachlässigt wurden, entdecken sie heute die Notwendigkeit, ihre "Liebe" mit einer gehörigen Portion von *"universellem Mitgefühl"* zu würzen, wie es die Buddhisten schon immer getan haben.

Nach einer Reihe von Explosionen, die am 12. März 1993 Bombay erschütterten (im Dezember 1992 und Januar 1993 waren bereits Krawalle vorausgegangen), schrieb der *Dalai Lama* einen Kommentar (*"Kein Ersatz für Liebe"*), der in verschiedenen indischen Zeitungen erschien. Darin hieß es:

> "Spontanes und unbegrenztes Mitleid ohne Unterschied mit allen fühlenden Wesen ist offensichtlich nicht die gewöhnliche Liebe, die man für Freunde oder Verwandte empfindet, denn diese (gewöhnliche Liebe) ist von Begierde, Verwicklung und Unkenntnis beeinträchtigt. Die Art von Liebe, für die wir eintreten, ist die um-

fassendere, die du sogar für jemanden empfinden kannst, der dir Schaden zugefügt hat; deinen Feind.

Das Grundprinzip des Mitleids ist es, daß jeder von uns Leiden vermeiden und Glück erringen will... Wenn ich mich mit zahllosen anderen vergleiche, empfinde ich, daß andere wichtiger sind als ich, weil ich nur eine Person bin, während andere viele sind... Wenn wir am Anfang und Ende unseres Lebens von der Güte anderer abhängig sind, warum sollten wir uns dann nicht zwischendrin gütig zu anderen verhalten?".

Namaste: "Ich achte das, was in Dir ist und auch in mir"

Zu Beginn dieses Buches habe ich erwähnt, wie sehr ich mich durch Freunde in Deutschland und den USA unterstützt und akzeptiert fühle. Indien, und insbesondere Bombay, waren jedoch stets meine Heimat. - Indien ist das "weiblichste" aller Länder und Bombay die "männlichste" Stadt Indiens. Es ist eine erfüllende Aufgabe, in einer freien, demokratischen Umgebung zu arbeiten, in der das Geldverdienen (bewußt) und der Ausdruck aller möglichen tief religiöser Mythen (unbewußt) ein Teil der Lebensfreude ist.

Ich glaube nicht, daß ein Außenstehender Indien vollkommen verstehen kann, ohne sowohl den ***äußeren*** *Kampf seines Volkes um Würde und Menschenrechte als auch den* ***inneren Kampf*** *um praktisches Erleben seiner Musik und Mythen zu betrachten.* Ich bin nicht überrascht, wenn Besucher ihre Hände voller Verzweiflung ringen und sich fragen, wie uns das Überleben gelingt! Noch weniger überrascht es mich, daß einige wenige niemals wieder das Land verlassen wollen!

Mehrere Nachbarländer haben sich für religiösen Fundamentalismus oder militärische Diktatur entschieden. Indien ist jedoch noch immer eine Demokratie. Das heißt, daß wir langsamer lernen - aber immerhin in größerer Freiheit. Die Presse ist eine der freiesten - und wird stark dabei unterstützt, interessante Artikel über den unglaublichen Unsinn zu schreiben, den einige unserer Politiker von sich geben. Unsere Moral bei der Abzahlung internationaler Schulden ist ziemlich gut. - Werden wir mit Demokratie und lebendigen Mythen überleben, wenn fundamentalistische Kräfte die Oberhand gewinnen? Unwahrscheinlich. Auf jeden Fall waren mehr als neunzig Prozent aller Büroangestellten am Tag nach den Bombenexplosionen (zur Geschäftzeit in mehreren Teilen der Stadt) wieder an ihren Schreibtischen! Wie viele Städte auf unserer Erde haben diese Art von Angriffen äußerer Kräfte in Friedenszeiten jemals erlebt? Aber es gibt auch keine Stadt wie Bombay.

Von früher Kindheit an hatte ich das Privileg, ein freundschaftliches Verhältnis zu Muslimen, Hindus, Juden und Zoroastern* zu haben. Wir haben gemeinsam gelacht, gespielt und gebetet. Dies wird so weitergehen, trotz aller Gewalt. Nachdem die Bomben explodierten, waren die Schlangen von Blutspendern vor den Krankenhäusern mindestens einen Kilometer lang. Niemand überprüfte die religiöse oder soziale Gruppe der Personen, die die lebenserhaltende Flüssigkeit spendeten oder die Angehörigkeit der betroffenen Einwohner, in deren Venen injiziert wurde. Das geteilte Blut machte uns zu einer Familie.

Als er von der einstimmigen Haltung der Bewohner von Bombay, Kalkutta und anderen Städten in bezug auf den Verlust so vieler Leben hörte, sagte der *Dalai Lama:*

> "Diese (Reaktion) bestätigt meinen Glauben, daß trotz der Gewalt und Unmenschlichkeit, womit der Mensch den Menschen überschüttet, es in Wirklichkeit mehr Werke der Nächstenliebe und des Mitleids in der Welt gibt. Ohne die Liebe und Fürsorge, die jeder von uns erhalten hat, hätten wir nicht überlebt. Es beginnt mit der Liebe, die Eltern und Familie uns geben, wenn wir geboren werden; zu einer Zeit, wenn wir so zart und verletzbar sind. Wenn wir wirklich darüber nachdenken, werden wir erkennen, daß sogar heute noch unser Überleben von den Werken und der Güte so vieler Leute abhängt."

Einige Kapitel dieses Buches wurden während der Gewalt in Bombay (Dezember 1992 bis März 1993) neu geschrieben oder grundlegend überarbeitet. Wie viele andere Menschen in der Stadt halfen auch die Mitglieder meines Jesuitenordens bei der Linderung der Not. Die in diesem Buch ausgedrückte Haltung erhielt aufgrund der Gewalt eine noch größere Bedeutung.

> Der Mythos, den man über die Menschheit und das Große Mysterium legt, liegt allen menschlichen Anstrengungen zur Linderung von Not zugrunde.

So lange die Inder ihr *"Namaste"*, mit dem sie sich begrüßen (zum Gebet gefaltete Hände und gebeugter Kopf), wirklich ernst nehmen, wird das Land sicher sein. "Namaste" bedeutet: "Ich achte das, was in Dir ist (und auch in mir)!". Die Allgegenwärtigkeit des Großen Mysteriums wird unabläßlich wahrgenommen als ein Mythos, nach dem man lebt. Wenn ich Namaste sage, dann meine ich: **"Du bist meine verzauberte Dunkelheit".** Gewalt und Namaste passen nicht zusammen.

Die naheliegende Frage ist jedoch: Was kann *Namaste* Menschen bieten, die durch den Verlust grundlegender Menschenrechte, fehlendem Polizeischutz und fehlender medizinischer Versorgung, durch Hunger und Durst, frustriert sind. Allein aufgrund dieser Kriterien haben etwa zwei Drittel der Weltbevölkerung ein Recht dazu, frustriert zu sein, und einige unter ihnen suchen daher gewalttätige Lösungen für die erlittene Ungerechtigkeit. Dies ist ein weltweites Problem.

Das Weinglas-Diagramm (aus dem UNDP-Bericht von 1992) zeigt das schockierende wirtschaftliche Ungleichgewicht unter den Völkern der Erde. Die Welt ist eins geworden - durch fortschrittliche Kommunikation und Reisemöglichkeiten. Die Stimme der Vereinten Nationen findet langsam Gehör. Die Wirtschaftssysteme sind miteinander verflochten wie nie zuvor. *Das Geheimnis des Bösen kann deutlich in der Verweigerung gesehen werden, sich mit offensichtlichen Problemen, die gelöst werden können und sollten, auseinanderzusetzen.*

Globale Einkommensverteilung

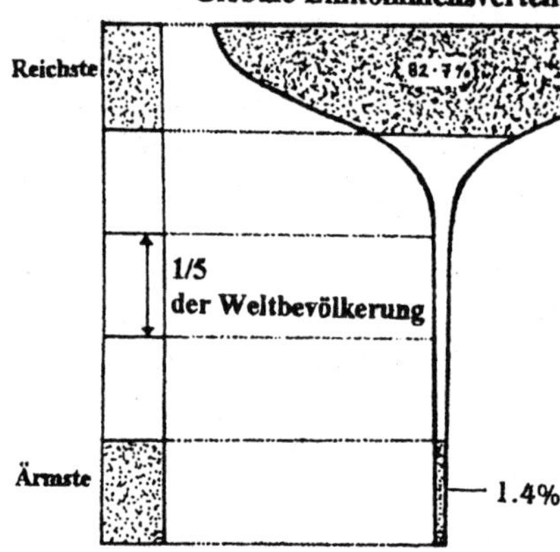

Das wirtschaftliche Ungleichgewicht ist nicht die einzige Ursache für die Probleme der Menschheit. Jedoch gibt es kaum ein Problem, das nicht eng mit der Verteilung von Reichtum verbunden ist, dazu zählen Bevölkerungswachstum, Verbreitung von Krankheiten, politische Instabilität, Zerstörung der Ozonschicht, Zunahme von Kohlendioxid in der Atmosphäre, Vernichtung natürlicher Ressourcen, usw. Die Behebung des wirtschaftlichen Ungleichgewichts ist eine Aufgabe nicht nur für die Industrieländer selbst, sondern ebenso für die machtvolle Elite der Entwicklungsländer. - Es ist heute für Entwicklungsländer unrealistisch, den Standard von fortschrittlichen Industrieländern zu erreichen und dabei die alten Modelle des Energieverbrauchs beizubehalten. Ein Barrel Öl kostet nicht mehr zwei Dollar! Andererseits: "In der ersten und zweiten Welt (in den Industrieländern) muß der Verbrauch fossiler Brennstoffe (Öl, Gas, Kohle) innerhalb einer oder zweier Generationen pro Kopf und Jahr von einem derzeitigen Durchschnittswert von 5,6 kW auf 1,9 kW fallen" (P. Erbrich). - Hier handelt es sich um entscheidende globale Fragen, die nicht einfach weggewischt werden können. In einem Buch wie diesem kann man nur appellieren:

Wer immer den wahren Wert eines Menschen voll verstanden hat - wie arm, schmutzig und ungebildet dieser auch sein mag - der kann nicht dabei zuschauen, wie zwei Drittel der Menschheit derart ungerecht behandelt werden. Veränderungen werden Zeit brauchen, aber man muß selbst ein Teil dieser Veränderungen sein.

Jeder Mensch ist zwangsläufig ein Mikrokosmos, der aus "Allem-was-ist" besteht, aus jeder Art von Wirklichkeit, sogar aus DER WIRKLICHKEIT selbst. Das 21. Jahrhundert liegt vor uns, und wir haben weit weniger Recht als alle, die vor uns kamen, eine einzige Frau, einen einzigen Mann oder ein einziges Kind zu töten, zu schänden oder zu verletzen ...

* * *

Zum ersten Mal seit Beginn der Geschichtsschreibung bietet eine die Welt verwandelnde Symbiose ein realistisches Ziel, für das es sich lohnt, zu kämpfen. Diese Symbiose wird alles einbeziehen: alles Lebende, groß und klein, und durch alles Lebendige diese wunderschöne Erde und das gesamte Universum, das das Leben überhaupt erst ermöglicht hat.

Mit einem Lächeln thront das Große Mysterium über diesem Prozeß: Es stört *Raum und Zeit* mit unerwarteten Wechselbeziehungen, *Materie* mit gestörten Harmonien, *Geist* mit unerfüllbarer Sehnsucht. Es lebt in der kreativen Vielfalt unzähliger Lebensformen. Ehrfurchtgebietende Energie! Einnehmender Charme! Undurchdringliches Geheimnis! Vater, Mutter, Kind, Geliebter und Geliebte! Es braucht mich viel mehr, als ich verdiene und ist bereit, bis in alle Ewigkeit auf mich zu warten.

Am Ende versagen die Worte und es wird Zeit, sich von der Stille tragen zu lassen.

Ein Nachklang

"Die verzauberte Dunkelheit" ist für mich zu einem tiefsinnigen Hinweis auf das Paradoxe, die scheinbar gegensätzliche Natur aller Wirklichkeit geworden. Dabei ist mir klar geworden, daß "para-dox" nicht zunächst "gegensätzlich" oder "widersprüchlich" beinhaltet (wie im allgemeinen Sprachgebrauch üblich); es deutet vielmehr zuerst auf ein "Über hinaus" oder "Abweichen" vom Üblichen, aber auch auf "gleichlaufend" hin (wie in parallel).

Durch Pater Pereiras Buch ist mir gewiß geworden: Je mehr wir uns um verstandesmäßige Einsicht in die Wirklichkeit bemühen und dabei offen bleiben für immer neue Einsichten, um so deutlicher erkennen wir das Paradoxe, die spannungsvolle Polarität in "Allem-was-ist" und zugleich "die Einheit über den (scheinbaren) Gegensätzen". Für die Naturwissenschaften hat dies der Physiker und Nobelpreisträger Niels Bohr in die Worte gefaßt: "Wie wundervoll, daß wir dem Paradoxen begegnet sind. Jetzt haben wir Hoffnung, Fortschritte zu machen". Philosophisch-theologisch hat Nikolaus von Kues bereits im 15. Jhdt. die "Koinzidenz (das Zusammenfallen) der Gegensätze" herausgestellt und gefordert, "über die Vernunft hinaus dort nach Wahrheit zu suchen, wo wir dem Unergründlichen begegnen".

Lancelot Pereira ist für mich zu einem Führer in die unergründliche Tiefendimension der Wirklichkeit und unseres Lebens geworden. Für den, der meint, die "Verzauberte Dunkelheit" führe uns in abgründige Tiefen, weist er auf die Erfahrungen derer hin, die bereit sind, sich auf den Weg in die Tiefe einzulassen, "in den Abgrund zu springen": "Der Abgrund ist gleichzeitig auch der Grund, der trägt".

Je mehr ich mich bei der Bearbeitung zur Herausgabe der 2. Auflage dieses Buches (wie unvollkommen sie nun auch gelungen sein mag) durch achtsames und meditierendes Lesen mit der "Verzauberten Dunkelheit" vertraut gemacht habe und mich nun bemühe, sie immer tiefer in meinem Bewußtsein lebendig werden zu lassen, um durch den Atem göttlichen Geistes "dem Geheimnis auf die Spur" zu kommen, - umso lebendiger erfahre und erspüre ich immer wieder mit Staunen und Dankbarkeit, im "Großen Geheimnis, das allem innewohnt, alles umfängt und alles trägt" - "im Herzen aller Dinge" - allem und jedem nahe und verbunden zu sein. - Diese oder eine ähnliche Erfahrung wünsche ich allen, die sich den Gedanken dieses Buches öffnen und sich auf die "Verzauberte Dunkelheit" einlassen.

Julius Becker

GLOSSAR

Die mit * gekennzeichneten Begriffe werden an einer anderen Stelle des Glossars näher erläutert.

Advaita (hind.): Wörtlich "Nichtdualismus"; eine spirituelle Sicht, in der die letztendliche Realität weder als monistisch noch als dualistisch wahrgenommen wird. Mit den Worten von Panikkar: "Das Königreich der letztendlichen Realität... enthält Polaritäten, die nicht in unverbundene Multiplizitäten aufgeteilt werden können."

Akkord: In der westlichen Musik die individuelle Einheit der Harmonie*, d.h. wenn drei oder mehr Töne erzeugt werden.

Anuvadi: Siehe vadi*.

âtman (skr): "Selbst", das Eigentliche des Menschen, das von seiner Vergänglichkeit zu unterscheiden ist.

Ausschließungsprinzip: siehe Paulis* Ausschließungsprinzip.

Bellsches Theorem: John Bell wies 1965 mathematisch nach, daß jede korrekte Sicht der Wirklichkeit zwangsläufig nichtlokal sein muß. Das Theorem steht daher in engem Zusammenhang mit augenblicklicher Korrelation* und Nichtlokalität*.

Beta(ß)-Zerfall: Radioaktiver Prozeß, bei dem der Atomkern ein energetisches Elektron abgibt, das Beta-Teilchen genannt wird.

Bhagavata Purana (hind.): Eines der bedeutenderen Puranas (die oder das Purana?). Die Puranas sind Erzählungen der Hindu-Mythologie.

Bhakta (hind.): Ein Anhänger des Weges der Liebe und der völligen Hingabe an das Göttliche (Bhakti).

Bhakti (hind.): In den verschiedenen Formen werden die folgenden Aspekte besonders betont: Anbetung, Hingabe, die Liebe und die persönliche Beziehung zu Gott.

Bhakti marga (hind.): Der Weg der Liebe und Hingabe (einer der drei klassischen spirituellen Wege); die beiden anderen Wege sind *Karma-marga und Gnana-marga**.

Bosonen: Teilchen, die zwischen den vier Kräften Gravitation, Elektromagnetismus, starke und schwache Kernkraft vermitteln, z.B. Gravitonen*, Photonen*, Gluonen* und intermediäre Vektorbosonen. Bosonen besitzen einen ganzzahligen Spin, haben keine Antiteilchen und entsprechen nicht dem Pauli-Ausschließlichkeits-Prinzip*.

Brahman (hind): Der absolute oder letztliche Grund, dem alles zugrunde liegt. In den Upanishaden* wird Brahman mit dem immanenten Selbst (Atman) gleichgesetzt. Wenn Brahman auf irgendeine Weise charakterisiert werden soll, so ist dies nur als Saccidananda möglich, d.h. als Kontraktion aus der reinen Fülle des Seines (Sat), Bewußtsein (Cit) und Freude (Ananda).

determinieren: a) begrenzen, abgrenzen b) bestimmen, entscheiden

DNA: Desoxyribonukleinsäure. Das in den Chromosomen gefundene Wundermolekül, dessen Struktur (Doppelhelix) und Zusammensetzung eine exzellente wissenschaftliche Erklärung für biologisches Erbe und biologische Vielfalt liefern.

Ektara: Ein einsaitiges Instrument, dessen Resonanzraum aus Kürbis oder Bambus besteht.

Elektromagnetismus: Zusammenfassung von Elektrizität und Magnetismus, die davon ausgeht, daß beide Phänomene miteinander verknüpft sind (siehe die vier Gleichungen von Maxwell, 1865).

Elektron: Ein Partikel mit negativer elektrischer Ladung, das um den Atomkern kreist. Siehe Fermionen*.

Elektronneutrino: Das einzige stabile Neutrino*.

Elektroschwache Synthese: Die Weinberg-Salam-Glashow-Theorie, nach der sich die Unterschiede zwischen Elektromagnetismus und schwacher Kernkraft bei Energien um 100 GeV* (oder 0,1 TeV*) auflösen. Diese Energien, die wahrscheinlich in den sehr frühen Stadien des Universums bestanden, können von einigen modernen Beschleunigern erreicht werden.

Fermionen: Teilchen, aus der sich die bis heute bekannte Materie zusammensetzt; d.h. Elektronen*, Protonen*, Neutronen* - wobei Protonen und Neutronen jeweils aus drei Quarks* bestehen. Fermionen haben einen halbzahligen Spin sowie Antipartikel mit identischer Masse, jedoch gegensätzliche elektrische und magnetische Eigenschaften. Fermionen unterliegen dem Pauli-Ausschließlichkeits-Prinzip*. Nur eine der drei Fermionen-Familien ist stabil und diese Familie besteht aus zwei Leptonen (Elektron* und Elektronneutrino*) und zwei Quarks (Up und Down).

Gluonen: Bosonen* mit starker Kernkraft, die Quarks* miteinander "verkleben". Wie auch Quarks, sind Gluonen "gefärbt" und treten nicht isoliert in der Natur auf.

Gnana: Wissen oder Weisheit; oft das höchste intuitive Verständnis - ein Ergebnis von Meditation oder Offenbarung.

Gnana marga: Der Weg intuitiver Einsicht und einer der drei klassischen Wege spiritueller Erfahrung; wird in der Regel als der höhere Weg (gegenüber Karma und Bhakti*) betrachtet. Viele Bhaktas* betrachten Gnana jedoch als eine Form des Bhakti.

Gödelsches Theorem: Wurde 1931 von dem Wiener Mathematiker Kurt Gödel aufgestellt und bietet eine formale Grundlage für Subjektivität in der bis dahin als "rein objektiv" betrachteten Welt der Mathematik.

Gravitonen: Bosonen*, die von der Quantentheorie vorausgesagt werden, aber bisher noch nicht entdeckt wurden. Sie sollen die Vermittler der Gravitation sein.

GUT: Abkürzung für die Gruppe der "Grand Unified Theories" (Einheitliche Feldtheorien). Diese Theorien erforschen die Identität von elektromagnetischer, starker und schwacher Wechselwirkung, bevor die symetrischen Beziehungen zwischen den Kräften durch Expansion und Abkühlung des frühen Universums unterbrochen wurden.

Harmonie: Dieser Begriff ist für die westliche Musik von großer Bedeutung (die "lineare Harmonie"* der indischen Musik etwas ganz anderes ist). Die Struktur der westlichen Musik besteht aus Melodie* (d.h. einer Folge von Musiknoten) und Harmonie (d.h. gleichzeitig gespielter Töne). Harmonie betrifft daher die vertikale Struktur westlicher Musik und Melodie die horizontale Struktur.

Heisenbergs Unschärferelation: Man kann niemals völlig sicher in bezug auf sowohl Position als auch Geschwindigkeit (und folglich Dynamik) eines subatomaren Teilchens sein - je genauer man die Position bestimmt, desto ungenauer werden die Aussagen über Geschwindigkeit (und umgekehrt).

Hominid: Mitglied der zoologischen Familie "Hominidae"; gekennzeichnet durch aufrechten Gang und andere Merkmale, die im modernen Menschen zur vollen Entfaltung gelangt sind.

Inflationäres Szenario: Das annehmbare Bild, daß man erhält - vorausgesetzt man akzeptiert die Theorie - daß sich das frühe Universum für einen Bruchteil einer Sekunde inflationär verhielt, d.h. sich in einer Exponentialrate ausdehnte und nicht wie heute linear.

Intermediäre Vektorbosonen: Die Bosonen, die die schwache Wechselwirkung vermitteln.

Jami: Gilt als der letzte große klassische Dichter Persiens; ein berühmter Sufi-Heiliger und Mystiker (gestorben ca. 1492).

Jnâna: Alternative Form von Gnana*.

Kelvin: Maßeinheit der Temperatur. Grad Kelvin minus 273 ergibt Grad Celsius.

Kollektives Unbewußte: Nach C.G.Jung überindividuelle Grundmuster menschlichen (Er)lebens im Gegensatz zu dem individuell erworbenen perönlichen Unbewußten.

Komplexe Zahlen: Eine beliebige Zahl der Form "a+bi", wobei "a" und "b" reale Zahlen sind; "i" = -1. Eine reale Zahl ist eine Zahl, deren Quadrat eine positive Zahl ergibt; d.h. eine Zahl größer als Null.

Kontrapunkt: Musik, bei der eine oder zwei individuell komponierte Melodien gleichzeitig gespielt werden. Kontrapunkt ist praktisch ein Synonym für "Polyphonie". Siehe Melodie*

Kopenhagener Interpretation (Auslegung): Die Interpretation der Quantenmechanik* nach der Kopenhagener Schule von Niels Bohr, die darauf besteht, daß es außer der beobachtbaren keine Realität gibt.

Kosmische Hintergrundstrahlung: Eine weiche Strahlung, die 1964 durch Penzias und Wilson entdeckt wurde; und zwar in der Form niedrig-energetischer Mikrowellen aus allen Richtungen. Sie wird daher auch Mikrowellenhintergrundstrahlung* genannt.

Kraft: Das, was Änderung in einem System bewirkt; beispielsweise kann die Gravitationskraft auf die ansonsten gerade verlaufende Bahn des Mondes einwirken.

Leptonen: Fermionen, die nicht an der starken Wechselwirkung teilnehmen. Zu jedem bekannten geladenen Lepton (Elektron, Myon und Tau-Lepton) korrespondiert ein leichtes, wahrscheinlich masseloses neutrales Lepton oder Neutrino.

Lineare Gleichungen: Gleichungen, die eine Situation beschreiben, in der eine geringe Veränderung der Versuchsbedingungen eine geringe und vorhersagbare Veränderung des Endergebnisses nach sich zieht.

Lineare Harmonie: Die subtile harmonische Beziehung zwischen den Tönen einer einzelnen melodischen Linie eines indischen Raga*; steht im Gegensatz zu der vertikalen harmonischen Beziehung, die bei gleichzeitigem Erklingen mehrerer Töne entsteht - wie es in der westlichen Musik der Fall ist.

Marga (hind.): ein Weg

Matrix-Mechanik: Der spefizische, von Heisenberg erfundene mathematische Formalismus, mit der in der neuen Welt der Quantenrealität gearbeitet wird.

Melodie: Die horizontale Folge musikalischer Noten im Gegensatz zum vertikalen und gleichzeitigen Erklingen von Tönen in der westliche Musik (siehe Harmonie*). Die Verwendung einer einzelnen ("monophonischen") Melodielinie ist in der griechischen Musik, bei den Gregorianischen Gesängen, in der indischen Musik u. in der Volksmusik vieler Länder vertreten. Darüber hinaus soll das indische Raga die (lineare) harmonische Beziehung zwischen den Tönen herausstellen, die für das jeweilige Raga eigentümlich sind.

Metaphysisches Forschungsprogramm: Ein von Popper geprägter Begriff zur Evolutionstheorie, der darauf hinweist, daß diese Theorie über die in der Physik übliche experimentelle Forschung hinausgeht - siehe Ontologie*.

Mikrowellenhintergrundstrahlung: Strahlung des glühend heißen frühen Universums, die so stark rotverschoben ist, daß sie heutzutage im Mikrowellenbereich und nicht im Lichtwellenbereich gemessen wird (nach Hawking).

Mikrokosmos: Wörtlich: kleiner Kosmos. Um das "mikrokosmische Wesen des Menschen" voll zu akzeptieren, ist es erforderlich zu erkennen, daß die materiellen, vitalen und spirituellen Kräfte des Universums in jedem Menschen als "Kosmos" oder "geordnetes Ganzes" tätig sind. Dies ist die in diesem Buch vertretene Perspektive.

Mitochondrien: Winzige Organellen* mit einer Größe von Mikrometern (Tausendstel eines Millimeters), die in jeder lebenden Zelle zu finden sind. Die grundsätzliche Funktion der Mitochondrien ist die Erzeugung von Energie. Da sie im Zytoplasma jeder Zelle gefunden werden, erhält jeder Mensch seine Mitochondrien aus dem Ei der Mutter und nicht aus den Spermien des Vaters.

Mohenjo-Daro: Eine Stadt im Indus-Tal; mit Harappa (beide Städte liegen heute in Pakistan) durch ihre Ruinen stumme Zeugen einer hoch entwickelten, vorarischen Zivilisation, die bis zu 2500 v. Chr. zurückgeht. Später wurden andere Stätten dieser Harappa-Kultur im heutigen Gebiet Indiens gefunden. Trotz der Bemühungen vieler Gelehrter konnte die Schrift bis heute nicht entziffert werden.

Naqshbadis: Mitglieder eines gleichnamigen Sufi*ordens, gegründet von Khaja Bahauddin Naqshband (gest. 1389).

Neutrino: Wenn keine weitere Bezeichnung gegeben wird, bezieht sich der Begriff Neutrino auf das Elektronneutrino. Die Muon- und Tau-Neutrinos sind nicht stabil. Das Neutrino ist ein extrem leichtes (möglicherweise masseloses) neutrales Teilchen, das nur durch die schwache Kernkraft und durch Gravitation beeinflußt wird. Siehe Fermionen*, Leptonen*.

Neutron: Ein dem Proton sehr ähnliches Teilchen, jedoch ohne Ladung; es bildet im wesentlichen die andere Hälfte der Teilchen im Kern der meisten Atome. Siehe Fermionen*, Protonen*.

Nirguna (hind.): Ohne Eigenschaften. Nirguna Brahman bezeichnet daher das transzendente Absolute ohne Eigenschaften.

Nirguna bhakti (hind.): Die paradoxe Situation, in der Anbetung und Hingabe einem Absoluten ohne Eigenschaften entgegen gebracht werden. Siehe Bhakti*, Nirguna*.

Nirguna Brahman (hind.): Siehe Nirguna* und Brahman*.

Nichtlineare Gleichungen: Gleichungen für Situationen, in denen kleine Veränderungen der Anfangsbedingungen im Laufe der Zeit zu riesigen, unvorhersagbaren Veränderungen des Resultats führen können.

Organellen: Substrukturen innerhalb einer Zelle mit spezifischen Stoffwechselleistungen (Mitochondrien*, Golgi-Apparat, endoplasmatisches Retikulum, Lysosomen u.a.)

Paulis Ausschließungsprinzip: Die Regel fordert,daß niemals zwei Fermionen dieselbe Position und Geschwindigkeit haben können. In der Anwendung reduziert dieses Prinzip die Anzahl der den Kern umkreisenden Elektronen auf jedem Energieniveau.

Photonen: Die Quanten*, die die elektromagnetische Kraft vermitteln. Licht ist eine Form von Elektromagnetismus - und Photonen, mit ihrer Ruhemasse Null, können unendlich weit reisen.

Pion: Ein Teilchen, das aus einem Quark* und einem Antiquark besteht.

Plancks Quantenprinzip: Die Vorstellung, daß Licht und andere Strahlungsformen nur als diskrete Quanten* abgestrahlt oder absorbiert werden können, deren Energie proportional zu ihrer Frequenz ist.

Porphyrin: Ein wunderschön strukturiertes organisches Molekül mit vier Ringen, die jeweils ein strategisch angeordnetes Stickstoffatom besitzen - damit Metalle, wie beispielsweise Eisen oder Magnesium, an ihr Zentrum gebunden werden können. Chlorophyll, mit dem Pflanzen Sonnenenergie aufnehmen können, ist ein Magnesiumporphyrin. "Häme", die aktive Komponente biologisch bedeutender Protein, wie beispielsweise Hämoglobin und Zytochromen sind Eisenporphyrine. Ohne Hämoglobin kann der Sauerstoff der Luft nicht in den Blutkreislauf aufgenommen werden. Ohne Zytochromen in der Membran der Mitochondrien* kann kein "Protonenpumpen" zur Bindung von Energie aus der Nahrung stattfinden.

Proton: Positiv geladene Teilchen, die in den meisten Atomen eine Hälfte der Teilchen im Atomkern ausmachen. Das Proton ist nicht unbedingt unstabil, obwohl es nach den Großen Vereinheitlichungstheorien letztendlich radioaktiv ist und zerfallen muß. Siehe Fermionen*. - Protonenzerfall: Siehe Proton*.

Psyche: Griechisches Wort für "Seele", eine Wirklichkeit, die sich als immer komplizierter und unzugänglicher erweist.

Pulsar: Ein schnell rotierender Stern, der Radioimpulse erzeugt und dessen Materie aufgrund starker Gravitation in Neutronen* komprimiert wurde.

Quantum (Plural Quanten): Ein Energiepaket, in dem Wellen abgestrahlt oder absorbiert werden. Je höher die Wellenfrequenz, desto höher die Energiemenge des Quantenpakets.

Quantengravität: Ein Versuch der Synthese zwischen Quantenmechanik* und Gravitation, wie sie durch Einsteins Allgemeine Realivitätstheorie versucht wurde. Bisher sind alle Versuche gescheitert.

Quantenmechanik (QM): Die aus Plancks Quantenprinzip und Heisenbergs Unschärferelation entwickelte Theorie.

Quantenphysik: Basiert auf dem Prinzip, daß Energie nicht als "Kontinuum", sondern als diskrete, diskontinuierliche Einheiten abgestrahlt oder absorbiert wird. In der Quantenphysik sind keine genauen Voraussagen möglich; daher wird nur von Wahrscheinlichkeiten gesprochen.

Quark: Ein geladenes Teilchen, das die starke Kernkraft fühlt. Quarks werden in der Natur nicht isoliert gefunden, sondern bilden Neutronen* u. Protonen*. Ein Quark kann sechs "Geschmacksrichtungen" haben: Up, Down, Charm, Strange, Top und Bottom. Nur die beiden ersten (Up und Down) sind in gewöhnlicher Materie anzutreffen. Die "Farben" der Quarks weisen auf ihr Verhalten bei Einwirkung der starken Kernkraft. Siehe Fermionen*.

Quasar: Abkürzung des Begriffs "Quasistellare Radioquellen". Diese hoch energetischen, aber kompakten Quellen von Radiowellen weisen Rotverschiebungen* auf, die darauf hinweisen, daß sie von jenseits der Galaxien (d.h. aus einer Entfernung von 10 Milliarden Lichtjahren) stammen. Die fernsten Quasare entfernen sich von uns mit Geschwindigkeiten von etwa 90 % der Lichtgeschwindigkeit! Sie könnten die Kerne von sehr jungen Galaxien sein.

Raga (hind.): Ein bestimmter Satz von fünf, sechs oder sieben Noten - mit ihren eigenen charakteristischen Sätzen und Regeln des ascent/descent und stress/understress xxx, durch die bestimmte Stimmungsmuster erstellt werden. Oder mit einfachen Worten: ein Gemälde, in dem Farben durch Töne ersetzt werden. Der melodische und monophonische Charakter der indischen klassischen Musik basiert auf seinem ausgeklügelten System der Ragas. Siehe Melodie*, lineare Harmonie*, Vadi*.

Raum-Zeit-Singularität: Ein Punkt in der Raum-Zeit, in dem die Krümmung unendlich wird.

Rayleigh-Effekt: Eine Theorie der Lichtstreuung, in der die Farbeffekte bei Sonnenaufgang und Sonnenuntergang auf die verschiedene Streuung des Lichts durch Luftmoleküle zurückgeführt werden.

Relativität: Ein Begriff, der die beiden berühmten Theorien von Einstein zusammenfaßt. Die spezielle Theorie beschäftigt sich mit Raum-Zeit und der Elektrodynamik schnell bewegender Systeme. Die allgemeine Theorie präsentiert Gravität als eine Konsequenz der Geometrie.

Rumi: Jalaluddin Rumi, einer der berühmtesten Sufi-Dichter, war ein afghanischer Heiliger und Mystiker (1207 - 1273).

Saccidananda: siehe Brahman*

Saguna (hind.): Mit Eigenschaften. Saguna brahman* wäre somit der manifeste qualifizierte Aspekt des Brahman, entspricht dem "Herrn" (engl."Lord").

Samadhi (hind.): Ein Zustand tiefer Konzentration oder Vereinigung; die letzte spirituelle Stufe des Yoga.

Samvadi (hind.): Siehe Vadi.

Shakti: Kraft, Energie. Die Göttin Shakti ist die (weibliche) Personifizierung der aktiven Kraft des Gottes Shiva.

Sonate: Die wichtigste Form der Instrumentalmusik im Westen nach dem 17. Jahrhundert. Die Sonate besteht normalerweise aus vier unabhängigen "Sätzen", die jeweils bestimmten Konventionen in bezug auf Charakter und Struktur folgen.

Sufis: Hingebungsvolle Jünger Gottes, die Meisterschaft in einer Form esoterischer Lehren erzielen, die die mystische Dimension des Islam ausmacht. Das Wort Sufi wird in der Regel mit dem arabischen Wort suf (Wolle; bezugnehmend auf die Kleidung der frühen Sufis) und sufiya (gereinigt; und somit Erwählter und Freund Gottes) in Verbindung gebracht. Die sogenannten Sufi-Übungen wurden von authentischen

Sufi-Meistern entsprechend Zeit, Ort und Umständen angepaßt. Die vier wesentlichen Sufi-Orden sind: Chishti, Qadiri, Suhrawardi und Naqshbandi.

Sunyata: (hind.) Absolute Leere, entspricht der absoluten Wirklichkeit im Buddhismus

Supernova: Die Explosionskatastrophe eines riesigen Sterns, durch die die Entstehung und Verteilung von schweren Elementen im Universum möglich wird.

Synapse: Kontakt- bzw. Umschaltstelle zwischen Nervenfortsätzen (Neuronen). Zuständig für die Erregungsweiterleitung.

Schwarzes Loch: Ein Bereich der Raum-Zeit, in der die Gravitation so hoch ist, daß ihr nichts, nicht einmal Licht entkommen kann.

Synkretismus: Vermischung verschiedener Religionen, Konfessionen oder philosophischer Lehren, meist ohne innere Einheit.

Upanishaden: Alte indische Schriften; die bedeutendsten wurden in der Zeit zwischen 800 und 400 v. Chr. erstellt. In der Suche nach der inneren Bedeutung der uralten vedischen Rituale bewegen sich die Upanishaden durch eine Reihe tiefgründiger philosophischer Spekulationen. Die zentrale Einsicht ist, daß die die Welt durchdringende Kraft (Brahman) dieselbe Kraft ist, die auch unser innerstes Wesen durchdringt (Atman).

Urknall: Populäre Bezeichnung für ein wissenschaftliches Modell zur Entstehung des Universums, in dem das Universum in einem Zustand hoher Dichte und Temperatur seinen Anfang nahm; Dichte und Temperatur nahmen mit zunehmender Expansion des Universums ab.

Vadi (hind): Die dominante Note eines Raga*. Die zweitwichtigste Note, stets die harmonische vierte oder fünfte Note, ausgehend von Vadi, wird Samvadi genannt. Ein bekanntes Gleichnis sagt: Die Beziehung zwischen Vadi, Samvadi, Anuvadi und Vivadi ist wie die Beziehung zwischen König, Minister, Diener und Feind (wobei dies die Note ist, die in einem bestimmten Raga vermieden werden muß).

Vina (hind.): Saiteninstrument, das gezupft wird, mit einem Resonanzkörper an jedem Ende.

Vivadi (hind.): Siehe vadi*.

Wellenmechanik: Der spezifische, von Schrödinger angenommene mathematische Formalismus für den Umgang mit der Welt der Quantenrealität.

Wellen-Teilchen-Dualität: Das Konzept der Quantenmechanik*, das besagt, daß es keinen Unterschied zwischen Wellen und Teilchen gibt, d.h. Teilchen können sich manchmal wie Wellen und Wellen wie Teilchen verhalten.

Zufall: Ein Begriff für Situationen, für die keine genauen Voraussagen wie in der Welt der Quantenphysik möglich sind. Zur Realität gehören zwangsläufig Unvorhersagbares und Zufall.

Zytrochromen: Siehe Porphyrin".

Literaturhinweise

Agee, James zitiert in Selden Rodman and James Kearns "The Heart of Beethoven", Shorewood Publishing 1962;

Barrow, John D. "The World within the World", 1988, deutsch: "Die Natur der Natur", Spektrum Akademischer Verlag;

Betz, Otto "Elementare Symbole - Zur Tieferen Wahrnehmung des Lebens", Herder, Freiburg i.Br. 1987;

Blake, William "Selected Poetry", Penguin Books 1988 deutsch: "Zwischen Feuer und Feuer", Poetische Werke, zweisprachige Ausgabe, DTV, München 1996;

Bly, Robert "The Kabir Book", Beacon Press 1977;

Briggs, John u. Peat, F. David "Die Entdeckung des Chaos- Eine Reise durch die ChaosTheorie", Deutscher Taschenbuch Veralg, München 1997;

Buber, Martin "Ich und Du", Reclam Universal-Bibliothek Nr. 9342, Stuttgart1995;

Campbell, Joseph "An Open Life", Larson Publications 1988;

ders. deutsch: "Die Kraft der Mythen", Artemis Zürich-München 1989;

Chinmoy, Sri "Veden, Upanishaden, Bhagavagita", Diederichs Gelbe Reihe , Köln1994, ;

Chuang Tzu (Dschuang Dsi) "Das wahre Buch vom südlichen Blüten land", Diederichs Gelbe Reihe, Köln 1984;

Coomaraswamy, Ananda K. "The Dance of Shiva", Dover Publications 1985;

Davies, P.C.W.and Brown, J. "The Ghost in the Atom", Cambridge University Press 1986;

Delbrél, Madeleine, "Gebet in einem weltlichen Leben", Einssiedeln 1974;

Dürr, Hans-Peter hrsg. "Physik und Transzendenz - Die großen Physiker unseres Jahrhunderts über ihre Begegnung mit dem Wunderbaren", Scherz-Basisterxte, 1992;

Eddington, Sir Arthur - zitiert in Robert Jahn and Brenda Dunne "Margins of Reality", Harcourt Brace Jovanovich 1987;

Eliot, T. S. "Das wüste Land - Vier Quartette" Suhrkamp, Frankf./M 1983;

Ferris, Thimothy "Coming of Age in the Milky Way", William Morrow 1988;

Ferrucci, Piero "Inevitable Grace", Jeremy P. Tarcher 1990;

ders. "What We May Be", Jeremy P. Tarcher 1982;

Fischer, Roland aus: "Understanding Mysticism" (ed. Richard Woods) Kapitel "A Cartography of the Ecstatic and Meditative States";

Fox, Mattthew und Shelldrake "Engel - die kosmische Intelligenz", Kösel Verlag, München 1998;

Gibran, Khalil "Der Prophet", Walter Verlag, Zürich-Düsseldorf 1996;

Hammarskjöld, Dag "Zeichen am Weg", München 1965;

Happold, F. C. "Mysticism - A Study ofAnthology", Penguin;

Heisenberg, Werner (essay "Science and the Beautiful") in Ken Wilber (ed.) "Quantum Questions", Shambala 1984;

Hesse, Hermann "Die Gedichte", Frankfurt am Main 1977

ders. "Die Einheit hinter den Gegensätzen", Suhrkamp Verlag 1986;

Hildegard von Bingen "Ordo Virtutum - Spiel der Kräfte", Pattloch Verlag, Augsburg 1991;

Hocking, Ernest in "Understanding Mystisicm", (ed. Richard Woods),Doubleday Image Books 1980;

Horgan, John in "Scientific American" , Nov. 1989;

Jäger, Willigis "Gebet des Schweigens - Eine Schule der Kontemplation nach der 'Wolke des Nichtwissens'", Otto Müller Verlag, Salzburg 1984;

ders. "Suche nach Wahrheit - Wege-Hoffnungen-Lösungen", Vianova Verlag, Petersberg 1998;

ders. "Suche nach dem Sinn des Lebens - Bewußtseinswandel durch den Weg nach innen", Verlag Vianova, Petersberg 1991;

Jami aus: Nicholson, R.A. "The Mystics of Islam" Routledge and Kegan Paul 1975;

Johannes von Kreuz "The complete Works", E. Allison Peers (Editor) 1964;

ders. "Ihn will ich suchen, den meine Seele liebt", Verlag Neue Stadt München 1983;

Johnson, Robert A. "Feminity Lost and Regained", Harper Perennial 1991;

Jung, Carl Gustav zitiert in Michael Crichton "Travels", Ballantine Books 1988;

ders. "Erinnerungen, Träume, Gedanken", Walter-Verlag 1971;

Kabir aus: Robert Bly "The Kabir Book", Beacon Press 1977;

ders. aus: Martin Kämpchen (Hrsg.) "Krishnas Flöte", Verlag Herder, Freiburg i. Br. 1979;

Kakar, Sudhir "Intimate Relations", Penguin 1990;

Lengsfeld, Peter "Zum tieferen Sinn von Religion - Religionsgespräche in Asien und anderswo", Vianova Verlag, Petersberg 1993;

Maeterlinck, Maurice zitiert in F.C. Happold "Mysticism", Penguin 1970;

May, Gerald "Will and Spirit", Harper and Row 1987;

Murchie, Guy "Music of the Spheres", Rider/Hutchinson 1979;

Murphy, Michael "The Future of the Body", Jeremy P.Tarcher 1992;

Nikolaus von Kues zitiert in F.C.Happold "Religious Faith and Twen tieth- Century Man", Crossroad 1981;

Oppenheimer, Philip zitiert in F.C. Happold "Religious Faith ....";

Owens, Virginia Stem "And the Trees clap their Hands", William B. Eerdmans 1983;

Panikkar, Raimondo "Der Weisheit eine Wohnung bereiten", Kösel München 1995;

Panikkar, Raimundo "Myth, Faith and Hermeneutics", Asian Trading Corporation 1983
(deutsch: "Rückkehr zum Mythos" InselVerlag, Frankfurt);

ders. "Trinität - Über das Zentrum menschlicher Erfahrung", Kösel 1993;

Penrose, Roger "The Emperor's New Mind", Penguin 1989
deutsch: "Computerdenken. Des Kaisers neue Kleider", Spektrum der Wissenschaft, Heidelberg 1991;

ders. "Beshara", Spring/Summer 1990;

Rumi zitiert in F. C. Happold "Mysticism", Penguin 1970;

Ruysbroeck, John zitiert in F.C. Happold "Mysticism", Penguin 1970;

Samuels, Andrew "Jung and the Post-Jungians", Routledge and Kegan Paul 1985;

Shah, Idries "The Way of the Sufi", E.P. Dutton 1970;

Solschenizyn, Alexander zitiert in Connie Zweig u.a. "Meeting the Shadow", Jeremy P. Tarcher 1991;

Steindl-Rast, David "Die Achtsamkeit des Herzens - Ein Leben in Kontemplation",Goldmann Verlag, München;

ders. ""Fülle und Nichts - Die Wiedergeburt christlicher Mystik", Goldmann-Taschenbuch 12001;

Tagore, Rabindranath "Gitanjali", Ausgabe für den Kreis der Nobel preisfreunde, Hyperion-Verlag, Freiburg i.Br., o.J.;

Teilhard de Chardin. Pierre "Das göttliche Milieu", Walter Verlag, Ol ten u.Freiburg i.Br. 1985;

ders. "Briefe an Frauen", herausgegeben und erläutert von Günther Schiwy, Herder - Frauenforum, 1988;

Tennyson, Alfred zitiert in Erich Fromm u.a. "Zen-Buddhismus und Psychoanalyse", Suhrkamp Taschenbuch 1980;

Underhill, Evelyn "The Mystic Way", J.J. Dent 1913;
deutsch: "Mystik", Turm-Verlag, Bietingheim o.J.;

Vigier, Jean-Pierre zitiert in Singh, T.D. and Ravi Gomatam "Synthesis of Science and Religion", Bhaktivedanta Institutes 1988;

Wald, George zitiert in Renée Weber "Dialogue with Scientists and Sa ges", Routledge and Kegan 1986;

Walsh, Roger and Vaughan, Francis (ed.) "Beyond Ego", Jeremy P.Tarcher 1980
deutsch: "Psychologie der Wende" rororo 1987;

Wheeler, John zitiert in Timothy Ferris "Coming of Age in the Milky Way", William Morrow 1988;

Wilber, Ken "Quantum Questions", Shambala 1984;

ders. als Herausgeber "Das holographische Weltbild", Scherz Verlag, 1986;

ders. "Das Spektrum des Bewußtseins", Scherz Verlag 1987;

ders. "Halbzeit der Evolution - Der Mensch auf dem Weg vom animalischen zum kosmischen Bewußtsein", Spirit-Fischer Taschenbuch 13210, 1998;

ders. "Naturwisssenschaft und Religion - Die Versöhnung von Wissen und Weisheit", Krüger Verlag, Frankfurt/M. 1998 ;
ders. "Mut und Gnade", Goldmann Taschenbuch 1690;

Unbekannter Verfasser "Die Wolke des Nichtwissens - Das Buch von der mystischen Kontemplation", Christlihe Meister Band 8, Johannes Verlag Einsiedeln 1980;

Zuckerkandl, Victor "Sound and Symbol", Bollingen Series No. 44, Prin ceton University Press 1969;

Zuzuki, D. T. "Der westliche und der östliche Weg - Essays über christliche und buddhistische Mystik - Weltperspektiven", Ullstein Materialien, 1986;

Zweig, Connie (ed.) "To be a Woman", Jeremy P. Tarcher 1990.

Markus Tomberg

Der Begriff von Mythos und Wissenschaft bei Ernst Cassirer und Kurt Hübner

Der Moderne ist der Mythos Metapher des Unverfügbaren. Wissenschaftlichkeit gilt ihr dagegen als Prototyp ihres eigenen Willens zu durchgängiger Rationalisierung sämtlicher Lebensbereiche. Mit den philosophischen Entwürfen Ernst Cassirers und Kurt Hübners vergleicht die Arbeit zwei methodisch völlig verschiedenartige Versuche der begrifflichen Bewältigung von Mythos und Wissenschaft. Sie rekonstruiert die immanente Logik der jeweiligen Systematik, untersucht die daraus resultierende Argumentatitonsstruktur und kritisiert das Verhältnis von Ansatz und Durchführung beider Entwürfe. Der Versuch metaphorischer Bändigung von Resistenzbereichen der Rationalität begegnet sie mit einem Plädoyer für eine Revision des Philosophiebegriffes. In engagierter Auseinandersetzung mit den mythos- und wissenschaftstheoretischen Entwürfen Cassirers und Hübners entwickelt die Studie das Programm eines Denkens, dem Mythos und Wissenschaft als Parameter des modernen Lebensgefühls zugleich Katalysatoren der Rückgewinnung anderer Subjektivität als konstitutivem Element philosophischer Theoriebildung sind. Damit stellt sie sich in die Tradition des zur Symbolphilosophie transformierten Paradigmas der Transzendentalphilosophie und leistet zugleich einen originellen Beitrag zur Interpretation des Cassirerschen Konzeptes einer *Philosophie der symbolischen Formen*.

Philosophie Bd. 24, 1996, 288 S., 48,80 DM*, br., ISBN 3-8258-2768-2

Joseph Garcia

Theologie für Atheisten

Die Überwindung des Gegensatzes zwischen Naturwissenschaft und Glauben. Ein Anfang. Mit einem Vorwort von Prof. Raimon Panikkar

In einer nicht nur für Fachleute einfachen und gut lesbaren Sprache packt der Verfasser zwei klassische Probleme der Philosophie und der Physik an, die allgemein bekannt sind: das Problem der Trinität und das Problem der Zeit.

Bezüglich des ersten Problems benutzt der Autor die **Einstein**sche Gleichung $E = mc^2$, die er mit dem Begriff von Materie und Form der klassischen Philosophie auslegt. Dabei zeigt er die trinitäre Struktur der Materie auf und leitet daraus einen Analogiebeweis der Trinität ab. Somit meint der Autor, einen der Hauptkonfliktpunkte zwischen dem religiösen Glauben und den Naturwissenschaften zu überwinden.

Bezüglich des zweiten Problems greift der Verfasser zurück auf ein von **Minkowski** in die Spezielle Relativitätstheorie eingeführtes strittiges Minuszeichen und rechtfertigt physikalisch dessen Einführung. Dabei deckt er einen von **Einstein** begangenen Denkfehler in den Grundlagen der Speziellen Relativitätstheorie auf. Dieser Fehler betrifft die Zeit als philosophischen und als physikalischen Begriff. Der Autor zeigt, daß sich hinter dem Begriff der Zeit zwei Entitäten verbergen: Zeit als Ereignismaßeinheit und Zeit als Ereignisstrom, den man messen kann. Er findet das Wesen der Zeit und definiert diese. Daraus folgt, daß die Zeit die vierte Dimension nicht sein kann bzw. nicht ist. Ferner skizziert der Verfasser den Begriff der Essentiellen Form und weist hin auf die rationale Möglichkeit der Existenz von physikalischen Feldern im Jenseits, d. h. in der Ewigkeit, im Sein! ... Dabei führt er das Postulat der Absoluten Welt von **Minkowski** wieder ein ...

Naturwissenschaft – Philosophie – Geschichte
Bd. 2, 1994, 80 S., 19,80 DM*, br., ISBN 3-89473-822-7

Martin Sieg

Vorweggenommen in ein Haus aus Licht

Sinnerfülltes Leben aus dem Vertrauen und der Zuversicht heraus. Mit einem Geleitwort von Landesbischof i. R. Prof. Dr. Eduard Lohse

Dieses Buch mutet dem Leser ungewohnte Wege zu, um neue und überzeugende Zugänge zu den Schwerpunkten der christlichen Wahrheit zu gewinnen. Der verunsichert suchende Mensch soll gewonnen werden, die schon fast abgeschriebene christliche Tradition mit neuen Augen zu betrachten. Das Buch will keine Laiendogmatik sein und erhebt daher keinen Anspruch auf Vollständigkeit. Im Mittelpunkt steht das Bemühen, die wirklichkeitsnahen Lebensbezüge der christlichen Wahrheit und ihre *Antworten für das Leben im Alltag der Welt* aufzuzeigen. Der Leser soll erkennen, daß hier sein Leben verhandelt, – seine Sehnsüchte, Fragen und Ängste ernstgenommen und die elementaren Lebensprobleme angesprochen werden.

Ausgangspunkt der Überlegungen ist nicht – wie allgemein üblich – das Glaubensbekenntnis. Eingesetzt wird mit den Ur-Erfahrungen des Menschen, die mit den Kernstücken der christlichen Wahrheit zusammengedacht werden. Erstmalig – und das ist das Originelle dieses Buches – unternimmt ein Theologe den Versuch, die Prägungen, die durch die Ur-Erfahrungen entstanden sind, zu beschreiben. Er orientiert sich dabei an den neuesten wissenschaftlichen Erkenntnissen über die prä- und perinatalen Zeit (die Zeit vor, während und unmittelbar nach der Geburt). In diesen Ur-Erfahrungen sind die Erst-Erlebnisse und ihre unverlierbaren Prägungen gespeichert. Sie begleiten den Menschen ein Leben lang. Diese innere Ausstattung des Menschen mit den Antworten der Theologie in ein Gespräch zu bringen, macht das Buch spannend. Die interessanten Ergebnisse eröffnen *neue Einsichten in die Frage nach dem umfassenden*

Sinn des Lebens.
Theologie Bd. 8, 2., veränd. Aufl. 1997,
280 S., 29,80 DM*, br., ISBN 3-8258-2917-0

Martha Zechmeister
Gottes-Nacht
Erich Przywaras Weg negativer Theologie
Gegenüber einer Auslegung des Werks Przywaras (1889 – 1972) als niveauvolle, aber im Grunde überholte Erneuerung scholastischer Ontologie ist die These der Arbeit, daß sich in ihm die Züge einer Gott-Rede enthüllen, die der Radikalität heutiger "Gotteskrise" zu entsprechen vermag: In erlittener Nicht-Identität, in den geschichtlichen Katastrophen, im Sich-Wundreiben an der Andersheit des konkret anderen mitmenschlichen Subjekts beginnt die Selbstbezogenheit und Selbstgenügsamkeit des Gott-Suchers aufzubrechen für den "Ganz-Anderen", für den je größeren Gott. Damit gibt sich aber auch der Zentralbegriff der Theologie Erich Przywaras, die analogia entis, gegen jedes Mißverständnis als Gott und Mensch zusammenzwingende Formel als das Wort, das einerseits das verzweifelte Ringen Przywaras um eine lebbare Einheit in einer auseinanderberstenden Moderne und andererseits den Widerstand gegen jede Vereinnahmung Gottes vom Menschen her bezeichnet: analogia entis als Einweisung in die negative Theologie.
"In einer Zeit, in der – wie zum Beispiel im französischen und deutschen Sprachraum – die Negative Theologie und ihre Traditionen neue Aufmerksamkeit gewinnen, ist eine Arbeit über Erich Przywara, die ihn als einen der Höhepunkte dieser Tradition liest ("Gottes-Nacht"), von eminenter Bedeutung." (J. B. Metz)
Religion – Geschichte – Gesellschaft. Fundamentaltheologische Studien Bd. 4, 1999, ca. 344 S., ca. 78,80 DM*, gb.,
ISBN 3-8258-3105-1

Ulrich Engel
Umgrenzte Leere
Zur Praxis einer politisch-theologischen Ästhetik im Anschluß an Peter Weiss' Romantrilogie "Die Ästhetik des Widerstands"
In kritische Auseinandersetzung mit Hans Urs von Balthasar und gestützt durch eine Relecture der einschlägigen philosophischen Theoriekonstrukte Walter Benjamins und Theodor W. Adornos optiert die Untersuchung zu Peter Weiss' Romantrilogie "Die Ästhetik des Widerstands" eindringlich für eine praktisch verfaßte Ästhetikfigur, die in ihrem Kern als negative Theorie zu denken ist. Vor diesem Hintergrund entfaltet die vorliegende Studie eine Ansatz theologischer Ästhetik als eine materialistisch fundierte Theorie widerständig-hoffenden Handelns. Als Wahrnehmungslehre schärft sie den Blick für die Katastrophen der Geschichte und die unabgegoltenen Leiden der Opfer, zugleich aber auch für das messianische Kommen des abwesenden Gottes. Beharrlich weigert sie sich, das eschatologisch noch Ausstehende vorschnell zu affirmieren: In ihrer ästhetischen wie auch in ihrer theologischen Gestalt ist sie "umgrenzte Leere".
Religion – Geschichte – Gesellschaft. Fundamentaltheologische Studien Bd. 9, 1998, 472 S., 79,80 DM*, gb.,
ISBN 3-8258-3444-1

Armin Münch
Dimensionen der Leere
Gott als Nichts und Nichts als Gott im christlich-buddhistischen Dialog
Christentum und Buddhismus sind in gegensätzlichen Kulturtraditionen entstanden. Ob es dennoch Vergleichbares, ja Ähnliches gibt, ist eine bislang offene Frage. Der Dialog zwischen diesen beiden Religionen steht noch am Anfang und er führt die Gesprächsteilnehmer an die Wurzeln und Grenzen des eigenen Denkens und Redens. Die vorliegende Arbeit ist ein Beitrag zum Gespräch mit der japanischen Kyoto-Schule des Buddhismus, die der christlichen Theologie und der westlichen Philosophie am weitesten entgegengekommen ist. Besonders der japanische Philosoph Masao Abe hat mit dem Begriff der Kenosis (Entäußerung, Entleerung), der ja aus der Christologie stammt, ein entscheidendes Motiv ins Spiel gebracht, das eine Brücke zwischen Ost und West sein könnte. Der Evangelische Pfarrer Armin Münch, der in Tübingen, Berlin und Marburg Theologie studiert hat, greift das Gesprächsangebot Masao Abe's auf und bringt christlicherseits die mystische Tradition von Augustin über Meister Eckhart bis Pavel Florenskij zu Wort. Ein Schwerpunkt der Betrachtung liegt auf grundsätzlichen Überlegungen zur Sprache und zum Bild. Erstmals wird ein "Denken in Dimensionen" in den interreligiösen Dialog eingeführt. Im Anhang findet sich eine originelle Zusammenstellung des buddhistischen "Ochsenweges" mit dem christlichen Kreuzweg.
Studien zur systematischen Theologie und Ethik
Bd. 16, 1998, 352 S., 49,80 DM*, br.,
ISBN 3-8258-3749-1

Klaus Krüger
Die Musen und das Kreuz des Herrn
Eine Befreiungstheologie der Kunst
Dieses Buch wendet sich nicht ausschließlich an die Vertreter der Zunft (Theologen, Philosophen, Kunsthistoriker u. ä.), auch nicht allein an die "Gebildeten unter ihren (möglichen) Verächtern", sondern an jeden Leser, der bereit ist, dem "Wehen des Geistes" in Kunst und Religion nachzuspüren. Es ist ein pneumatologisches Buch, das einen Weg beschreibt, der, in der Nachfolge des Geistes, von der konfliktreichen Symbiose und Begegnung zwischen Religion und Kunst über die Parallelität künstlerischer und religiöser Erfahrung zur Gottes-

und Christusfrage führt, skizziert und erörtert im Horizont einer europäischen Variante der Theologie der Befreiung.
Ästhetik – Theologie – Liturgik
Bd. 4, 1998, 104 S., 24,80 DM*, br.,
ISBN 3-8258-3511-1

Peter Hahnen
Das 'Neue Geistliche Lied' als zeitgenössische Komponente christlicher Spiritualität
"Unser Leben sei ein Fest", "Wir haben einen Traum", "Da berühren sich Himmel und Erde" usw. Das ist nur eine kleine Auswahl jener Lieder, mit denen in beiden großen Kirchen eine reformbestrebte Religiosität neuen Schwung nahm. Von den einen als seicht beargwöhnt, ja angefeindet, von den andern begeistert begrüßt und durchlebt, ist das Neue Geistliche Lied Signum zeitgenössischen und ökumenischen Christentums geworden. Peter Hahnen wagt mit der vorliegenden Arbeit einen ungewohnten Blick auf die kirchenmusikalische Praxis unserer Gemeinden. Mit musiksoziologischer und -psychologischer Aufmerksamkeit hilft er dem Leser zu verstehen, was da "eigentlich passiert", wenn wir singen. Die Frage "ob Musik fromm macht" wird so einer ganz neuen Antwort zugeführt.
Was der vorliegende Band an historischer Aufarbeitung und praktisch-theologischer Analyse entwickelt, gehört in die Hände nicht nur der Liturgiewissenschaftler, sondern aller Praktiker, die vor Ort Gottesdienste gestalten.
In einem Anhang dokumentiert der Band sechs ausführliche Gespräche mit wichtigen Autoren aus der Szene des NGL's (Alois Albrecht, Peter Janssens, Wilhelm Willms u. a.). Damit entstanden Quellentexte, die erstmals Lebenszeugnisse der "großen Macher" allgemein zugänglich machen und denen jetzt schon zeitgeschichtliche Relevanz zukommt.
Theologie und Praxis Bd. 3, 1998, 504 S., 49,80 DM*, br.,
ISBN 3-8258-3679-7

Thomas Heberer;
Kerstin Katharina Vogel (Hrsg.)
Frauen-Los!?
Politische Partizipation von Frauen in Ostasien
Der vorliegende Band beschäftigt sich mit dem (schwierigen?) Verhältnis von Frauen und Politik in Ostasien. Ist die Politik in China, Japan, Südkorea und Taiwan wirklich frauenlos wie vielfach angenommen? Welche Strategien und Ziele verfolgen Frauen in Ostasien, um dem "Los" der "unpolitischen" Frau zu entgehen? Die Beiträge machen Motivation, Engagement, Hemmnisse und Barrieren in ihrer Vielfältigkeit sichtbar, die bisher unsichtbar waren. Gemeinsam bei allen Unterschieden ist ihnen der Aufruf: "Frauen: Los!"
Ostasien – Pazifik. Trierer Studien zu Politik, Wirtschaft, Gesellschaft, Kultur Bd. 4, 1997, 264 S., 38,80 DM*, br.,
ISBN 3-8258-2984-7

Hermann Fechtrup; Friedbert Schulze;
Thomas Sternberg (Hrsg.)
Die Wahrheit und das Gute
Zwei Tagungen der Josef-Pieper-Stiftung.
Mit Beiträgen von Josef Pieper, Franz-Xaver Kaufmann, Jörg Splett, Klaus Müller u. a.
Philosophen und Sozialwissenschaftler befassen sich in jüngster Zeit mit dem Verhältnis zwischen Gesellschaft und Individuum. In der Bezogenheit des Denkens Josef Piepers auf das zur Verantwortung gerufene Individuum findet Franz-Xaver Kaufmann Anregungen für die Soziologie. Jörg Splett wertet die Lehre Piepers über die klassischen Tugenden zusammenfassend aus. Piepers Stellungnahmen zur Verbindlichkeit der Tradition konfrontiert Klaus Müller mit heutiger Fundamentaltheologie, um die Fragestellung zu vertiefen.
Dokumentationen der Josef Pieper Stiftung
Bd. 4, 1999, 112 S., 29,80 DM*, br.,
ISBN 3-8258-3830-7

Uwe Beyer
Wahrzeichen
Deutungen des abendländischen Denkens
Wahrzeichen sind Symbole, die an sich abstrakte Sachverhalte sinnfällig vermitteln. So ist das Wahrzeichen von New York die Freiheitsstatue. Sie symbolisiert den Leitwert der westlichen Welt: daß jeder einzelne das Recht zur freien Entfaltung seiner Persönlichkeit habe.
Die Wahrzeichen des Denkens sind: Begriffe. In ihnen artikuliert sich das philosophische Selbstverständnis des Menschen, sein kulturspezifisches Weltbild. Um solche Wahrzeichen, die für unser eigenes – das abendländische – Denken charakteristisch sind, geht es in den hier versammelten Texten. Sie vermitteln in allgemeinverständlicher Sprache eine grundsätzliche Orientierung über das heute geschichtsmächtige Denken, seine Herkunft und Zukunft, Stärken und Schwächen.
Philosophie Bd. 20, 1994, 144 S., 29,80 DM*, br.,
ISBN 3-8258-2069-6

Bert Alm
Über die Seele
Ist die menschliche Psyche unergründbar? Das Wort "Psyche" hat de facto zwei Bedeutungen. Einerseits bedeutet es "mit Geist ausgestattetes, persönliches Bewußtsein", anders ausgedrückt: "Geistseele, autonomes Subjekt, Ur-Ich", andererseits "Geistseele im Geistkörper, dem Astralkörper oder Ätherkörper". Der Tod auf dieser Erde ist die Befreiung des *geistig-inneren* Menschen vom *äußeren* Menschen. Authentischen Schriften und Berichten zufolge wird die Psyche bzw. die Seele von einem Todesengel abgeholt und nach Hause

gebracht. Kommt die Seele vom Himmel? Kehrt sie sofort nach dem irdischen Tod in ihr himmlisches Zuhause zurück? Zu Gott? Gibt es Geistererscheinungen, Geister Verstorbener, die über Friedhöfe huschen und auch woanders erscheinen? Bleibt einer von mehreren mit dem Ur-Ich ausgestatteten Ätherkörpern, den die Seele haben soll, bis zur sogenannten "Auferstehung am Jüngsten Tag" im Grab? Können wir unser Ur-Ich meditativ visualisieren? Ist die menschliche Psyche ergründbar? Inspiriert von dem Humanitätsgedanken, daß die menschliche Psyche göttlich ist, kommt der Autor zu der Folgerung, daß der Mensch in seiner Ganzheit meditativ-visuell erkennbar ist und diese Selbsterkenntnis den persönlichen Charakter dergestalt verändert, daß ein Ziel der Humanität realisiert wird: höchste Entfaltung menschlicher Kultur und Gesittung und dementsprechendes Verhalten gegenüber den Mitmenschen, ja aller Kreatur.
Philosophie Bd. 22, 1996, 176 S., 38,80 DM*, br.,
ISBN 3-8258-2361-X

Münsteraner Einführungen: Philosophie

Franz Gniffke; Norbert Herold (Hrsg.)
Philosophie: Problemfelder und Disziplinen
Münsteraner Einführungen – Philosophie
Bd. 1, 1997, 240 S., 34,80 DM*, br.,
ISBN 3-8258-2219-2

Norbert Herold; Sibille Mischer (Hrsg.)
Philosophie: Studium, Text und Argument
Das Studium der Philosophie soll Kompetenz vermitteln im Umgang mit Texten und im Austausch von Argumenten. Beides erfordert Methodenkenntnis und praktische Einübung. Hierfür Hilfestellung zu leisten, ist das Ziel dieses Buches. Es macht mit wesentlichen Studienelementen bekannt, die notwendig sind, um an der Universität "philosophieren zu lernen". Sein Anspruch zielt auf einen für das Gelingen des Studiums entscheidenden Punkt: Der Blick soll geöffnet werden für die Veränderungen, die sich ergeben, wenn man vom freien, gleichsam naturwüchsigen Philosophieren in der privaten Gesprächsrunde zur akademischen Disziplin 'Philosophie' übergeht. Die notwendige Disziplinierung bedeutet zugleich eine Chance, sich neue Freiräume zu eröffnen und eine neue Selbständigkeit des Denkens zu gewinnen.
Münsteraner Einführungen – Philosophie
Bd. 2, 1998, 240 S., 34,80 DM*, br.,
ISBN 3-8258-2220-6

Franz Gniffke; Norbert Herold (Hrsg.)
Klassische Fragen der Philosophiegeschichte
Der Band will Studierenden im Grundstudium die historischen Dimensionen des Philosophierens erschließen, indem er Zentralbegriffe und Leitfragen historischer Epochen vorstellt und deren bleibende Bedeutung sichtbar macht. Die Beschäftigung mit der Geschichte der Philosophie soll dazu beitragen, gegenwärtige Fragen wenigstens auf dem Niveau der Tradition zu formulieren und zu diskutieren, mögen die Antworten heute auch darüber hinausgehen. Indem der Band Schwerpunkte in Lehre und Forschung in den Vordergrund stellt, erleichtert er den Studierenden, ihrerseits Schwerpunkte zu bilden und regt dazu an, das philosophiegeschichtliche Wissen und Problemverständnis weiter auszubauen. Zusammen mit den schon erschienenen Bänden "Problemfelder und Disziplinen" sowie "Studium, Text und Argument" bildet dieser Band eine abgerundete Einführung in die Philosophie. Die Orientierung in systematischer, methodischer und historischer Hinsicht ist für alle Philosophiestudenten unerläßlich, für Philosophielehrer und alle Liebhaber der Philosophie von hohem Nutzen.
Münsteraner Einführungen – Philosophie Bd. 3, 1999,
ca. 250 S., ca. 34,80 DM*, br., ISBN 3-8258-2769-0

Münsteraner Vorlesungen zur Philosophie

herausgegeben von Prof. Dr. Kurt Bayertz,
Prof. Dr. Ludwig Siep, Prof. Dr. Josef Früchtl
Prof. Dr. Thomas Leinkauf und
Dr. Marcus Willaschek (Philosophisches Seminar,
Westfälische Wilhelms-Universität Münster)

Marcus Willaschek (Hrsg.)
Ernst Tugendhat: Moralbegründung und Gerechtigkeit
Vortrag und Kolloquium in Münster 1997
Dieser Sammelband ist das Ergebnis einer zweitägigen Veranstaltung, die im April 1997 mit Ernst Tugendhat am Philosophischen Seminar der Westfälischen Wilhelms-Universität in Münster stattgefunden hat. Grundlage des anvisierten Diskurses zwischen Lehrenden und Studierenden war ein Vortrag sowie diverse Texte Tugendhats, in welchen sein Moralbegriff, seine Konzeption der Begründung einer moralischen Praxis und seine These, daß die Struktur einer solchen Moralbegründung einen egalitären Gerechtigkeitsbegriff impliziere, im Mittelpunkt standen. Der Durchdringung und Problematisierung des dargelegten moralphilosophischen Konzeptes dienten thematisch zugespitzte Kurzvorträge aller Teilnehmergruppen, welche Anlaß zu einem intensiven und vertiefenden Dialog im Plenum gaben. Die geringfügig überarbeiteten Einzelbeiträge sind so das Resultat einer engen und engagierten Kooperation von

Gastredner, Dozenten wie Studenten.
Münsteraner Vorlesungen zur Philosophie
Bd. 1, 1998, 112 S., 19,80 DM*, br.,
ISBN 3-8258-3496-4

Matthias Paul (Hrsg.)
Nancy Cartwright: Laws, Capacities and Science
Vortrag und Kolloquium in Münster 1998
Nancy Cartwright, the successor of Sir Karl Popper at the London School of Economics, has been a dominant figure in the philosophy of science for more than twenty yeras. In the early eighties she wrote her influential book "How the Laws of Physics Lie" which was generally perceived to be a challenge to a realistic conception of scientific theories. Over the last decade her focus has shifted to issues concerning what she calls fundamentalism. This is the position that laws of nature are basic and that other things come form them. Cartwright rejects this story and replaces it by the view that capacities are basic and that laws obtain "on account of the repeated operation of a system of components with stable capacities in particularly fortunate circumstances". This book focuses mainly on Cartwright's recent work on laws and capacities. It is the outcome of the second series of the Münster Lectures in Philosophy which took place during 5-6 May, 1998. This volume comprises a revised version of Cartwright's evening talk, 12 colloquium papers which Cartwright considered to be "extremely thought provoking", followed by replies Cartwright makes to each of them.
Münsteraner Vorlesungen zur Philosophie Bd. 2, 1999, ca. 116 S., ca. 24,80 DM*, br., ISBN 3-8258-3842-0

Münsteraner Philosophische Schriften

herausgegeben von Prof. Dr. Kurt Bayertz,
Prof. Dr. Ludwig Siep, Prof. Dr. Josef Früchtl
Prof. Dr. Thomas Leinkauf und
Dr. Marcus Willaschek (Philosophisches Seminar, Westfälische Wilhelms-Universität Münster)

Marcus Willaschek (Hrsg.)
Feld – Zeit – Kritik
Die feldtheoretische Transzendentalphilosophie von Peter Rohs in der Diskussion
Wie paßt der menschliche Geist in eine physische Welt? Diese Grundfrage der Philosophie steht im Mittelpunkt des Buches *Feld-Zeit-Ich* (1996), mit dem Peter Rohs den Entwurf einer "feldtheoretischen Transzendentalphilosophie" vorgelegt hat. Rohs betrachtet die Zeit als ontologisches Bindeglied zwischen Subjekt und Welt. Das erlaubt es ihm, eine Vielzahl von Phänomenen (vom Selbstbewußtsein über sprachliche Kommunikation bis zur lebendigen Natur) in einem einheitlichen philosophischen Ansatz zu erklären. Der vorliegende Band enthält vierzehn Beiträge, die sich kritisch und zugleich konstruktiv mit der feldtheoretischen Transzendentalphilosophie auseinandersetzen (von M. Esfeld, V. Gerhardt, B. Gesang, H. Hoppe, Chr. Jäger, W. Kuhlmann, G. Meggle, S. Mischer, G. Mohr, M. Quante, B. Recki, A. Rosas, L. Siep und Chr. Suhm). Rohs erläutert, verteidigt und ergänzt seine Position in ausführlichen Erwiderungen.
Münsteraner Philosophische Schriften
Bd. 1, 1997, 280 S., 44,80 DM*, br.,
ISBN 3-8258-2963-4

János F. Böröcz
Resignation oder Revolution
Ein Vergleich der Ethik bei Arthur Schopenhauer und Ludwig A. Feuerbach
Das ideengeschichtlich markante Verhältnis zwischen Feuerbachs optimistischer Ethik und der pessimistischen bei Schopenhauer hat bislang wenig Aufmerksamkeit erfahren. Chronologisch angelegt, erhellt die vorliegende Studie im Detail die Unterschiede zwischen den beiden Konzepten sowie ihre – meist unabhängigen – Gemeinsamkeiten. Beide Ethiken werden zudem kritisch betrachtet: Keine entspricht insgesamt ihren Voraussetzungen, und jede ist auf ihre Weise gefährlich. Dessenungeachtet legt mancher einzelne Schopenhauersche und vor allem Feuerbachsche Ansatz wichtige Bedingungen einer humanen Gesellschaft dar.
Münsteraner Philosophische Schriften
Bd. 2, 1998, 304 S., 69,80 DM*, br.,
ISBN 3-8258-3518-9